중국의
환경운동과 거버넌스
NGO를 중심으로

내일을여는지식 사회 20

중국의 환경운동과 거버넌스

NGO를 중심으로

전형권 지음

한국학술정보㈜

이 저서는 2007년도 정부재원(교육인적자원부 학술연구조성사업비)으로 한국
학술진흥재단(현, 한국연구재단)의 지원에 의해 출판되었음(KRF – 2007 – 327
– B00016)

환경문제는 본질적으로 국경을 넘는 속성을 갖고 있어 이는 국제문제일 수밖에 없다. 특히 황사, 산성비 문제 등 동북아 지역의 월경성 환경오염은 물론 기후변화와 동식물 멸종 등 지구적 환경문제의 사례에서 보듯이 이제 환경문제의 원인과 그 처방들도 국경을 초월한 지역적, 세계적 차원에서 인식되면서 인류에게 공동의 해결 노력을 재촉하고 있다.

주지하다시피 중국은 사막화에 따른 황사, 오염물질을 함유한 산성비, 해양오염, 이산화탄소 등 온실가스 배출로 인한 기후변화 등 주요 환경문제의 유발국으로서 국제사회로부터 책임 있는 해결 노력을 주문받고 있다. 국제사회뿐만 아니라 국내 환경세력으로부터 환경보호를 위한 제도적 장치와 정책을 요구받고 있는 중국정부는 환경문제 해결을 위해 자국의 시민사회는 물론 국제사회와 밀접한 관계를 통한 협력적인 노력의 필요성을 절감하며 시민들의 수평적 참여에 기초한 협치, 즉 거버넌스에 큰 관심을 보이고 있다.

국내에서 지금까지 중국의 환경운동은 물론 거버넌스에 대한 학문적 관심은 시민사회에 관한 논의만큼이나 그다지 활발하지 못했다. 이와 같은 현상은 중국의 시민사회와 NGO에 대한 연구들이 대체로 회의적 시각 속에서 진행되어 왔던 사실과 무관하지 않다.

5

소수의 연구들은 주로 중국에 시민사회가 과연 존재하는가에 대한 근본적인 질문에서부터 시민사회집단의 역할과 기능이 가지는 자율성의 한계를 밝히려는 시도들이 지배적이었다. 대부분의 연구들은 정부－민간사회를 수직적 관계로 간주하고 정부에 대한 민간사회의 타율성을 강조하다 보니 최근 들어 환경부문 등에서 출현하는 자율적인 협력네트워크의 등장을 간과하는 경우가 허다하다.

이러한 문제의식에서 집필된 이 책은 중국에서 새롭게 주목받고 있는 환경문제 해결기제인 환경 거버넌스에 대한 드문 연구 중의 하나이다. 평소 중국환경에 관심이 많았던 저자는 중국의 환경 NGO 활동에 초점을 맞추어 다음과 같은 문제의식을 갖고 연구를 진행하였다.

첫째, 중국에 '사회주의 시민사회'는 존재하는가? 존재한다면 그 속에서 환경부문의 위상과 역할은 무엇인가? 둘째, 중국의 환경문제 해결을 위해 정부 영역과 시민사회(公民社會) 영역 간에 형성된 다층적인 파트너십, 즉 거버넌스가 실제로 어떻게 진행되었고 중국의 환경정치에서 어떤 역할을 하는가? 셋째, 중국에서 환경 거버넌스가 발전할 수 있었던 기회요인은 무엇이고 동시에 발전을 가로막는 제약요인은 무엇인가? 마지막으로 환경 거버넌스 발전이 중국의 국가－시민사회 관계 변화에 주는 정치적 함의는 무엇인가 하는 점이다.

이러한 물음들은 중국의 시민사회와 환경정치에 관한 담론을 본격적으로 확산시키기에 앞서 반드시 짚고 넘어가야 하는 핵심적 질문들일 것이다. 연구자는 이러한 물음 속에서 환경문제의 해결과정에서 시민사회와 국가가 어떤 기제를 통해 상호 협력하는지, 당국가 체제의 제도관성이 작동하는 사회주의시민사회에서 이들이 어떻게 효율적인 환경관리를 전개해 나가는지를 다양한 사례를 통해 분석하였다. 이를 위해 환경시민사회를 구성하는 국내적·국제적 네트워크와 이들과 정부 간의 협조사례를 조사하고, 이러한 협력을 가능케 하는 동인들을 밝히고자 하였다. 그리하여 중국에서 환경 거버넌스의 등장이 국가−사회관계를 어떻게 변화시키는지 다층적 맥락에서 밝힘으로써 중국 환경정치의 동학과 전망을 밝히고자 하였다.

본문을 통해 밝혀지겠지만, 중국에서 환경 NGO들의 발전은 환경시민사회가 중심이 되는 협치적 가능성을 함축하고 있음에도, 정부와의 관계에서는 제약적인 요소들을 상당부분 내포하고 있다.

그럼에도 당국가체제하의 강한 관료제가 상존하고 중국특색의 사회주의 제도경로 등 구조적 제약이 뒤따르는 가운데 중국의 환경부문이 제 목소리를 낼 수 있었고, 시민사회의 조직화를 부분적으로 구현했다는 점에서 이는 매우 의미 있는 현상이라 할 수 있다. 환경운동을 둘러싼 시민참여는 환경쟁점이 갖는 특성상 평화, 생존권, 인권 등과 같은 보다 보편적인 정치사회적 이슈들로 확산될 수 있는 가능성이 있다. 바로 이 점에서 환경 NGO를 중심으로 한 거버넌스의 발전은 향후 중국에서 진정한 자율성을 갖는 시민적 공간을 확장하는 데 일조할 것이며, 나아가 중국정치지형의 변화를 초래할 잠재력을 갖는 것이다.

이 책은 여러 가지 사례분석을 통해 중국에서 정부와 국내외의 민간부문이 ① 의제형성(정책수립), ② 집행감시(모니터링), ③ 대중사업(동원/선전홍보/교육), ④ 정책주창 및 옹호(애드보커시/로비), ⑤ 세력지원(동맹군), 그리고 ⑥ 초국가적 연대활동 등 상호 긴밀한 협력기제를 개발해 왔음을 발견했다. 그리고 이러한 거버넌스 기제의 양적인 증가는 중국에서 환경시민사회가 중심이 되는 협치의 가능성을 가늠하는 지표가 된다는 점에서 중요한 의미를 가지고 있다는 점을 논증하였다.

이러한 발견은 그동안 충분히 규명되지 않았던 중국의 국가 − 시민사회와 환경정치에 관한 새로운 분석틀과 중범위이론(middle − range theory)을 정립하는 데 기여하게 될 것이다. 그리고 환경정치 연구에서 보이는 체제론적, 구조주의적 편향이나 국가를 단일행위자로 간주하던 합리주의적 편향을 벗어나(즉 권력관계나 합리적 이익관계에 의해 환경정치를 설명하는 주류이론의 틀을 벗어나) 다양한 사회행위자들이 '환경이익'이라는 새로운 선호를 형성하는 방식에 주목함으로써 구성주의 환경정치학(environmental politics)의 정초에도 도움을 줄 것이다.

이러한 학문적인 의의 외에도 독자들은 이 책을 통해 한국정부와 기업, 그리고 사회부문에서 중국의 환경문제 해결을 위한 역내 환경 거버넌스에 참여하는 데 유용한 정보를 얻을 수 있을 것이다. 현실적으로 중국과 인접하여 산성비, 황사, 해양오염 등 월경성 환경문제로부터 직접적 피해를 입고 있는 한국으로서 중국의 환경정치의 기제를 파악하는 것은 매우 중요한 과제이다. 또한 1999년 한국이 주도하여 역내에 창설한 'TEMM Project'의 3국 황사모니터링네트워크 구축 등과 같이 동북아의 환경 거버넌스 체제 구축을 위한 의제를 개발하고 협력모델을 도출하는 데 시사점을 제시할 것이다. 특히 보편적인 '환경'의 가치와 이익을 중심으로 새로운 정체성을 형성하는 동북아 환경시민사회의 형성은 그동안 동북아의 평화를 가로막는 민족주의적 갈등을 해소하는 데 매우 긴요한 실천적 의제라는 점에서, 본서가 이러한 장기적 목표를 구상하고 실천하려는 환경담론의 정초가 되었으면 하는 바람이다. 아울러 이 연구를 통해 지금까지 비교적 관심이 부진했던 중국의 환경운동과 환경정치 분야에서 보다 활발하고 심도 있는 논의들이 확산될 수 있기를 기대한다. 책 속에 드러난 미흡한 부분은 모두 저자의 탓으로서 활발한 후속연구 속에서 비판적으로 극복되기를 바랄 뿐이다. 끝으로 연구를 위해 재정을 지원해 준 한국연구재단(구 한국학술진흥재단)에 감사드리며 아울러 인문사회과학의 불황기에도 기꺼이 출판을 맡아 준 한국학술정보(주) 측에도 감사드린다.

2010년 2월
전형권

차례

차례

제1장

서 론

1. 왜 거버넌스인가

오늘날 각국은 지구화를 통한 개방화와 탈국가화를 통한 지방화, 그리고 정보화 등의 영향으로 인해 정치, 경제, 사회의 조건들의 변화를 경험해 왔으며, 이로 인해 새롭게 발생되는 문제들에 대한 '관리요구(governing needs)'가 점점 높아졌다고 할 수 있다. 세계 각국들은 공히 직면하고 있는 환경문제에 대처하기 위해 정부주도로 환경규제와 관리를 강화해 왔다. 하지만 적극적인 기업활동이 곧 국가경제의 활성화와 직결되는 사회에서 통제와 지시 위주의 환경정책은 이미 한계에 봉착하고 있다. 기존의 법과 제도에 의거하는 국가중심 체제의 관리 능력(governing capacity)이 점차 의심받기 시작하면서 정부 중심의 통치방식은 새로운 전환을 요구받기에 이른다.

이와 같은 변화 속에서 다양한 사회 구성원들의 참여와 협력을 통한 새로운 관리방식이 모색되었고, 거버넌스(governance)라 부르는 관리방식 혹은 통치제제가 등장하였다. 특히 환경 영역에서 이 같은 거버넌스는 두드러진 현상으로 자리매김하고 있다. 각국 정부도 과거와 같은 독점적 지위를 포기하고 다양한 이해관계자들과의 협력적 파트너십을 통해 문제를 해결하는 방식으로 전환을 시도하는 추세이다. 환경 영역에서 이러한 변화의 대표적 흐름이 '지속 가능한 환경 거버넌스(sustainable environmental governance)' 체제의 구축 노력으로 나타나고 있다.[1] 환경 거버넌스는 1992년 리우회의에서 제기된 지속 가능한 개발의 핵심개념 중의 하나로서 환경정치 영역에서 활발히 논의되어 왔다.

전통적으로 당국가체제 하의 제도경로에 의존해 온 중국에서도 환경부분을 위시하여 이러한 새로운 형태의 통치방식이 등장하고 있다. 급속한 성장위주의 경제정책에 따라 환경문제에 직면해 온 중국은 2000년 들어 정부와 기업, 그리고 사회가 규제자와 피규제자의 전통적 관계에서 벗어나 거버넌스 모형의 협력적 파트너십을 형성하는 모습을 보여주고 있다. 반세기 이래 '전능적인 정부(全能政府)'에 의해 모든 것을 결정하고 책임 지어 온 중국에서 이러한 거버넌스의 등장은 우리에게 암시하는 바가 크다. 이는 무엇보다도 환경문제의 심각성에 대한 중국 당국의 인식 전환은 물론 환경의제를 중심으로 한 시민사회의 등장과도 무관하지 않다.

1990년대 중반을 기점으로 급성장하기 시작한 중국의 환경 NGO들은 태동 후 10년간 내·외적으로 단결력을 키워 오는 과정에서 변화를 보여주었다. 중국 환경당국에 따르면, 국내에는 2000년까지 약 2,000여 개의 환경보호 NGO가 있었고 가입자도 100만 명을 넘어선 것으로 보고되었다. 2006년 6월 중화환보연합회(中華

---

1) 김종순, 『환경거버넌스』(집문당, 2004) 참조.

环保聯合會)가 발간한 <중국환경보호민간조직발전상황보고(中國环保民間組織發展狀況報告)>에 따르면, 중국의 환경 NGO들은 조직의 숫자와 활동가 숫자 양 측면에서 연간 10~15%씩 증가할 가능성이 있는 것으로 나타났다. 실제로 한 통계에 따르면, 2008년 10월 현재 전국 환경보호에 종사하는 민간조직은 이미 3,539개에 달하며 이는 2005년에 비해 771개나 증가한 수치로서[2] 이 같은 예측을 뒷받침해 주고 있다.

중국의 환경 NGO들은 이러한 양적인 증가를 바탕으로 정부당국과 때로는 긴장과 때로는 협력관계를 구축하면서 국가－사회관계에서 중요한 변화양상을 보여주고 있다. 과거 정치권력의 허용과 권장 속에서 성장해 왔던 환경 NGO들은 점차 '아래로부터 위로' 형태의 조직들이 발전하고 있으며 활동도 정부 정책결정에 대한 공개 항의, 대안 제시, 상호공조가 가능할 정도로 적극성을 띠고 있다. 그리고 초기의 수동적인 활동을 벗어나 이제는 이들 민간 환경조직들은 광범위한 연계매체와 상호 간의 협력을 통해서 점차 네트워크화되어 사회적 영향력도 커지고 있으며 개입하는 영역 역시 다양화되고 있다. 과거처럼 단순히 청결 위생·자원절약 캠페인과 교육 중심의 온건한 동원 활동에 국한되지 않고 국가의 '명운이 걸린' 대형 건설 프로젝트에 대한 집단적 반대는 물론 정부의 핵심적인 정책 비판에 이르기까지 점점 '강성화'하는 모습을 보인다. 예를 들어, 2004년 윈난성의 누강(怒江) 유역의 댐 건설 저지를 비롯해 베이징의 쿤위허 개조(北京昆玉河改造)공정, 동물원 이전(動物

---

2) 劉毅, "自然之友多起來我國环保民間組織力量逐步壯大", 人民網≪人民日報≫, http://env.people.com.cn/GB/8372458.html(2008年 11月 20日); 新華網北京 2008年10月 30日(http://www.bj.xinhuanet.com/).

園搬遷)공정, 쯔핑푸(紫萍鋪), 양류호(楊柳湖), 시뤄뚜댐 건설(錫洛渡 水壩建設) 공정, 그리고 샤먼 PX건설공정 취소사건 등의 사례에서 NGO의 적극적인 참여를 볼 수 있다. 뿐만 아니라 정부의 환경보 호부문과 민간부문의 환경운동 네트워크3)는 중국에서도 자율적인 시민사회 공간의 가능성 및 국가-시민사회 관계의 변화된 측면을 보여준다.

이는 우리로 하여금 그동안 줄곧 제기되어 왔던 문제, 즉 중국에 서 민간조직은 과연 독립적인 실체인가? 하는 물음을 넘어 경제발 전에 경도된 중국의 사회주의 시장경제와 당국가 체제가 양산하는 폐쇄적인 정치 구조 속에서 어떻게 이들 환경세력의 이해가 결집 될 수 있었는가? 비록 분절적이고 소수의 사례들이지만 환경세력의 결집과 강성화가 주는 정치적 함의는 무엇인가? 그들의 승리가 의 미하는 바는 무엇이며 국가-사회관계에 어떤 변화를 가져올 것인 가?에 대한 물음을 제기한다.

이러한 맥락에서 저자는 중국의 환경 NGO 활동에 초점을 맞추 어 환경문제의 해결과정에서 시민사회와 국가가 어떤 기제를 통해 상호 협력하는지, 관료정치의 제도경로와 사회주의 시장경제의 구 조적 제약하에서 어떻게 효율적인 환경관리를 전개해 나가는지를 '환경 거버넌스'의 관점에서 분석하고자 한다. 이를 위해 환경시민 사회를 구성하는 국내적·국제적 네트워크와 이들과 정부 간의 협 조사례를 조사하고, 이러한 협력을 가능케 하는 동인들을 밝힌다.

---

3) 누강댐 건설문제가 전국적 이슈로 만들어지고 반대여론이 형성되는 과정에서 수년 전부 터 인터넷을 매개로 하거나 포럼 등 형식으로 운영되어 오던 환경 NGO들 사이의 네트 워크가 주도적인 역할을 하였다. '누강보위전'에 대해서는 연구자의 拙稿, "중국의 환경 운동, 민간단체와 환경당국의 파트너십: '누강보위전'과 '환보폭풍' 사례를 중심으로", 『정 치정보연구』 9권 1호(18집)(2006), pp.261-283 참조.

또한 국내와 국제 수준에서 환경 거버넌스가 발전하는 기회요인과 그것의 발전을 가로막는 제약요인들을 밝힐 것이다. 그리고 중국에서 환경 거버넌스의 등장이 국가-사회관계를 어떻게 변화시키는지 다층적 맥락에서 분석함으로써 중국 환경정치의 풍부한 동학을 밝히는 것이 이 연구의 목적이다.

2. 본서의 주요 내용

1) 연구주제

이 책은 중국의 환경 NGO를 중심으로 환경 거버넌스가 등장하는 사례를 통해 국가-사회관계가 어떻게 변화하고 있는지를 살피고 있다. 이를 위해 구체적으로 다음의 세 가지 연구문제를 설정하였다.

첫째, 중국 '사회주의 시민사회'에서 환경부문의 역할은 무엇이고 그 위상은 어떠한가? 둘째, 심각한 환경문제 해결을 위해 정부 영역과 환경단체를 비롯한 시민사회(公民社會) 영역 간에 형성된 다층적인 파트너십, 즉 거버넌스가 실제로 어떻게 진행되었고 중국의 환경정치에서 어떤 역할을 했는가? 셋째, 환경 거버넌스 발전의 기회와 제약요인은 무엇이고 환경 거버넌스 발전이 중국의 국가-시민사회 관계 변화에 주는 정치적 함의는 무엇인가?

이들 연구주제를 보다 구체적으로 나타내면 <표 1>과 같다.

<표 1> 전체 연구내용의 구성

대주제	세부주제	핵심내용	분석수준	분석단위	연구방법
중국 환경 거버넌스의 등장과 국가—사회 관계 변화	(1) 중국 '사회주의 시민사회'에서 환경부문의 역할과 위상	① 사회주의 시민사회에 대한 이론적 검토 ② 정부환경당국의 위상 ③ 환경 NGO의 유형과 조직적 특성, 활동전략	국내정치 (사회주의 시민사회)	- 체제 - 정부부처 - 환경 NGO	문헌연구
	(2) 중국 환경 거버넌스의 사례	① 환경 거버넌스 기제와 내용 ② 환경 거버넌스 사례분석	국내수준 국제수준	- 국가(정부 등) - 사회(NGO, 대중매체, 연구소), 개인 - 외부행위자(IGO, 지식공동체, 기업, INGO)	문헌연구 사례연구
	(3) 환경 거버넌스와 국가—사회관계 변화	① 환경 거버넌스의 기회와 제약 ② 환경 거버넌스의 평가 ③ 정치적 함의: 국가—사회관계의 변화	국내수준 국제수준	- 정부행위자 - 사회행위자	문헌연구

① 제1주제로는 "중국 '사회주의 시민사회'에서 환경부문의 역할과 위상"에 관한 것으로서, 주로 중국 사회주의 시민사회에서 정부와 민간부문 환경세력의 역할과 위상을 이론적으로 살펴본다. 구체적인 연구문제는 다음과 같다.

첫째, '사회주의 시민사회에 대한 이론적 검토'를 통해 중국에서 나타난 환경 거버넌스 현상에 대한 기본시각을 도출한다. 연구자는 중국의 사회주의 시민사회에 관한 논쟁을 살피면서 이를 포용적인 코포라티즘의 관점에서 재검토한다. 이는 구체적으로 '국가로부터 사회 영역의 점진적인 분리와 다차원의 연계성 확보'라는 사회적 관점과, '편입과 제휴'라는 정부의 관점 양자의 관계가 거버넌스를 통해 조정되고 구성될 수 있음을 의미한다. 둘째, '정부환경당국의 위상'에 관한 분석에 있어, 환경정책결정을 둘러싸고 열세에 빠진 정부의 환경당국과 민간 환경세력이 파트너십을 형성하는 동인을 고찰하고 이를 통해 거버넌스를 접근한다. 셋째, '환경 NGO의 유형과 조직적 특성, 활동전략'을 분석함에 있어 중국에서 환경 NGO를 유형별로 분류하고 각각의 조직적 특성과 활동전략을 사례를 통해 접근한다.

② 제2주제로는 "중국 환경 거버넌스의 사례"에 관한 연구로서, 주로 중국 환경문제를 해결하기 위한 거버넌스 등장사례를 분석한다. 구체적인 연구과제는 다음과 같다.

첫째, 중국 환경 거버넌스가 작동하는 기제와 내용을 살펴본다. 둘째, 사례연구로서, 국내와 국제수준에서 정부 환경당국-NGO, NGO 상호 간, NGO-대중매체-지식공동체(연구소) 간의 다양한 협력사례를 분석한다. 관심 있게 살펴볼 거버넌스의 주요 기제들은 의제형성(정책수립), 정책감시, 대중사업(동원/선전홍보/교육), 정책옹호(애드보커시/로비), 세력지원(동맹), 그리고 초국가적 연대활동 등이다.

③ 제3과제로는 "환경 거버넌스와 국가-사회관계 변화"에 관한 것으로서, 주로 환경 거버넌스를 평가하고 국가-사회관계의 변화에 주는 정치적 함의를 규명하기 위해 다음과 같이 연구를 진행한다.

첫째, 중국에서 환경 거버넌스가 지속적으로 발전하는 데 따르는 기회와 제약이 무엇인지를 국제와 국내요인, 그리고 구조와 행위자 요인으로 나누어 고찰한다. 둘째, 중국에서 나타난 환경운동과 거버넌스의 수준을 평가하여 분석적 함의를 도출한다. 셋째, 환경 거버넌스의 발전이 중국에서 국가-시민사회 관계를 어떻게 변화시키며 그 정치적 함의는 무엇인지를 살펴본다. 이를 토대로 결론에서 중국 환경정치의 동학을 발견하고 향후 환경시민사회 발전의 과제와 전망을 도출한다.

2) 연구방법

중국에서 환경 NGO를 중심으로 한 거버넌스에 초점을 둔 이 연구는 이전의 체계적인 분류와 경험적인 증거에 상당부분 의존한다. 연구자는 문헌연구를 위주로 중국 언론 및 환경단체의 웹사이트를 통해 환경운동 관련 활동사례를 수집하여 사례연구를 진행하되 보완적인 차원에서 중국 현지의 환경전문가들과 접촉하여 자료를 입수하였다. 또한 중국인 전문가와 파트너십을 활용해 필요한 자료를 분석하고 검증하였다.

구체적으로 북경지구촌(北京地球村), 녹가원(綠家園志願者), 자연지우(自然之友) 등의 환경 NGO 웹사이트와 인민망, 신화망, 중국환보망 등 언론사 웹사이트, 그리고 국가환경보호총국(현 환경보호부) 등 정부 환경당국 웹사이트 등으로부터 관련 자료를 수집하였다. 또한 중화환보연합회(中華环保聯合會)가 2006년 4월 22일에 발표한, <중국환경보호민간조직발전상황보고서: 中國环保民間組織發展狀況報告>에 나타난 자료 및 2,768개의 NGO가 체계적으로 분류된 <중국환경보호민간조직DB: 中國环保民間組織信息庫>와 국가환경보호총국(현 중국환경부) 사이트(http://www.zhb.gov.cn/)에 소개된 단체들을 참조하였다. 그리고 연구자와 평소 파트너십을 체결하고 있는 중국 현지의 박사급 연구원을 통해 중국환경과학연구원, 중화환보연합회 등 환경 관련 당국자를 접촉해 초안 내용의 정확성을 검토함은 물론 관련 자료들을 추가로 수집, 분석하였다.

3. 중국의 환경시민사회에 대한 기존 논의들

최근 들어 환경부문에 있어 중국의 시민사회의 등장과 역할에 주목하는 연구가 서구 학자들 사이에서 꾸준히 증가하고 있다. 가령, 호(Peter Ho) 등은 중국의 환경 NGO를 중심으로 시민사회조직들이 국가의 '녹색화(greening)'를 이끌어 내는 기능자로 성장했음을 강조하며,[4] 동시에 중국의 정치환경에서 그들이 직면하는 구체적인 투쟁을 언급함으로써 환경운동이 갖는 정치적 동학에 대해 시사점을 주었다. 하지만 대부분의 연구들은 여전히 중국 내의 국가－사회관계에 대한 추상적 이론화 단계에 머물러 있으며, 전통적인 국가 코포라티즘의 시각에서 다양한 사회 행위자의 존재와 역할을 '위로부터'의 시각에서 규명하려는 경향을 보여주고 있다. 또한 정부와 사회운동 간의 관계 규명에 있어서도 대부분 조직/구조 단위의 단층적 접근이 주를 이루고 있어 중국의 녹색화와 환경부문 시민사회의 도약이 보여주고 있는 풍부한 동학을 심층적으로 분석하는 데 한계를 보이고 있다.

아래에서는 국내외의 중국학계를 중심으로 전개된 중국의 국가－사회관계 및 시민사회에 대한 논의들이 갖는 경향성을 비판적으로 검토한 후 이 연구가 갖는 차별성과 의의를 살펴볼 것이다.

---

4) Peter Ho and Richard L. Edmonds(eds.), *China's Embedded Activism*(Routledge, 2008); Peter Ho and Eduard B. Vermeer(eds.), *China's Limits to Growth: Prospects for Greening State and Society*(Oxford: Blackwell Publishers, 2006).

1) 기존 연구의 경향들

① 중국 국가-사회관계의 추상적 이론화

한국의 중국학계에서는 시민사회라는 서방의 역사적 경험에 근거한 사회분석 모델의 적합성을 이론적으로 검토하는 노력들이 진행된 바 있다. 우선, 전성흥은 국가-사회관계에 대한 분석틀로서 시민사회를 논의하고 있다. 그는 중국 시민사회의 형성에 영향을 미치는 내부적 조건들을 3가지(시장경제의 장, 사영기업주 등 경제조직의 등장과 연계, 국가에 대한 비판적 여론 대두)로 제시한다.[5] 김도희는 중국에서 사회집단들이 국가관계에서 갖는 '태생적 약점'에 포착하면서 대부분의 지도적 단체들이 관변(官邊) 기구의 색깔을 띠었고 그 구성원의 대다수도 준관료적 사회지위를 갖고 있었음을 강조한다.[6] 또한 강한 국가-강한 시민사회의 모델이 중국에서 가능한 시민사회의 형태로 논의되고 있음을 밝힌다. 중국에서 사회단체와 정치권력 간의 관계를 개념화한 김재철은 양자관계를 서구처럼 서로 경쟁하고 대항하는 관계이기보다는 '편입과 제휴'의 관계로 규정한다.[7] 이남주는 중국에서는 '민간조직'이라는 개념이 더 적합하다고 보고 당-국가체제하에서 민간조직의 발전요인 및 제약요인을 밝히고 있다.[8]

이상의 연구들은 중국의 시민사회를 접근하는 서구학자들과 중

---

5) 전성흥, "중국의 국가-사회관계 연구", 정재호 편, 『중국정치연구론』(나남출판사, 2000), p.95.
6) 김도희, "중국에서의 시민사회 논의의 쟁점과 함의", 『中蘇硏究』 통권 94호(2002), pp.52-53.
7) 김재철, "편입과 제휴의 정치: 개혁기 중국에서의 정치권력과 사회단체", 『한국정치학회보』 제33집 3호(2003), pp.200-210.
8) 이남주, "중국 시민사회의 발전과 특징: 환경 NGO를 중심으로", 성균관대학교동아시아학술원 학술회의자료집, 2005.

국학자들의 관점을 비교하면서 중국연구에 대한 적실성을 객관적으로 검토함으로써 환경시민사회를 분석하는 데 많은 시사점을 주고 있다. 하지만 대개 경험적 연구가 뒷받침되지 않은 채 중국 시민사회 전반에 관한 추상적 이론화를 추구하는 한계를 보인다.

② 서구식 시민사회론 vs. 국가코포라티즘

쉴즈(Edward Shils)는 중국 시민사회의 성격을 국가로부터 사회의 자율성·자발성·독립성에 초점을 맞추어 기층인민에 의해 자발적으로 형성되는 결사체의 집합으로 보고 있다.[9] 중국의 시민사회를 기층인민에 의해 자발적으로 형성되는 결사체의 집합이라고 보는 외부의 시각은 서구의 시민사회 구축 경험을 섣불리 중국에 적용하려고 시도한 나머지 중국 사회의 특성을 간과한 점이 있다. 이에 비하여 중국 내부의 학자들은 중국 시민사회를 국가와의 효과적 연계성과 국가에 의한 시민의 양산에 초점을 맞추어 국가주도의 하달식(top-down) 시민사회로 보고 있다.[10] 또한 서구학자인 슈바르츠(Schwartz)에 따르면 중국정부가 환경문제에 대응하는 과정에서 그들에게 정치적 공간을 확장시킴으로써 민간사회를 '위로부터 아래로' 이용한다고 주장한다.[11] 이는 중국에서 등장하기 시작한 시민사회를 국가주도형 조합주의 관점에서 해석함을 의미한다.

하지만 호(Peter Ho)가 지적했듯이, 이러한 국가 코포라티즘 개념

---

9) Edward Shils, "The Virtue of Civil Society", *Government and Opposition,* vol.26, no.1 (Winter 1991), pp.3－20.

10) Ma, Shu－yun, "The Chinese Discourse on Civil Society", *The China Quarterly* 137(1994), pp.180－193.

11) Jonathan Schwartz, "Environmental NGOs in China: roles and Limits", *Pacific Affairs,* March 22, 2004.

은 오늘날 중국의 사회운동이 갖는 역동성을 제대로 포착하는 데 실패하고 있다.[12] 국가코포라티즘 시각은 '국가에 의한 인위적인 시민사회의 구축'이라는 가설에 집착한 결과, 점차 다원화된 민간사회의 특성과 초보적이나마 국가에 대항적인 환경부문의 사례들을 포섭하지 못하는 한계가 있다. 무엇보다도 양자 모두 국가와 관계에서 민간세력의 독자적 역할과 연계망에 관한 문제를 놓치고 있다. 이러한 맥락에서 중국의 국가-사회관계의 성격은 국가가 사회를 지배하는 문제가 아니라 '흥정을 통한 공생(negotiated symbiosis)'[13] 관계의 일종이라 할 수 있다.

③ 조직/구조 단위의 단층적 접근

Tony Saich는 중국의 사회조직들이 국가의 침투를 최소화하고 공생적인 관계의 이득을 최대화하기 위해 어떻게 국가와 '협상(negotiate)'하는지를 연구하였다.[14] 현장의 관점(field perspective)을 가진 일부 연구들은 현장 간(inter-field) 관계를 중시한다. 현장의 접근 역시 사회세력의 역할을 강조하는 데 사회세력은 현장의 '게임'을 하는 행위자이기 때문이다. 대안적으로 일부 학자들은 등장하는 사회 집단의 조직적 동학에 대해 탐구하기도 하였다.[15] 이에 따르면 가장 영향력 있는 행위자는 조직화된 집단과 그 지도자들

---

12) Peter Ho and Richard L. Edmonds(eds.), *China's Embedded Activism*(Routledge, 2008).

13) Peter Ho and Richard L. Edmonds(eds.), (2008).

14) Tony Saich, "Negotiating the state: the development of social organizations in China", *The China Quarterly* 161(2000).

15) 가령, Edward Gu는 1980년대 지식인 집단에 대한 연구에서, 조직 형성에 있어 조직적인 기업가(entrepreneur)들의 역할을 강조한다. Edward X. Gu, "Plural institutional and the emergence of intellectual public spaces in China: a case study of four intellectual groups", in Suisheng Zhao(ed.), *China and Democracy: The Prospect for a Democratic China*, pp.141-172.

로서, 중국에서 지식인 집단을 연구한 구(Edward Gu)에 따르면 이들을 '조직적 기업가'16)로 부르기도 한다.

박선영은 68개의 중국 민간 환경 NGO를 유형화하고 실증적 연구를 시도하여 지금까지 불모지와 같았던 중국의 환경운동 연구에 의미 있는 기여를 하였다.17) 아쉬운 점은 그녀는 포착된 이들 환경단체의 기술적 유형화에 초점을 둔 나머지 환경운동 조직 상호 간의 연계망이나 정부당국과의 협력기제와 동인에 대한 고찰을 간과하였다. 또한 환경조직 내부의 연계는 물론 조직 외적인 연계망에 관한 분석이 결여됨에 따라 환경 NGO를 둘러싼 구조와 행위자 간상호작용을 통시적으로 조망하지 못하고 있다. 한편, 왕밍(王名) 등의 중국학자들은 NGO와 정부 간 관계를 기능적 관점에서 '협력과 의존'의 관계, '충돌과 갈등'의 관계로 요약하여18) 양자 간의 협력과 갈등을 규명하는 데 일정한 시사점을 제공해 줄 수 있었다. 하지만 이 같은 기능적 관점은 NGO - 정부 간의 본질적 성격을 규명하기에는 한계가 있을뿐더러 환경 영역과 일반 공적 영역 간의차별성을 부각시켜 주지 못하고 있다는 데 한계가 있다.

이상에서 본 바와 같이 1990년대 이후 중국 내에 시민사회가 제한적인 수준이지만 존재함을 밝히고 그 구체적인 양상을 파악하고자 했던 기존연구들은 주로 집단 또는 조직체를 분석단위로 하거나, 아예 구조적 수준에서 정치체제 혹은 국가와의 상호작용의 관점에서 이들의 자율성과 세력화의 정도를 분석대상으로 삼았다. 그

---

16) Paul J. DiMaggio, "Interest and agency in institutional theory", in L. Zucker(ed.), *Institutional Patterns and Organization*(Cambridge, MA: Ballinger Press, 1988), pp.3 − 21.

17) 박선영, "개혁개방정책 이후 중국 환경단체의 성장에 관한 연구", 경희대학교 NGO대학원 석사학위논문(2002년 8월).

18) 王名 等, 『中國社會改革: 總政府選擇到社會選擇』(北京: 社會科學文獻出版社, 2001).

결과 대부분의 연구들은 미시적으로 다원화된 환경행위자 상호 간의 관계나 국제사회와의 연계 등 국내-국제수준의 복합적인 상호 작용과 기회/제약요인 등을 다층적 차원에서 분석하지 못하는 한계를 보이고 있다. 무엇보다도 중국의 환경운동에 관한 실증적 연구는 물론 이론적 연구물조차도 아직까지 많이 부족한 실정이다.

2) 이 책의 독창성과 의의

본서는 상대적으로 부족한 중국 환경정치와 환경 거버넌스에 관한 이론적, 경험적 연구를 누적하여 후속연구를 촉발시킴과 동시에, 앞서 지적한 일련의 한계들을 극복한 중범위수준의 독창적인 연구모델을 제공한다는 점에서 그 의미를 찾을 수 있다. 연구가 갖는 독창성은 다음과 같다.

첫째, 본서는 중국 환경운동의 체계적 유형화를 시도하고 있다. 지금까지 제한적인 범위에서 진행되어 온 몇몇 연구들은 그나마 환경운동의 전반적인 흐름과 현황을 개략적으로 진단하거나 소개하는 데 머물렀던 반면, 여기에서는 환경 NGO 활동을 유형화하고 이를 다시 설립주체별, 설립 시기별, 지역분포별, 조직규모별, 주요 활동 영역별로 분류하고 나아가 각 유형별 조직들의 활동사례와 국내외 네트워크 연계망 등을 조사하게 된다. 특히 환경 NGO의 활동전략을 ① 환경교육, ② 연구·세미나·출판, ③ 대중사업(캠페인, 동원 등), ④ 환경감시, ⑤ 대정부활동(애드보커시, 로비), ⑥ 법률활동(소송 및 피해자구제), 그리고 ⑦ 네트워크 구축 등으로 구분하여 검토하고 그 사례들을 풍부하게 제시하고 있다.

둘째, 중국 환경 거버넌스 현상의 규명과 이론화를 통해 시민사회중심의 거버넌스 가능성을 분석한다. 흔히 협치(協治), 공치(共治), 네트워크 관리 등으로 번역되는 거버넌스의 확산은 근대 민주주의 원리를 바꾸는 것은 물론 국가체제가 작동하는 방식에 큰 변화를 불러왔다고 볼 수 있다. 정부와 정부 밖의 비정부기구, 민간기업, 시민들이 협력 체제를 만들어 함께 관리하는 방식이라 할 수 있는 거버넌스는 환경 등의 분야에도 널리 적용되고 있다. 이 연구는 중국에서 '국가에 의한 시민의 양산' 단계 이후 환경관리에서 벌어지는 특수한 거버넌스 현상을 설명하기 위해 기존의 개념을 발전시키고 분석단위의 외연을 확장하고자 한다.

연구자는 중국의 환경시민사회 등장을 '국가로부터 사회 영역의 점진적인 분리와 다차원의 연계성 확보'라는 관점에서 논의한다. 시민사회와 거버넌스에 대한 논의는 위거핑(兪可平)이 밝혔듯이 "중국에서의 시민사회 논의가 공공이익을 최대화하기 위한 사회적 관리형태인 '선치(善治)'를 통해 정치국가와 시민사회가 새로운 관계로 양자 간의 최적상태를 형성하는 단계로 갈 수 있음"[19]을 보여줌으로써 향후 중국에서의 시민사회의 미래에 대한 좀 더 구체적인 가능성을 제시하고 있다. 이 연구에서는 중국의 당국가체제의 구조적 특성을 고려하여, 국가중심의 거버넌스와 시민사회 거버넌스를 정확히 구분하여 접근하지는 않았지만, 주로 환경 NGO의 활동을 중심으로 한 시민사회형의 거버넌스에 비중을 더 두고 그 가능성과 한계를 살피는 데 주력했다.

셋째, 중국 환경시민사회에 대한 실증적, 다층적 탐구와 함께 다양한 네트워크 사례를 연구한다. 이 연구는 중국 환경시민사회를

---

19) 兪可平, "中國公民社會的興起與治理的變遷", 『中國社會科學季刊』, 1999年 秋季卷, pp.105-118.

둘러싼 구조와 행위자적 요인을 분석하고, 다층적 차원에서 환경세력 상호 간의 미시적인 연계망에 주목하고 있다. 무엇보다, '환경시민사회'라는 개념을 통해 중국의 국가-사회관계의 속성과 변화과정을 동시에 규명하는 동시에, 네트워크의 관점에서 민간부문의 환경운동조직과 환경조직 간 국내적, 국제적 연계망과 사례들을 분석하고자 한다. 이러한 노력은 기존의 좌-우 이데올로기적 스펙트럼은 물론 정부-시민사회의 2분법적 스펙트럼으로부터도 자유로운 개념틀에서 중국의 환경정치를 폭넓게 조망할 수 있는 장점이 있다.

넷째, 정치환경 변화에 따른 국가-사회관계의 동학을 밝힘으로써 중국의 '환경정치'에 대한 예측과 전망을 모색한다. 이 연구는 국내와 국제수준에서 NGO 상호 간의 관계가 고정불변의 것이 아니라 구조와 행위자의 상호작용 속에서 늘 새롭게 구성되는 측면을 부각시킴으로써 중국의 시민환경사회 내부의 동학을 보다 생생히 밝히고자 한다. 또한, 중국의 타 부문 사회단체에 대한 정부의 관리방식에 비해 환경단체에 대한 관리방식의 차이점이 무엇인지, 그리고 타 부문의 사회단체들에 비해 환경단체가 갖는 독자성과 한계는 무엇인지 등을 밝힘으로써 중국환경정치에 대한 사회과학적 설명력과 풍부한 예측을 가능케 할 것이다.

제2장

중국 시민사회와 환경 거버넌스의 분석틀

이 장에서는 중국의 시민사회를 둘러싼 기존의 논의들을 시민사회론과 코포라티즘으로 분류하여 그 분석적 함의와 한계를 살필 것이다. 그리하여 이들 이론을 통합적으로 적용시킨 거버넌스(governance) 접근방식이 갖는 설명적 유용성을 통합하여 전체 연구의 분석틀을 마련하고자 한다.

1. 중국 시민사회에 대한 논의 검토: 사회주의 시민사회론과 코포라티즘

중국에서 흔히 '국가와 시장'은 시민사회 발전의 두 가지 연결요인으로 간주된다. 시장경제의 등장은 국가와 시장을 분리시키는 데 기여하여 시민사회 조직의 출현에 새로운 공간을 확장해 주었다고 보기 때문이다. 양(Yang)에 의하면, 그러나 이 같은 '국가와 시장' 중심적인 설명방식은 중국에서 시민사회 조직이 출현한 구조적 조건은 밝혀내더라도 그 동학에 대한 적절한 설명은 할 수 없다는 점에서 한계가 있다.[1] 이러한 시각은 사회조직들이 정당정치와 시장의 힘 사이에서 조종(manoeuvring)함으로써 어떻게 성장을 도모하는지에 대한 관심이 결여되어 있기 때문이다.

그렇다면 시민사회조직이 출현한 구조와 동학을 동시에 밝혀낼 수 있는 이론적 작업들은 어떻게 전개되어 왔는가? 여기서는 지금까지 여러 가지 각도에서 행해져 왔고 다양한 논쟁과 실증과정을 거쳐 온 중국 시민사회에 대한 이론적 노력들을 검토해 보도록 하겠다.

중국의 시민사회에 관한 논의의 연장선상에서 행해진 국가-사회관계에 대한 기존의 연구들은 주로 국가중심적(state-oriented) 접근을 강조하는 경향이 많았다. 정치체제의 변화를 논의하는 연구들을 보면, 당, 정부, 전인대 등의 권력기구를 중심에 두고 이들이 민간조직을 어떻게 형성하고 지원하며 활용하는지에 대한 분석에 초점을 맞추는 경향이 지배적이다.

그러다가 천안문 사태 이후, 1990년대 초반에는 서구시민사회의 '아래로부터' 모델을 통해 중국의 저항운동에 초점을 맞추어 '시민사회'적 성격을 분석하는 연구경향[2]들도 나타난다. 서방의 중국 연구학자들은 천안문사건 당시의 학생집단 및 지식인들의 소규모 모임 등을 시민사회라고 보아 중국에서도 시민사회가 존재하고 있음을 역설하기도 하였다. 이와는 별도로 중국에서 시장경제의 본격적

---

1) Guobin Yang, "Civil society in China: a dynamic field of study", *China Review International*, Vol.9, No.1(Spring 2002), pp.1－17.

2) 중국사회에서 증가하는 개인과 집단적 권리를 확보하기 위한 저항운동들에 대한 연구가 대표적이다. Elizabeth J. Perry and Mark Seldon, "Introduction", Elizabeth J. Perry and Mark Seldon(eds.), *Chinese Society, 2nd Edition: Chnage, conflict and Resistance*(New York: Routledge, 2003); Kevin J. O'Brien and Lianjiang Li, *Rightful Resistance in Rural China* (New York: Cambridge University Press, 2006).

인 도입으로 인한 사유재산권의 문제, 개인의 권리 보장, 다양한 사회단체의 출현 등에 대한 관심을 통해 시민사회 형성을 논의하고 국가와의 관계를 통해 시민사회를 규명하려는 노력들이 전개되기도 하였다.[3)]

중국 시민사회론에 대한 학자들의 견해에서 나타나는 가장 중요한 특징은 공공 영역이라는 개념을 통해 환경 등 공적 활동에서 민간부분과 국가 사이에 나타나는 힘의 균형의 변화를 설명하려고 적극적으로 시도했지만, 민간과 국가 사이의 관계를 대립적으로 설명하지 않았다는 점이다. 이들이 공공 영역이라는 개념으로 중국의 시민사회를 설명하려는 이유도 시민사회의 개념은 서구 민주주의의 제도와 실천과 밀접한 관련이 있어 중국에는 적합지 않다고 보기 때문이다. 오히려 이들은 중국을 포함한 비서구 지역에는 국가와 사적 이익의 충돌을 전제로 하는 시민사회 개념보다는 대중(public)에 초점을 맞추는 공공 영역 개념이 더욱 잘 적용될 수 있다고 생각하고 있는 것이다.

한편, 1990년대 중반 이후부터는 국가주도형 코포라티즘(state corporatism)의 접근을 통해 국가-사회관계에서 사회에 대한 국가의 통제적 측면을 분석하는 경향[4)]도 대두되었다. 중국의 국가-사회관계에 대한 조합주의적 접근은 규범적 접근에 의존한 기존의 시민사회론에 비해 중국의 현실을 더욱 설득력 있게 설명한다. 대부분 연구들은 중국에서 국가와 사회의 관계가 개혁개방 이전처럼 국가가 사

---

3) 김도희, "중국에서의 시민사회 논의의 쟁점과 함의", 『中蘇硏究』 통권 94호(2002), pp. 46-47.

4) Margaret M. Pearson, *China's New Business Elite*(Berkeley, CA: University of California Press, 1999); Jonathan Unger and Anita Chan, "China, Corporatism, and the East Asian Model", *Australian Journal of Chinese Affairs*, No.33(Jan.), 1995.

회를 일방적으로 통제하고, 사회가 국가에 전면적으로 의존하는 관계는 아니지만 그렇다고 사회가 국가에 대해 완전한 자주성을 획득하지도 못한 상태이며, 국가와 사회 간에는 복잡한 상호 침투와 상호의존이 이루어지는 관계라는 점에서 동의한다. 국가와 사회관계를 '편입과 제휴'의 관점에서 접근하는 시각도 이러한 맥락으로 볼 수 있다.

이남주에 따르면, 이처럼 중국의 국가－사회관계에 대한 연구에서 코포라티즘의 접근이 활발하게 이루어진 것은 다음 두 가지 요인이 중요하게 작용했다.[5] 첫째, 중국에서 정치개혁이 없는 경제개혁이 성공적으로 진행됨에 따라 이를 주도한 국가의 역할에 대해 관심이 모아진 것이다. 둘째, 개혁개방이 진행되면서 사회에 대한 국가의 직접적인 통제가 약화되고 있지만, 국가가 협력(collaboration) 및 포섭(co－optation)을 통해 사회에 대한 통제를 계속 유지하고 있는 점이 포착되면서 국가와 사회의 상호 침투를 설명하기 위한 코포라티즘적 설명틀이 설득력을 얻게 된 것이다. 중국에 코포라티즘의 개념을 가장 적극적으로 적용한 학자는 피어슨(Margaret M. Pearson)으로서, 그는 슈미트(Philippe C. Schmitter)가 분류한 국가코포라티즘과 사회코포라티즘 중 전자가 중국에 적용될 수 있다고 보았다.[6]

하지만 이러한 코포라티즘 접근은 중국적 시민사회 현상들이 갖는 차별성을 포착하지 못함은 물론 국가－사회관계에서 나타나는 전반적인 갈등과 협력의 동학을 설명하기엔 한계가 있다. 이남주가

---

5) 이남주(2007), pp.36－39. 참조.

6) Margaret M. Pearson, *China's New Business Elite*(Berkeley, CA: University of California Press, 1999), pp.26－28.

지적했듯이, 시민사회론이 경제의 시장화가 필연적으로 민주화의 발전을 촉진할 것이라는 규범적인 결론에 집착한 나머지 중국의 정치현실을 제대로 설명하지 못한 것과 마찬가지로, 코포라티즘은 현실을 설명하는 데 있어서는 시민사회적 접근보다 성공적이나 중국사회가 어떤 방향으로 전환할 것인지 또는 이러한 방향으로 나아가는 주된 동력이 무엇인지에 대한 답은 주기 어렵다.[7] 실제로 1990년대 후반부터는 중국에서 코포라티즘의 접근만으로 포착하기 힘든 현상들이 증가하고 있다. 파룬궁과 같은 돌발행동뿐만 아니라 각종 집단행동의 분출건수도 갈수록 증가하고 있어[8] 시민사회론의 접근에 일정한 한계가 있음을 드러낸다.

시민사회론은 또한 국가와 사회 사이의 기능적 분화가 점차 뚜렷하며 국가의 사회포섭도 한계가 나타나고 있는 변화양상을 제대

---

7) 이남주(2007), p.41.

8) 중국 공안부에 따르면 지방정부의 불투명한 행정처리와 관리들의 부패 등으로 인해 중국인들의 시위는 1994년 1만 건에서 2004년 7만 4천 건으로 7배 이상 증가했다. 시위 참가인원도 2004년 376만 명으로 5배가 늘어나, 하루 202건 시위에 1만 명꼴이 거리로 나서고 있다.* 2005년 한 해만도 공식적으로 추산된 집단시위는 8만 7,000건에 달했다. 이는 2003년, 2004년에 비해 각각 50%와 6.6%가 증가한 것으로, 대부분 국영기업 개조작업과 부동산 재개발에 따라 거리로 나앉게 된 노동자·농민·도시빈민이 일으킨 시위였다. 2005년 8월 충칭특수강에서 일했던 노동자와 그 가족들은 체불급여 및 퇴직금 지급, 이주비용 제공 등을 요구하며 3개월 동안 격렬한 시위를 벌였다. 그 과정에서 최대 1만여 명까지 늘어났던 시위대는 무장경찰과 충돌하여 3명이 죽고 30여 명이 중경상을 입었다. 2007년 6월 8일 네이멍구(內蒙古)자치구 후허하오터(呼和浩特)에서는 강제철거에 반대하는 철도 노동자와 가족인 주민 5,000여 명이 경찰의 과잉진압에 반발, 경찰차 3대를 전복하고 6시간 동안 중심가 도로를 점거했다. 같은 달 11일 저장(浙江)성 성저우(嵊州) 시에서 18가구가 사는 4층 건물을 강제 철거하는 과정에서 경찰이 주민들을 폭행하자, 시민 3만 명이 몰려들어 규탄시위를 벌였다. 지난 2, 3년 사이에는 베이징올림픽을 맞아 중앙정부 차원에서 적극적인 도시 개발 및 정화 작업을 벌였다. 이로 인해 무자비한 강제철거와 무단이주 조치가 취해지면서 중국인들의 강한 불만을 샀왔다. "중국, 불도저식 재개발에 1년에 시위 8만여 건", <오마이뉴스> 2008. 01. 13, (http://www.ohmynews.com/NWS_Web/view/at_pg.aspx?CNTN_CD=A0000810935&PAGE_CD=)

* <한겨레신문> 2005.12.18 (http://www.hani.co.kr/kisa/section-004005000/2005/12/004005000200512181954663.html

로 설명하기 어렵다는 문제가 있다. 현재로서 국가와 사회의 관계에서 국가의 주도적 역할이 여전히 유지되고 있으나, 민간조직의 양적인 팽창과 객관적 환경의 변화를 고려하면 이러한 조직들도 점차 국가의 기능을 보완하는 역할에만 머무르지 않을 가능성이 높아지고 있다. 중국정부도 이러한 한계를 인식하고 시민사회에 대한 태도도 과거와 달리 보다 적극적으로 접근하여 활용하기 위해 시민사회를 公治(governance) 관점에서 접근하는 경향이 대두되었다. 중국공산당 중앙의 직속연구기관인 중앙편역국의 한 연구팀은 2002년 "中國公民社會的興起與治理的變遷(중국 시민사회의 부상과 거버넌스의 변천)"이라는 글을 발표하였다.9) 이 연구는 사회로부터의 접근법보다는 거버넌스라는 국가의 필요성을 전제로 하지만, 이는 당기구에서 최초로 시민사회의 역할을 긍정적으로 평가했다는 점에서 중요한 의미를 갖는다.10)

이남주는 시민사회에 대한 최소주의적 접근11)을 통해, 중국에서 점차 발전 중인 민간조직의 조직적·행태적 특징이 중국에서 진행 중인 정치변화와 어떤 관계를 갖고 있으며, 국가-사회관계에서 어떤 위치를 차지하고 있는가를 연구하였다.12) 그는 국가로부터 자주적인 사회공간으로서 시민사회의 존재 여부를 설명하는 데 초점을 맞추고, 자주적인 사회공간을 구성하는 가장 중요한 요소인 자주적 사회조직, NGO를 중국 시민사회 연구의 주요 분석대상으로 삼았

---

9) 俞可平, "中國公民社會的興起與治理的變遷", 『中國社會科學季刊』, 1999年 秋季卷, pp.105-118.

10) 이남주(2007), p.42.

11) 이는 서구 시민사회 모델이 갖고 있는 모든 특징을 발견하고 설명하려고 시도하기보다는 시민사회 형성에 중요한 함의를 가지는 기본적 특징, 국가로부터 자주적인 사회공간으로서 시민사회의 존재 여부를 설명하는 데 초점을 맞춘다. 이남주(2007), p.45.

12) 이남주(2007).

다. 이러한 '최소주의 시민사회론'의 입장은 시민사회와 국가를 대립시키는 이분법적 접근을 택하지 않으며 현재의 국가 – 사회관계는 물론이고 앞으로의 정치, 사회발전과 관련하여 국가와 시민사회의 갈등적 측면만이 아니라 협력적 측면이 존재할 가능성을 부정하지도 않는다. 이 같은 접근은 정치적 민주화를 지향점으로 갖는 시민사회론의 규범적 성격을 피하면서도, 시민사회, 민간조직을 발전시키는 아래로부터의 사회적 동력을 규명함으로써 당국가 체제를 유지하고 있는 중국의 정치변화와 국가 – 사회관계 변화에 시사점을 준다는 점에서 의미 있다.

하지만 환경부문을 중심으로 급속하게 발전하고 있는 시민사회의 역동성을 분석하기 위해서는 NGO 단위의 분석방법만으로는 부족하다. 중국에서 환경운동을 둘러싸고 나타나는 국가 – 시민사회관계의 특수성과 보편성을 통찰할 만한 보다 적합한 설명틀이 요구된다.

시민사회 발전을 촉진하는 가장 중요한 동력이 NGO라는 점은 분명하지만, 중국과 같은 당국가체제(party – state system)에서 시민사회가 어떻게 해서 등장하고 제한적 발전을 할 수 있는가를 포착하기 위해서는, 국가적 필요성을 강조하는 코포라티즘 접근과 사회적 필요를 강조하는 NGO적 접근이 결합된 '거버넌스(governance)' 설명틀이 보다 적합할 것으로 보인다. 수평적인 동원과 협력기제를 특징으로 하는 이 같은 접근은 국가로부터 자주적인 사회공간을 추구하면서도 동시에 국가와의 협력적 측면을 강조하는 일종의 포용적 코포라티즘의 중국적 구현양식으로서, 중국 환경시민사회(environmental civil society)를 설명하는 데 보다 적실한 근거를 제시한다.

중국적 관점에서 '환경시민사회'란 기본적으로 정치권력의 의도
를 아래로 전달하면서도 환경의 이익을 정부에 대변하는[13] '이중의
역할'을 수행하는 사회이다. 때문에 타 영역에 비해 가장 활성화되
어 있고 환경이익의 특성상 정부와의 대립적 갈등도 점차 가시화
되고 있다. 이러한 맥락에서 연구자는 중국 '환경시민사회'를 "국
가로부터 사회 영역의 점진적인 분리와 다차원의 연계성을 전제로,
환경적 관심을 가진 정부와 NGO는 물론 NGO 상호 간의 거버넌
스를 통해 구성된 반(半) 자율적 사회"로 정의하여 분석할 것이다.

2. 중국 환경 거버넌스의 분석틀

1) 환경 거버넌스의 개념과 범주: 다층적인 협력관리체계

최근 들어 학계에서 NGO에 대한 관심은 '새로운 조정기제'[14]로
서 NGO의 역할에 초점을 맞추는 경향이 있다. 비록 이 속에서
NGO가 국가 또는 시장질서의 대안 자체로서 평가되는 것은 아니
지만, 적어도 불완전한 시장과 국가의 정책을 보완해 주며 시장과
국가의 관계를 민주적 질서 아래 이끌어 내려는, 즉 '새로운 통치
패러다임'의 가능성이라는 측면에서 NGO의 역할은 중요한 함의를
지닌다 할 수 있다.[15] 위와 같은 맥락에서 NGO에 대한 논의는

---

13) Anita Chan, "Revolution or Corporatism? Workers and Trade Unions in Post-Mao
   China", *The Australian Journal of Chinese Affairs* 29(January), 1993, p.35.

14) 조대엽, "새로운 조정기제로서의 시민사회와 그 과제", 『한국사회의 대변환: 국가·시
   민사회를 중심으로』, 한국사회학회·한국정치학회 공동학술회의 발표논문(한국외국어
   대학교, 2001.11.23).

15) 홍성태, "한국 시민사회의 정치사회적 거버넌스와 정부-NGO 관계", 『사회연구』 통
   권 13호(2007년 1호), p.75.

1990년대 이래 꾸준한 연구성과를 보이고 있는 시민사회론과 최근 들어 사회과학에서 활발한 이론화 연구가 진행되고 있는 거버넌스 (governance) 담론과 긴밀한 연관을 맺고 있다.[16] 거버넌스를 기본 원리로 하는 정책과정에서는 정부가 정책의 결정권과 집행이라는 궁극적인 역할을 수행하지만, NGO는 정부의 권력남용과 비효율성을 제어하고 민주적 운영에 대한 참여의 권한을 갖는다.

거버넌스에 대한 정의는 대체로 행태(behavior)와 주체를 포함하는 용어로 사용하는 경우[17]와 방법(method) 혹은 체제(system)를 강조하는 입장,[18] 그리고 권력행사에 초점을 두는 입장[19] 등 다양한 차원에서 내릴 수 있다. 이러한 거버넌스의 다차원성은 개념적 다의성과 유연성으로 인해 개념적 혼란을 초래한다.[20] 거버넌스는 제도적 학문분과에 따라 행정학의 정책연결망(policy net works), 공공관리(public management), 국제관계학의 정부 없는 거버넌스 (governance without government), 제도경제학의 경제 영역에 대한 조정(coordination) 및 기업 지배구조(corporate governance), 체계이론의 복잡한 체계의 자기조절(self−regulation), 정치학의 공−사 파트너십 (public−private partnerships), 그리고 World Bank와 IMF에 의해 추진되고 있는 개혁목표로서 '좋은 거버넌스(good governance)' 등과 같이 다의적인 용례로 나타난다.[21]

---

16) 홍성태(2007), p.75.

17) American Heritage Dictionary의 "통치의 행위, 과정 및 권력 또는 정부"라는 정의.

18) Oxford English Dictionary의 "통치나 권위를 적용 대상에 행사하기 위해 필요한 통치의 행위나 방식 또는 규제체제"라는 정의.

19) World Bank(1992)의 "발전을 위해 한 국가의 경제, 사회적 자원들을 관리하는 권력행사의 방식"이라는 입장. World Bank, *Governance and Development*(Washington: The World Bank, 1992).

20) 홍성태(2007), p.80.

이처럼 거버넌스에 대한 보편적인 정의나 사례는 일치점을 발견하기 힘들다. 하지만 오늘날 거버넌스 개념은 행정이 시장화, 분권화, 네트워크화, 기업화, 국제화를 지향함에 따라 종래의 집권적 관료구조에 바탕을 둔 전통적 행정을 대체하는 개념으로 사용하려는 경향을 띤다는 점에서22) 공통된 문제의식과 방향성을 찾을 수 있다. 거버넌스의 특징은 종래 정부주도의 행정과정에서 기업(business)과 지역사회 조직의 상대적 역할 증대로 나타났으며 모든 국정 분야에서 정부, 기업, 시민단체와의 협력관계를 강조하는 입장에 서게 되었다.23)

스토커(Stoker)가 말했듯이, 거버넌스는 "정부중심의 공적 영역과 사적 영역 사이의 경계가 허물어지면서 나타난 새로운 상호 협력적·의존적인 조정양식, 즉 통치스타일의 발전을 의미하는 개념으로 이해할 수 있다.24) 오스본(Osborne)과 개블너(Gaebler)는 그동안 정부의 운영방식이 방향설정(steering)과는 상관없이 오직 정책의 추진(rowing)이 그 역할비중을 차지했다는 비판과 함께 독점과 계층제에 의한 방식에서 탈피하여 팀워크(teamwork)와 참여의 기제를 강조함으로써 기존의 정부(government) 개념을 대신할 새로운 '거버넌스' 형태의 국정운영 방식을 강조한 바 있다.25) 같은 맥락에서 유현석은 거버넌스를 형식적인 권위체나 정책을 수행할 힘을 가진 기관이 지원하는 활동들을 수행하는 통치(government) 개념과는 달

---

21) Kooiman, J. *Governing as Governance*(London: Sage, 2003); Pierre, J. and B. G. Peters, *Governance, Politics and the State*(New York: St. Martin's Press, 2000) 참고.

22) 배태영·이재호(2001), p.253.

23) Christopher Gates, "Introduction", *National Civic Review*, Vol.85, No.3(1996), p.3.

24) Stoker, G., "Governance as Theory: Five Proposition", *International Social Science Journal* 50(155)(1998), p.17; 홍성태(2007), p.75에서 재인용.

25) 배태영·이재호(2001), p.254에서 재인용.

리 어떤 법적·제도적인 권위체의 지원을 받지 않은 '상호주관적인 규칙체계(intersubjective system of rule)'라는 관점에서 접근한다.[26]

여러 학자들의 견해를 종합해 볼 때, 거버넌스는 어떤 위계적인 질서 속에서 정부가 부여받은 권위의 행사를 통해 이루어지는 수직적 통치 개념과는 달리 다양한 이해관계 당사자들이 공통의 목적을 달성하기 위해 수행하는 수평적 협력의 개념에 가깝다. 따라서 환경 분야에서 거버넌스는 환경문제 해결과정에서 정부주도형 통치기제의 실패를 극복할 대안으로서 정부와 시민사회를 중심축으로 한 다자간 협력관계의 형성을 의미한다고 볼 수 있다. 바꾸어 말하면 이는 환경문제를 해결하기 위한 정책구상에서 단선적인 정부의 결정이라고 할 수 있는 규제중심에서 탈피하여 환경을 둘러싼 모든 행위 주체들의 공존 또는 공생중심의 네트워크 구성인 것이다.[27] 환경문제 해결을 위해 정부, 기업, 시민 모두가 자율적으로 환경개선을 위해 노력하는 다층적인 협력관리체계(cooperative management system)의 구성이라는 관점에서 접근하는 거버넌스 관점은 중국의 환경 분야에서 두드러지고 있는 국가-사회의 협력관계를 분석하는 개념틀로서 적합하다고 하겠다.

한편, 환경 거버넌스의 범주를 보면 이는 다층적이다. 국내적 차원에서는 지방수준과 전국적 수준에서 정부(중앙정부 및 지방정부)만이 아니라 비정부기구(NGO)를 비롯한 여러 사회조직, 기업, 지식공동체(연구소)들 간의 상호작용과 관계된다. 국제적 차원에서는 쌍무적(bilateral), 지역적(regional), 지구적(global)인 연합 등 국지적

---

26) 유현석, "글로벌 거버넌스에서 국가와 지구시민사회", 『한국정치학회보』 제39집 3호 (한국정치학회, 2005), p.333.

27) 배태영·이재호(2001) p.257.

경계를 초월한 협력틀과 관련된다. 이러한 범주 규정은 거버넌스 개념이 갖는 복잡한 조직체계들 간의 상호작용 및 상호 융합과 협력을 통한 조직과 제도의 운영방식에 비중을 두는 관점이라 하겠다.[28]

강한 관료제 시스템 하에서 작동하는 중국의 환경 거버넌스는 서구의 경험과 달리, 상대적으로 열세에 놓인 정부의 환경부문이 위계적으로 우세한 타 부처나 대형 국유기업 부문 등에 '대항'할 목적으로 정책의제와 집행과정에서 시민사회에 대해 포섭과 제휴의 전략을 사용하는 것이 특징이다. 경제발전을 통한 국가이익의 최대화에 경도된 관료적 '보수집단'에 비해, 정부환경부문은 환경단체, 대중매체, 지식공동체(연구소), 학생조직 등 이른바 '시민환경세력'과 일종의 정책커뮤니티(policy community) 혹은 정책네트워크 (policy network)를 구성하며 환경 관련 공공정책의 수립이나 집행을 공동으로 추진하고 있다.

2) 환경 거버넌스의 주체와 상호관계

거버넌스는 그 과정에서 누가 주도적인 영향력을 발휘하느냐에 따라 국가중심의 거버넌스와 시민사회중심의 거버넌스로 분류될 수 있는데, 중국에서 지금까지 국가주도로 행해진 거버넌스 기제는 대부분 반관반민(半官半民)적인 정부설립 NGO를 매개로 한 코포라티즘(corporatism)의 장치와 크게 구별되지 않는다. 다만, 구별되는 현상은 국가가 시민사회의 편입과 제휴를 통한 효율적인 행정관리를 위해 순수한 환경 NGO들과 대등한 협력관계를 구성하고, 그들

---

28) 환경 거버넌스의 범주에 관해서는, 이종열·이재호, "한국 환경정책의 전개과정과 특성 분석", 『지방정부연구』 제4권 1호(2000), p.236의 정의를 참조하여, 연구자가 중국의 실정에 맞게 재정의하였음.

에게 일정한 조직적 자율성을 인정하는 협치 기제가 도입되었다는 점으로서, 이는 이전의 배제적 코포라티즘에서는 찾기 힘든 현상이다. 이러한 국가중심의 거버넌스는 정치적 기회구조의 확대를 통한 시민참여에 대한 법적·제도적 틀의 확대, 그리고 이를 기반으로 하는 정책과정 및 의견수렴의 개방성을 특징으로 하며, 정치환경과 구조의 변화에 따라 점차 순수한 환경 NGO에 초점을 맞추는 시민사회중심의 거버넌스로 발전할 가능성을 갖는다.

환경정책은 정책결정 과정에서 공공재인 환경에 대한 오염을 규제하기 위해 지지집단이라는 매개체를 조직해 동원하는 경우가 많기 때문에 거버넌스의 주요 주체는 개인보다는 집단 행위자로 보는 것이 타당하다. 특히 중국에서 중앙정부의 환경부처와 카운터 파트너를 형성하는 전국단위의 환경 관련 기관 및 환경단체, 지방수준의 환경당국과 풀뿌리 환경단체, 그리고 대중매체와 연구소 등이 사안별로 구축하는 '환경네트워크'는 중요한 거버넌스의 축이 된다.

일반적으로 환경 거버넌스 연구자들은 협력주체를 정부, 기업, NGO 등으로 보고, 이들의 상호관계와 수평적 네트워크에 초점을 맞추지만, 중국에서 사실상 국내기업이 참여하는 환경네트워크는 드물다. 따라서 이 연구에서는 주로 중앙과 지방수준의 정부와 NGO를 중심으로 하되 언론과 지식공동체를 포함시킨 상호 협력사례를 분석할 것이다.

우선, 중앙정부의 경우 환경 관련 중앙정부는 조직력, 정보, 기술에 근거한 전문성을 바탕으로 환경정책 과정에서 가장 핵심적 역할을 담당하고 있다. 중국에서는 국가환경보호총국(현 환경보호부)이 환경정책의 중추기관이었다. 이 기구는 환경법안의 입법과 정책의 입안 단계에서부터 심사와 집행에 이르기까지 환경정책의 핵심적 역할을 하지만, 여타의 비환경적 부처들의 반발도 만만치 않기 때문에 환경문제 해결과 정책의 강화에서 장애가 되는 이들 부처를 상대로 설득과 협상과정에서 외부의 힘을 동원할 필요성을 느끼게 된다.

둘째, 지방의 환경당국은 환경문제의 발생지역과 직접적으로 대면하고 있으며 중앙정부에서 결정된 정책의 실질적인 집행 책임을 지고 있다. 하지만 중국의 경우 지방정부의 환경당국은 재원의 출처가 사실상 지방정부에 있기 때문에 중앙의 환경당국보다는 상당 부분 지방정부에 의존하기 십상이다.

셋째, 환경NGO는 시민사회의 구성요소 중 환경문제에 가장 큰 영향력을 행사하면서 거버넌스 과정의 실질적인 추진 주체이다. 이들은 대부분 전국적인 연결망을 갖고 있으며 심지어 국제적인 지부조직으로 연계된 경우도 있다. 특히 중국정치협상위원 등 정계출신이거나 정계소속의 지도자들이 주도하는 환경단체들이 활동 면이나 인지도 면에서 두드러지며 대중매체 등과 연계성이 강하다. 또한 환경 NGO는 환경 거버넌스 과정에서 정부와 함께 국가적인 환경의제를 형성하고 정책을 수립하는 데 도움을 주며 환경교육과 홍보 등을 통해 대중참여를 독려하고 동원활동도 하게 된다. 특히 정부에 대한 환경권리 옹호 및 정책주창(advocacy) 활동은 중요한 요소가 된다. 환경NGO들이 정부를 상대로 벌이는 구체적인 활동들은 다양하다. 슐로츠만(Schlozman)과 티어니(Tierney)에 따르면, 환경단체의 영향력 행사를 위한 기법들 중에서 주로 활용되는 것들로는 청문회 증언, 정부관료와의 공식 및 비공식적 접촉, 조사결과 또는 기술적 정보의 제공 등이 있으며, 그 외에도 편지보내기, 타조직과의 연합, 정책집행의 참여, 언론인 접촉, 정부관료의 입법전

략에 대한 자문, 입법초안의 작성 등 방법을 활용하고 있다.29)

넷째, 환경 분야 지식공동체(epistemic community)의 거점이라 할 수 있는 연구소는, 그 어떤 쟁점보다 과학적 근거와 정보의 뒷받침이 필요한 환경문제에 관해 전문성을 갖고 있기 때문에 환경 거버넌스에서 빼놓을 수 없는 역할을 해 왔다. 구체적으로 중국과학원, 중국환경과학연구원 원사를 비롯해 각 대학의 환경 관련 분야의 교수와 연구원 등 전문가 집단은 출판물은 물론 국제적인 워크숍과 공청회, 토론회 등을 통해 반환경적인 정책을 추진하는 국가기관과 지방정부, 기업, 사회집단 등을 상대로 전문적 자료를 통해 환경보호의 필요성을 역설함으로써 환경 거버넌스 과정에서 풍부한 지적 원천을 제공해 주고 있다.

다섯째, 환경문제가 공론화되고 환경세력의 힘이 결집되는 과정에서 언론 등 대중매체의 역할도 빼놓을 수 없다. 중국에서 각종 미디어 매체와 환경 NGO의 중요성이 증가함에 따라 이들의 정부 환경규제에 대한 참여기회 및 환경정책 이행에 영향력을 행사하는 기회가 많아지고 있다. 신문과 방송, 그리고 인터넷 매체 등은 반환경적인 정책에 대해 비판적인 논조를 서슴지 않고 드러내면서 환경단체의 활동을 측면에서 지원하는 한편, 환경보호에 대한 대중의 참여를 조직하고 홍보하는 역할을 수행해 왔다. 중국의 대중매체들은 부분적으로 '녹색화(greening)'를 통해 초기부터 환경 NGO들을 강하게 후원해 왔다.30) 언론매체에 종사하는 직업인들 중 상당수는 환경단체의 조직가 내지 멤버로서의 직접적인 참여를 하고 있다.

---

29) Schlozman, Kay Lehman, and John T. Tierney, *Organized Interests and American Democracy* (New York: Harper & Row Publishers, 1986).

30) Wen Bo, "Greening the Chinese media", *China Environment Series,* Issue 2(1998), pp.39−44.

예를 들어, Green Camp를 비롯해 녹가원지원자(綠家園志愿者), 자연지우(自然之友)Green Plateau, Tibetan Antelope Information Centre, Tianjin Friends of Green, Panjin Black−Beaked Gull Protection Association 등의 단체는 모두 저널리스트 혹은 전직 저널리스트들이 이끄는 단체들이다. 특히 자연지우(自然之友)는 그 구성원 중 일부 영향력 있는 저널리스트들이 활동하고 있다.[31]

하지만 중국에서 NGO와 대중매체가 환경보호운동에서 중요한 역할을 하는 것은 사실이지만, 그들은 서구 민주주의의 국가들과 달리 자율성을 갖지 못한다. 모든 중국의 NGO들은 정부에 등록되며 정부의 승인을 받는다. 이러한 조건에서 어떠한 NGO나 매체들도 정부의 환경정책과 프로그램을 비판할 자유를 갖지 못하는 것은 당연지사이다. 이로 인해 대중매체의 기사들은 대개의 경우 자신들을 후원하는 정부기구에 대한 편향을 반영할 때가 있다.

3) 환경 거버넌스의 기제와 분석틀

이상과 같은 거버넌스 참여 주체들과 함께 정부당국은 환경문제 해결 과정에서 참여자들의 역할 내지는 위상의 재정립을 위한 규칙(rules)이나 조건(conditions)을 모색하고 공식적, 비공식적인 네트워크를 통해 협력적 행위를 유도해 낸다.

중국에서 행해지는 환경 거버넌스에서 나타난 협력기제를 내용별로 유형화하면 ① 의제형성 및 정책수립(agenda setting), ② 정책집행과 감시(monitoring), ③ 환경쟁점의 공론화 노력으로서 대중동

---

31) 대중매체와 환경운동 간의 밀접한 연계는 자연지우(自然之友) 총재인 량총지에(梁從誠)로 하여금 "중국은 세계에서 가장 녹색적인 미디어이다"라는 주장을 하게끔 자극하였다. 『자연지우 소식지』 No.3, (1998). http://www.fon.org.cn/

원, 환경교육, 선전홍보 등 대중사업 그리고 ④ 정책주창과 옹호(advocacy), ⑤ 세력지원(동맹군 형성), 그리고 ⑥ 초국가 연대활동 등으로 분류할 수 있다.

첫째, 국가의 의제형성(national agenda setting) 및 정책수립 과정에서 중앙정부 환경부문은 전문적인 지식을 갖춘 연구소, 대학 등 지식공동체(epistemic community)와 환경 NGO 등의 건의를 토대로 발의된 정책초안을 수립한다. 이러한 의제와 정책초안이 환경입법으로 제도화되는 과정에서도 NGO를 매개로 한 시민참여 기제가 주요한 역할을 발휘한다. 둘째, 정책이나 지침의 이행 여부에 대해 정부와 환경 NGO는 공동 감시활동(monitoring)을 전개한다. 특히 환경감시가 취약한 지방단위에서는 풀뿌리 NGO를 비롯한 대중매체의 감시활동이 중요한 역할을 한다. 셋째, 정부는 갈수록 복잡해지는 환경관리를 위해 대중의 참여와 인식제고를 위한 대중 교육의 필요성을 절감한다. 환경쟁점을 공론화하는 과정에서 정부와 환경 NGO들은 대중강연이나 대중매체를 활용하여 대중을 동원하거나 자발적 참여를 유도하는 다양한 홍보활동을 전개한다. 또한 지식공동체와 국제적인 협력을 통해 환경문제를 공론화하기 위한 공청회, 워크숍, 국제학술회의 등을 개최하며 매체를 활용하여 대중들에게 그 성과를 홍보하기도 한다. 넷째, 환경정책을 주창(policy advocacy)하거나 시민적 권리를 옹호하는 활동을 통해 환경세력의 역량과 영향력을 강화한다. 여기에는 지식공동체와 언론 등이 광범위하게 참여한다. 다섯째, 중국의 관료정치 구조에서 세력이 취약한 정부 환경부문은 자신을 측면에서 지원하기 위한 다양한 채널을 활용한다. '환경동맹'으로 불리는 이러한 활동은 중국 환경정치에서 보이는 독특한 형태로서 대규모 댐 건설 반대공정 등 보다 큰 세력의 규합이 요구될 때 등장하는 협력기제이다. 환경거버넌스 기제에 관한 보다 자세한 내용은 제6장 1절에서 살피게 될 것이다.

이상에서 검토된 환경 거버넌스의 정의와 범주, 행위주체와 상호관계, 그리고 그 기제들을 상호 통합하여 거버넌스 분석틀을 구상해 볼 수 있다. 연구자는 중국 환경 NGO를 중심으로 한 환경 거버넌스에 관한 분석틀을 <그림 1>과 같이 작성하였다.

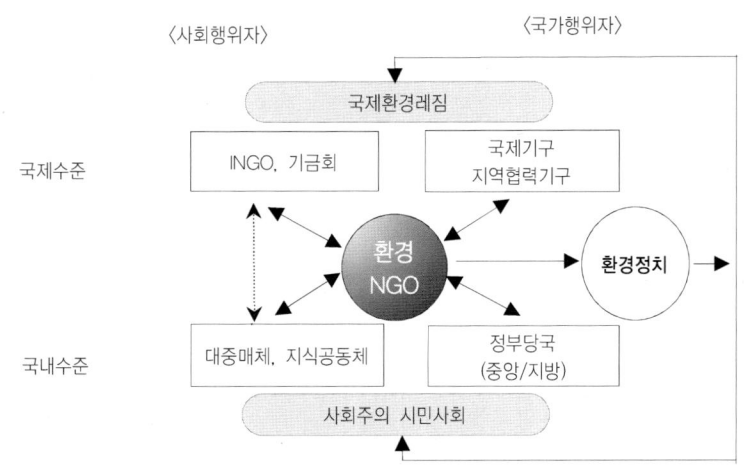

(출처: 전형권, "기후변화협상에 대한 중국의 정책대응", 전남대학교대학원 박사학위논문(2002. 8)의 분석틀을 토대로 재구성)

〈그림 1〉 중국 환경 NGO를 중심으로 한 환경 거버넌스 분석틀

우선, 국제적 수준에서는 국제환경레짐의 구조 하에서 움직이는 주요 행위자로서 각종 국제기구와 금융기구(UNCED, UNDP, WB, GEF), 지역협력기구, 외국정부, 지식공동체(epistemic community: 국제과학자 집단 등), 국제환경단체, 그리고 비록 간접적이지만 중국의 환경보호에서 공통적인 이해를 실현하고자 하는 외국기업(환경

산업부문 포함)들이 참여주체가 된다. 이들은 직접적으로 중국 정부 및 환경 NGO에 대해 활동에 필요한 자금과 정보의 제공, 활동가의 학습(learning)과 경험을 증진시키는 한편, 환경운동에 대한 과학기술적 정당성을 부여하고 결과적으로 중국 내에서 취약한 환경세력이 입지를 구축하고 정책의제의 형성에 참여할 수 있는 기회를 제공한다는 점에서 중요한 거버넌스 행위자이다.

다음으로 국내수준에서는 '사회주의 시민사회'의 구조 속에서 중앙정부의 환경당국과 지방정부가 각각의 층위에서 해당 환경 NGO와 파트너십을 통해 공동으로 환경문제를 해결하고 관리하게 된다. 이 과정에서 환경세력에 대해 우호적인 대중매체와 지식공동체로서 각종 연구소와 전문가그룹, 그리고 기금회 등이 직·간접적인 네트워크를 구축하여 환경부문을 측면에서 지원한다. 하지만 이러한 활동을 제약하는 국내적 요인들도 간과할 수 없다. 무엇보다 사회주의 제도경로에 의존하는 국가─사회관계의 본질적 성격이 지속하고 있고 이로 인해 사회적 행위자의 독립된 힘이 여전히 미약하다. 또한 지방정부와 기업은 '사회주의 시장경제'라는 구조적 제약 하에서 국가와 맺은 특수한 관계를 통해 환경 세력의 발전을 간접적으로 제약하고 있다.

이러한 분석틀은 일국의 환경 NGO를 중심으로 한 국내적·국제적 환경시민사회가 어떻게 발전하는가를 일목요연하게 보여주면서도 동시에, 국내적·국제적 수준의 구조적 환경이 이들 네트워크의 발전과 제약에 어떠한 영향을 미치는가를 설명하는 다층적인 분석방법을 도입하고 있음을 의미한다.

제3장

중국의 환경문제 해결노력과 정부실패

한 국가의 환경문제는 그 나라의 정치체제의 성격에 따라 문제의 양상과 그에 대한 대응양식 내지는 강도가 다를 수 있으며 해결의 기제가 다를 수 있다. 따라서 환경정책은 정치체제의 동태적 반응, 즉 정치과정의 역동성에 크게 의존한다.[1] 중국 역시 전통적 정치경제체제와 개혁·개방기의 제도적 관성이 복합적으로 작용해 환경문제를 규정하고 있으며, 동시에 그에 대한 기본적 인식과 접근 방식이 정해지고 있다. 중국의 환경문제는 실로 심각한데 주지하다시피 중국의 경제성장과 환경문제는 불가분의 관계를 맺고 있다.

개혁개방정책 이후 중국의 지속적인 개발을 끊임없이 위협해 온 것은 바로 환경과 자연자원의 문제였다. 이러한 상황은 두 가지 의미 있는 결과를 가져왔다. 하나는 정부가 환경보호문제에 있어 대중적 참여에 더 의존하게 되었다는 점, 또 하나는 높은 수준의 환경의식을 가진 몇몇 개인들이 자발적으로 환경보호운동을 주도하게 되었으며 이를 계기로 중국에서 민간 환경단체들이 속속 출현

---

1) 전형권, "세계화와 환경문제의 정치적 성격", 『한국동북아논총』(제13집), 한국동북아학회(1999.12), pp.80 − 81.

하게 되었다는 점이다.[2]

이 장에서는 중국의 환경문제가 발생하는 원인을 규명하고 중국 정부가 환경문제를 어떻게 인식하여 접근하고 있는지, 그리고 전통적인 해결기제는 무엇이었으며 그것이 결과적으로 환경문제 해결에 어떤 결과를 초래하였는지를 살피게 된다.

1. 중국 환경문제의 정치경제

중국의 환경문제는 실로 심각한 데 주지하다시피 그것은 중국의 경제성장과 불가분의 관계를 맺고 있다. 환경의 손실은 경제적으로도 막대한 손실을 주는 바, 일찍이 세계은행(World Bank)의 '중국 환경보고'에 따르면, 중국이 대기오염 및 수질오염으로 인해 입은 경제적 손실은 매년 GDP의 약 8%에 달하는 540억 달러로 추정된 바 있다.[3] 또한 세계보건기구(WHO)의 자료에 따르면, 오염이 가장 심각한 세계 10대 도시 중 중국의 도시가 7개나 포함되어 있는 것으로 나타났다.[4] 뿐만 아니라 중국의 아황산가스와 이산화탄소 배출량은 세계 최대를 기록하고 있으며,[5] 메탄 등 기타 온실가스 배출량도 세계 최대를 기록한다.

---

2) 박선영(2002).

3) World Bank, *Clear Water, Blue Skies: China's Environment in the New Century*(Washington, D.C: The World Bank, 1997), p.23.

4) 7개 도시는 산시성 타이위엔(太源)市가 전 세계에서 가장 공기오염이 높은 지역이고, 베이징, 우루무치, 란조우(蘭州), 충칭(重慶), 지난(濟南), 스쟈좡(石家장) 등이다. 환경부 국제협력관실, 『국제환경동향』 제25호(2000.10), pp.58－60에서 재인용.

5) 2000년대 중반까지 미국에 이어 세계 2위의 이산화탄소 배출국이었던 중국은, 2006년부터는 62억 톤으로 미국의 58억 톤을 추월함으로써 세계 최대 이산화탄소 배출 국가가 되었다(세계 배출량의 22%).

이러한 국면에서 환경보호활동을 강화하고 오염배출을 줄이는 것은 이미 중국 사회 전체의 공통된 인식이 되고 있다. 2000년대 중반까지 정부를 중심으로 각급 환경보호 부문은 업무 역량과 감독관리를 강화한 결과 전반적인 환경상태가 과거에 비해 양호해진 것은 사실이다. 그러나 현재 경제의 빠른 성장과 환경보호간의 모순이 여전히 첨예하게 대립하고 있어, 전국 주요 오염물 배출은 지속적으로 상승하고 있고, 일부 에너지 고소비, 고오염 업종의 사업항목은 맹목적으로 확장되고 있으며, 환경 위법행위는 끊임없이 발생하고 있는 상황이다.

장기적으로 누적된 중국의 환경문제는 아직 해결되지 않았고, 새로운 환경문제가 또다시 발생하고 있어 일부 지역의 환경오염과 생태 악화는 이미 상당히 심각해진 상태이다. 주요 오염물질 배출량은 환경 적재능력을 초과했고, 수질, 대기, 토양 등 오염은 날로 심각해지고 있으며, 고체폐기물, 자동차 배기가스, 잔류성 유기물질 등의 오염은 지속적으로 증가하고 있다. 유역 도시의 하천 구간은 보편적으로 오염되어 있고, 중국 전체 1/5 도시의 공기오염이 심각하고, 1/3의 국토 면적이 산성비의 영향을 받고 있다. 전국 수토유실 면적은 356만㎢, 사막화 토지면적은 174만㎢이고, 90% 이상의 천연초원이 퇴화되어 생물다양성이 감소했다.[6] 선진국에서 100여년 역사의 공업화 과정에서 단계적으로 나타났던 환경문제가 중국에서는 이미 집중적으로 발생하고 있다.

중국의 환경문제는 중국의 독특한 지리적, 기술적 특징 및 경제

---

[6] 중국의 환경오염상황에 관한 자료는 <中國環保网>, 중국환경부 등의 통계를 참조; <2007-2008年 中國環境狀況公報> http://www.mep.gov.cn; http://www.chinaenvironment.com.(검색일, 2008년 12월 3일)

구조와도 관련이 있다. 거대한 영토와 인구부양을 위한 현실적 요구로 인해 중국은 환경적 관심을 위해 경제성장을 둔화시킬 마음은 결코 없었다. 더욱이 개도국으로서 중국은 기술과 재정기술도 빈약했다는 현실적 이유로 인해 경제구조 역시 환경적으로 친화력이 없었다. 즉 중국은 작은 도시국가처럼 '청정산업'을 쉽게 분화하여 환경손실을 최소화하려는 부문적 전략을 채택하기 어려운 것이 사실이다. 중국의 포괄적인 산업구조는 중국의 환경적 관심을 지속적으로 제약하고 있으며 이는 예측 가능한 미래를 위해 오염도가 높은 산업(석유화학, 철강, 건축물, 에너지 및 석탄채광과 처리 등)에 의존할 것임을 의미한다.[7] 특히 중국의 중공업은 비효율적 에너지 사용 기술로 인해 에너지 자원 소모적이며 더욱이 대부분이 석탄에 의존한 결과 이산화탄소 배출의 주범이 되고 있다.[8]

중국의 환경문제는 정치경제체제와도 상관성이 밀접하다.

거대한 사회주의 중국의 물질적 기반을 확보하기 위해 중국 공산당은 주로 마르크스가 개념화한 '외연적 확대재생산(extensive reproduction on an extended scale)'의 실현에 의존하여 생산량과 생산가치의 증가를 꾀하여 왔다. 대다수 기업들은 기술혁신이나 관리제도 개선 등을 통한 유연한 성장과 축적체제보다는 중공업 등 생산재 부문에 과도하게 집중된 외연적 공업화를 꾀함으로써 에너지와 자원낭비 및 심각한 환경오염을 가속화시키게 된다. 전통적인 계획가격체제에서 많은 경제·사회활동은 자원절약의 소홀로 폐기물 발생량의 증가는 물론 외부불경제(external diseconomy)의 문제를

---

7) Ming Wan, "China's Economic Growth and the Environment in the Asia-Pacific Region", *Asian Survey*, Vol.38, No.4, April(1998), p.367.

8) 전형권, "기후변화협상에 대한 중국의 정책대응", 전남대학교대학원 박사학위논문(2002.8), pp.137-138.

초래하게 된 것이다.

오늘날 중국의 환경문제는 개혁 · 개방 이후로 더욱 심화되었다
고 보는 시각이 지배적이지만 그 원형은 오히려 마오쩌둥 시기에
비롯된 가치체계와 제도적인 유산으로 돌리는 시각도 상존한다. 가
치와 태도, 행위 및 정책은 비록 그것들이 등장한 제도적 구조와
문화적 틀에 의해 억제되지만, 서로 상호작용을 하며 각각 영향을
미친다. 때문에 행위와 정책은 태도와 가치의 지표이자 그 반대이
기도 하다.9) 중국식 사회주의는 처음부터 마오쩌둥주의의 가치가
우세하게 되었고, 그것이 인간-자연관계를 지배하게 되었다. 대중
운동과 마르크스-레닌주의-마오쩌둥주의를 통해 전통적 가치와
행위를 대체하려는 노력은 국가에 의한 전례 없는 개입을 보여주
는데, 자연을 동력화하려는 이전의 노력들을 소멸시키고, 중국의
자연자원 악화를 가속화시켜 온 것이다.10)

사피로(Shapiro)에 따르면, 현대 중국의 환경문제는 이러한 복합
적인 유산의 맥락에서 이해되고 있다. 즉 중국에서는 가치체계
(value system), 국가정체성(national identity), 그리고 정부의 정당성
이 마오쩌둥 이래로 흔들려 왔던 데서 환경문제의 근원을 찾고 있
는 것이다. 공공재인 자연세계에 대한 엄격한 인간중심적 가치와
태도는 과학적 지식에 대한 경멸과 지식의 억압이라는 유산과 함
께, 환경적으로 각성한 정책가와 시민들을 방해해 온 주된 요인이
었다.11) 비록 개혁 · 개방 과정에서 이러한 문제점이 포착되고 점차

---

9) Judith Shapiro, *Mao's War Against Nature: Politics and the Environment in Revolutionary China*(Studies in Environment and History), (Cambridge: Cambridge University Press, 2001), p.11.

10) Judith Shapiro(2001), p.12.

11) Judith Shapiro(2001), pp.210-215.

경제와 환경의 조화발전을 주창하고는 있지만, 경제수단을 통한 정치적 정당성 확보전략을 꾀하는 개혁연합의 조급성은 여전히 중국 환경정치에서도 그대로 반영된다.

중국은 마오쩌뚱 이후 국제화가 양산하는 기회를 호기로 장악한 실용주의파가 국내권력투쟁에서 승리함으로써, 국내지배구조가 개혁연합이 주도하게 되고 농업보다는 공업, 농촌보다는 연해도시를 중심으로 차별적인 발전전략을 추진하게 되었는데, 이로써 도시를 중심으로 환경문제가 확산·심화되었다. 특히 마오쩌둥시대부터 중국의 경제생산구조를 특징지었던 자원과 에너지의 과소모형 공업 및 조방형 생산양식은 개혁 후에도 여전히 지속되었다.[12]

그런데 중국의 환경문제를 처리하는 데 가장 큰 장애의 하나가, 거의 모든 수준에서 정부가 경제발전에 중점을 둔다는 점으로서, 중앙정부에서 지방의 省에 이르기까지 순서대로 환경적 관심이 약화됨을 지적할 수 있다. 전국적 수준에서, 환경보호를 위한 정책과 규제들이 있으나, 특히 지방에서 이행이 되지 않는 심각한 문제가 있는 것이다.[13] 기업들은 종종 공해방지의 높은 비용보다는 벌금이 더 싸다는 인식이 확산되기 때문에 벌금을 선택할 동기를 가진다. 중국의 에너지 가격도 국제수준에 비해 싸므로 기업들이 보다 에너지 효율적인 기술을 채택할 동기가 낮은 것이다.[14] 또한 국가와 기업의 관계의 측면에서, 중국의 국유기업은 국영은행제도로부터 쉽게 자본을 조달하기 때문에 가격변동에 순수한 영향을 받지 않

---

12) 전준열, 중국환경현황과 정책방향-귀국보고서, 환경부, 1996, pp.40-42.

13) 중국의 환경규제와 정책의 이행문제에 관해서는, Barbara J. Sinkule and Leonard Ortolano, *Implementing Environmental Policy in China*(Westport: Cann Praeger. 1995) 참조.

14) Ming Wan, "China's Economic Growth and the Environment in the Asia-Pacific Region", *Asian Survey*, Vol.38, No.4, April(1998), p.368.

고 결과적으로 환경비용에 둔감하게 되는 것도 큰 특징이다.

이처럼 중국환경문제의 주된 원인은, 유물주의적 가치와 공산주의의 제도적 원형 하에서 사회주의 시장경제라는 개혁·개방기의 정치제도적 특수성이 크게 작용하고 있다. 특히 국가에 의해 형성되고 지원을 받아온 중공업과 석탄중심의 환경부하가 큰 산업구조에서 비롯된 것이 사실이다. 더욱이 이 같은 특징은 개혁개방기에도 그대로 되풀이될 뿐만 아니라,[15] 국가-기업의 관계를 특징짓는 '소유자 국가(owner state)'의 제도적 관성이 더욱 복잡하게 얽혀 환경문제 해결마저도 어렵게 하고 있다. 1999년 중국 개정헌법 제6조의 "국가는 사회주의 초급단계에서 공유제를 주체로 다양한 소유제 경제를 함께 발전시키는 기본경제제도를 견지하고 노동에 따른 분배를 주체로 하되 다양한 분배방식이 병존하는 분배제도를 견지한다."는 추가조항에서 나타나듯이, 중국은 21세기에도 국가주도의 공유제를 근간으로 국가가 가부장적인 권위를 가지고 지속적으로 국가경제를 감독하면서 다양한 분배원칙을 상황에 따라 병행 발전시키려는 의지를 천명하고 있다.

한편, 중국의 정치구조와 환경악화의 상관성에 초점을 두는 정치생태학적 입장에서 보면, 국내의 정치적 관계는 중국의 환경악화에 보다 설명력을 가진다.[16] 당국가체제(party-state system)로서 중국은 지배당인 공산당의 이데올로기는 환경정책에 강한 영향을 주었고 이러한 상황은 오늘날까지도 계속된다. 한편으로 일당국가체제 내에서 정책은, 다양한 부처들과 분파 및 지역들 사이의 수렴을 형

---

15) 일본환경회의 <아시아환경보고서> 편집위원회, 장정욱 역, 『아시아 환경보고서』(1) (도서출판 따님, 2000), pp.186-187.

16) Richard Louis Edmonds, *Patterns of China's Lost Harmony; A Survey of the country's environmental degradation and protection*(London and New York: Routledge, 1994), pp.18-19.

성해야 했으며 이러한 수렴에 대한 요구는 국내의 환경정책을 방해한 것이 사실이다. 당국가체제의 속성은 일부 잠재적으로 해로운 프로젝트의 승인을 과감히 막음으로써 어떤 경우에는 환경적 이익을 갖기도 하였다. 하지만 대개의 경우, 국제적 규범에 조응하는 국내 환경정책의 도입과 이행을 가로막는 요인으로 작용해 온 것이 사실이다.

2. 중국정부의 환경문제 접근과 해결기제

1) 환경문제에 대한 인식과 접근17)

한 나라의 환경문제는 가치의 문제가 본질적으로 개입된 사회공공정책의 문제로서 흔히 '분석적' 문제해결보다는 '정치적' 문제해결이 더 유용성을 갖는 경우가 많다.18)

중국 당국에서는 이상에서 지적한 환경문제의 심각성과 정치경제적 원인에 대해 일찍이 인식하고 있으며, 환경의제가 정치쟁점화되면서 본격적으로 환경관리를 위한 정책의 수립과 집행방안을 강구하는 등 과거와 다른 모습을 보여주었다. 지금까지 국내 정책갈등과 환경문제 해결 과정에서 중국이 보여준 모습은 대체로 기술적 합리성보다는 정치적 합리성을 중시하여 각 이해관계자들 간의 교차압력과 상호조정에 의한 합의도출을 이루어 내고자 하였다. 환경정책의 경우 환경문제가 심각하게 제기된다고 해서 정부가 일방

---

17) 이 부분은, 拙稿 "기후변화협상에 대한 중국의 정책대응", 전남대학교대학원 박사학위 논문(2002. 8), pp.33 – 36의 내용을 발췌하였음.

18) Lindblom, Charles E. and Cohen, David K., *Usable Knowledge: Social Science and Social Problem Solving*(New Heaven: Yale University Press, 1979), p.11.

적으로 환경규제를 실시하는 것이 아니다. 한 국가의 환경문제는 그 국가가 정치적으로 결정한 정책목표의 우선순위가 어떠한 성격을 보이느냐에 따라 달라질 수 있으므로[19] 환경정책은 정치경제상황의 변화에 따라 그리고 이해관계자 사이의 세력관계에 따라 그 시기·방법·강도 등이 결정된다.

실제로 중국은 사회주의 체제 건설 이후 안보·성장의 문제에 국가정책의 우선순위를 두었다. 그러나 1973년 제1차 환경보호회의에서 작성한 '32자방침(32字方針)'을 통해 국가계획을 세울 때는 환경을 함께 고려하고 전 국민이 환경보호를 할 것을 강조함으로써[20] 환경에 대한 관심의 맹아를 보였고, 1979년의 환경보호법(試行) 제정에 이어 1983년에 환경보호를 국가의 기본국책으로 포함시킴으로써[21] 환경보호가 국가 단위에서 정식으로 채택되었다.

2000년 들어서서는 환경 관련 연구기관과 정부 기구들이 학제간(interdisciplinary) 결합을 강조하는 경향이 있다. 경제와 환경, 개발과 환경, 자원과 환경 혹은 에너지와 환경과 같은 그러한 결합의 증가는 국가과학기술위원회, 국가계획위원회, 국무원 및 중국과학원 등의 다양한 기구들에서 나타나고 있다.

---

19) 오라이던(O'Riordan)에 따르면, 일반적으로 국가가 성숙해 감에 따라 국가목표의 우선순위도 조정되는데, 그 순위가 대개는 첫째, 안보·성장(국가안보-공공건강-경제성장) 둘째, 재분배(지역발전-소득재분배-사회적 기회균등), 그리고 환경의 질(환경감시와 통제-환경의 조화) 순으로 변화된다는 것이다. T. O'Riordan, *Environmentalism* (London: Pion, 1981), pp.19-27.

20) '32자방침'은 전면적으로 계획하며(全面計劃), 합리적으로 배치하며(合理布局), 종합적으로 이용하며(綜合利用), 해로운 것을 이로운 것으로 만들며(化害爲利), 대중에 의거하며(依靠大衆), 모두가 일어나(大家動手), 환경을 보호하며(保護環境), 인민의 복지를 도모(造福人民)하는 것이다. 國家環境保護局法規司 編, 環境保護法規滙編(北京: 中國環境科學出版社, 1993), p.53.

21) 중국당국은 1983년 12월의 제2차 전국환경보호회의에서 환경보호정책을 '현대화건설 과정의 전략적 임무이자 중요한 국책'으로 확정하였다.

중국의 환경정책이 가장 분명하고 집약된 형태로 표명된 문서인 <중국21세기 의정(中國21世紀議程)>에서는 환경목표를 법률건설과 조직기구의 건설, 환경개선 사업조치, 그리고 환경질량 개선으로 설정하고 있다.22) 그런데 최종적인 목표인 환경질량의 개선은 입법과 집행뿐만 아니라 경제부문 내지 전 사회의 협조를 통해서만 실현될 수 있는 바, 현재 중국에서는 매우 취약한 실정을 보인다. 환경입법이 완성되었다고 해서 그 자체가 실질적인 효율의 획득을 보장하지는 않으므로 중국에서 정책의 결정과 이행은 별개의 차원에서 접근할 필요가 있는 것이다.

중국은 다년간의 경험과 모색과정을 거치면서 환경문제에 있어서 자국의 상황에 부합하면서 환경오염을 효과적으로 통제할 수 있는 정책과 조치들을 시행해야 한다는 점을 분명히 하고 있다. 이러한 인식 하에 중국정부는 중국적 특색을 지닌 환경보호 관리정책을 추진하고자 했으며, 여기에는 예방을 위주로 한 예방과 치유의 결합(豫防爲主, 防治結合),23) 오염자 부담(誰汚染, 誰治理), 법적·제도적 관리강화 등의 3대 정책체계가 근간을 이루고 있다. 하지만 중국은 환경자원의 희생을 대가로 경제를 발전시키는 것에 반대하는 동시에 경제기술발전 수준을 벗어난 환경보호 조치로 경제발전을 제한하는 것에 대해서도 반대한다는 입장을 분명히 하고

---

22) 중국당국의 자체평가에 따르면, 이러한 목표 중 첫째 목표는 1995년-2000년 사이 중국에서 환경자원보호와 관련된 법률제정이 세계에서 가장 빨리 진행되었다. 1999년 말까지 전국에서 1,146개가 있고, 이것은 국토의 8.8%에 달한다. 둘째 목표도 상당한 정도로 실현되었다. 그러나 세 번째 목표달성은 아직 완전하지 못하다.

23) 이는 환경보호를 국가차원, 지방 및 각 업종차원의 중장기 혹은 연도별 경제·사회발전 계획 속에 포함시킴으로써 각각의 개발·건설 프로젝트에 대해서 환경영향 평가와 '3동시제도'를 실시하는 것을 주요 내용으로 한다. 또한 도시지역의 환경문제에 대한 종합적인 심사제도를 실시하며 오염방지와 관련된 신고·등록·허가제도를 실시하여 오염방지를 위한 말단관리와 전 과정의 관리를 상호 결합하는 것이다.

있다.24) 한마디로 '두 마리 토끼'를 잡겠다는 것이다.

중국은 1980년대 이후 환경보호정책을 수립하는 과정에서 다음과 같은 세 가지 방안을 두고 고심해 왔다. 첫째는 선오염 후처리(先汚染 後治理) 방식으로 환경보호를 잠정적으로 유보하고 고도의 경제발전단계에서 경제력과 기술력을 통해 오염을 처리하자는 것이다. 둘째, 선진국가들과 같이 막대한 투자와 기술력을 통해 환경문제를 처리하는 방식이다. 셋째, 중국의 실정 및 경제적 부담능력에 부응하여 최소의 비용으로 최대 효과를 얻을 수 있는 새로운 방안을 강구하는 것이다. 이 중에서 중국은 현실적으로 세 번째 방안을 강구할 수밖에 없었으며, 1983년 12월의 제2차 전국환경보호회의에서 환경보호정책을 '현대화건설과정의 전략적 임무이자 중요한 국책'으로 확정하였다. 또한 경제도 환경도 포기할 수 없는 중국 지도부는 경제효율과 사회효율, 환경효율이 통일되어야 한다는 점을 환경보호정책의 기본 지도지침으로 제시하였다.25)

이상에서처럼 최근 중국당국의 환경문제에 관한 기본적인 시각은 기존의 형식적인 평가들과는 달리 상당히 문제의 본질에 접근해 있고, 내부의 제도적 결함과 환경인식에 초점을 맞춤으로써 문제해결 과정에 실제적으로 필요한 해답을 구하는 데 관심을 쏟고 있다. 그러나 정치권력과 체제 자체의 개혁을 인정하지 않은 채 행정적 분할과 기능적 책임의 차원에서 환경문제에 접근한다는 점에서 정치적인 한계가 있다. 또한 비록 환경보호를 중장기적인 국가의제로 수립하여 노력하고 있지만 경제성장이라는 보다 매력적인 목표를 우선시하는 지도자들의 선호가 환경문제 해결을 어렵게 하

---

24) 蔡守秋, "論中國的環境政策", 環境導報(1997.6), pp.3 – 5.

25) 李鵬, 論有中國特色的環境保護(北京: 中國環境科學出版社, 1992), pp.2 – 4.

고 있는 것이 사실이다. 더욱이 그나마 대부분의 환경정책들은 시장조건이 성숙되지 못한 상태에서 시장화가 갖는 장점에 매료된 채 중국특색에 맞지 않는 조치들을 성급히 수용하고 있음도 문제의 하나로 지적된다.

2) 환경정책의 결정과 관리구조

중국에서 정부의 공식적인 환경정책결정 체제는 전인대나 국무원 산하에서 주로 세 개의 조직이 관여해 왔다. 하지만 전국정치협상위원회(全國政治協商會議)도 환경 영역에서만큼은 나름대로 정책을 제안하면서 영향력을 행사해 오고 있다(<그림 2> 참조).

우선, 전인대(全人大)는 주기적으로 회의를 가져 법률을 통과시키고 그 집행을 감독함으로써 정책 결정을 한다. 전인대에 환경과 관련된 조직으로는 '환경과 자원보호위원회'가 있다. 국무원은 중국 정부의 최고 조직으로 환경과 관련하여 정책 및 혹은 법률과 규제를 초안한다. 1998년까지 존속했던 국무원환경보호위원회(國務院環境保護委員會)는 환경정책의 수립 및 집행을 추진하는 조직으로서, 그의 구성원은 중앙 24개 부의 책임자였다. 이 기구는 집행보다 정책의 수립, 계획에 더 치중했다.26) 2008년까지 존재했던 국가환경보호총국(SEPA)27)은 국무원에 보고를 하며 환경보호를 책임지는

---

26) 국무원 환경자원보호위원회는 이전과 같으나, 국무원의 통합조정 기구인 환경보호위원회(SEPC)에 대한 개혁의 영향은 출판물에서 불명확하다. 다른 관련된 개편은 국가과학기술위원회(SSTC)를 행정부 격으로 격하시켜 이제는 과학기술부가 되었고, 국가계획위원회를 국가발전개혁위원회로 재조직하였다. 여기서는 국무원 개혁 이전의 명칭을 사용한다.

27) 1998년 3월 제9차 전인대에서 NEPA가 행정부 격으로 승격되었고, 국무원 기구개편을 통해 국가환경보호총국(SEPA)으로 명칭이 바뀌었다가, 2008년 환경보호부로 승격됨.

행정 당국이었다. SEPA는 나라 전반에 걸쳐 환경보호에 대한 중앙
집권화된 감독과 행정을 편다. 이들 세 기구가 환경정책과 관리에
서 어떤 역할을 담당하는지 상호 간의 관계를 통해 살펴보면 다음
과 같다.

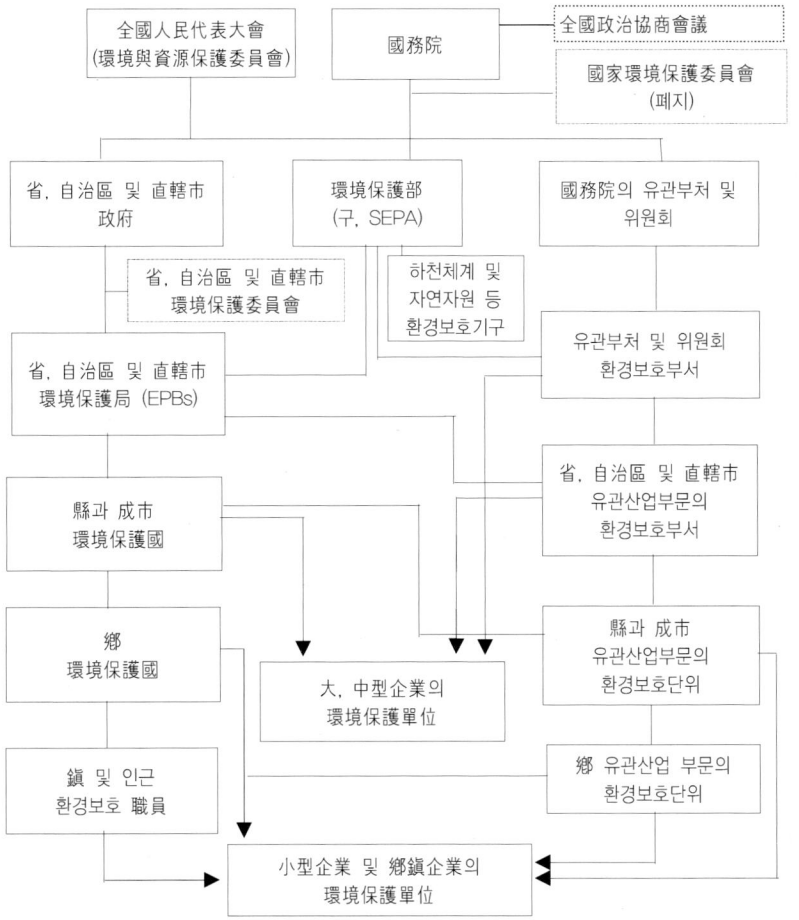

(출처: Wang Hanchen, Liu Bingjiang, "Policymaking for Environmental Protection in China", Michael B. McElroy, Chris P. Nielsen, and Peter Lydon, *Energizing China: Reconciling Environmental Protection and Economic Growth*(Harvard University Press, 1998), p.377 참조 재구성)

〈그림 2〉 중국 환경관리체계의 제도적 구조

첫째, 전인대 환경자원보호위원회(全國人民代表大會 環境與資源保護委員會)는 환경과 자원에 대한 법률을 제정하는 책임이 있는 당국이다. 전인대는 주기적으로 회의를 가져 법률을 통과시키고 그 집행을 감독함으로써 정책 결정을 하는데, 환경자원보호위원회는 환경 및 자원에 관한 법률을 초안하고 수정하고 통과하는 데 핵심 역할을 수행한다. 1994년 3월 22일 제8기 전국인민대표대회 제2차 회의에서 전국인민대표대회 '환경보호위원회'를 전국인민대표대회 '환경과 자원보호위원회'(環境與資源保護委員會)로 개명하기로 결정하였는데, 이는 환경과 자원보호 방면에 직권을 행사하는 상설공작기구로서 최고의결기구인 전국인민대표대회의 지도를 받게 됨을 의미한다.

전인대의 '환경자원보호위원회'가 환경과 자원에 관한 법률을 제정하는 주요한 당국이라면, 국무원 '국가환경보호위원회(國家環境保護委員會)'는 경제성장을 포함한 국가의 다른 정책 우선순위의 관점에서 환경정책에 관한 폭넓은 지침을 설정하는 중간 조정기관이다. 이 위원회는 1998년 국무원 기구개편에 따라 폐지되고 그 기능이 전인대 환경자원보호위원회와 국가환경보호총국으로 이전되었다.

국무원 주관 환경보호업무의 직속기구인 국가환경보호총국(國家環境保護總局, 현재 環境保護部)은 환경보호정책을 시행하고 관리하는 데 책임이 있다. 국가환경보호총국은 전인대에 의해 공표된 환경법률과 규제들의 집행을 시행하고 감독하는 중심기관으로서 종종 전인대로부터 관련된 법률이나 규제를 초안하거나 수정하도록 위임받을 수 있다.

국가환경보호총국의 주요 임무는 첫째, 국가환경보호의 방침·정책과 법규를 입안하고 행정법규를 제정하고, 국무원으로부터 위탁

받은 중요한 경제와 기술정책·발전계획 및 중요한 경제개발계획에 대하여 환경영향평가를 실시한다. 둘째, 대기·수질·토양·소음·고체폐기물·유해화학물질 및 자동차 오염방지의 법규와 규정을 입안하고 시행한다. 셋째, 생태환경에 영향이 있는 자연자원의 개발 이용활동, 중요한 생태환경 건설과 생태파괴회복 업무에 대하여 감독한다. 넷째, 각 지방, 각 부서 및 접경지구, 접경유역의 중대한 환경문제를 지도하고 협조·해결한다, 중대한 환경오염사고와 생태파괴사건을 조사·처리한다. 성 간의 환경오염분쟁을 협조한다. 그 외에도 지구환경문제에 관한 국가의 기본원칙을 입안하고 중요한 환경보호 국제활동에 참가하고 협조하며 국제조약에 대한 국내이행 활동을 관리·협조하며, 통일적인 대외연락 등 국내외 다방면에 걸쳐 환경보호를 전담한다.

국가환경보호총국의 정책결정과정을 보면, 우선 광범위한 조사를 통해, 이 기구 내의 관련된 부서들이 주요한 환경문제에 대응하기 위한 정책변화의 초안을 제시한다. 그러면 이 제안은 총국 내부에서 연구, 검토되고, 대조되는 특성을 지닌 특별히 선정된 지역에서 시험된다. 만약 초기 테스트에서 정당화되면, 총국은 반복적인 조사 후 관련된 지역 및 중앙부서의 제언을 고려하여 신규 혹은 개정된 정책을 초안한다. 신규 혹은 개정된 정책은 과학자와 전문가들의 검토를 거쳐 총국 내부에서 다시 논의되는 구조를 가진다.[28]

이렇게 해서 최종적인 초안이 제정되면, 제안된 정책의 특성에 따라 국무원의 환경보호위원회 혹은 전인대의 환경자원보호위원회

28) Wang Hanchen, Liu Bingjiang, "Policymaking for Environmental Protection in China", Michael B. McElroy, Chris P. Nielsen, and Peter Lydon, *Energizing China: Reconciling Environmental Protection and Economic Growth*(Harvard University Press, 1998), p.377.

에 회부된다. 환경 법률의 경우, 초안은 전인대 환경자원보호위원회에 회부되고, 환경규제의 경우 국무원의 환경보호위원회에 회부된다. 환경기준들은 총국의 단독 권한에 속한다. 앞의 두 가지 유형의 정책이 공식적으로 공표되는 것은 국무원이나 전인대에 의해 통과된 이후이다. 주요한 환경문제의 경우, 정책결정 절차는 이 쟁점의 성격에 따라 달라질 수 있다.

한편, 지방차원에서는 성·자치구·직할시(省·自治區·直轄市) 및 지방 각급 인민정부(人民政府)의 환경보호부문이 있다. 성 및 지방 각급 인민정부의 환경보호부문은 환경보호업무를 추진함에 있어 각급 인민정부를 종합하고 협조하며, 법을 집행하고 감독하는 직능부문이다.[29)]

중국에서 기업들이 운영되는 행정구조들은 기업이 환경규범에 대응하는 방식에 상당한 영향을 미친다. 또한 기업활동에서 정부의 역할감소로 인해 환경당국이 자신들의 일정한 업무를 수행하기가 더욱 어렵게 되었다.[30)] 향(鄕)급 및 그 이상의 정부조직은 직계라인과 영역관계를 통해 서로 연결된다. 즉 지방당국과 기능적으로 관련된 중앙급 조직과의 연계(혹은 기능적으로 관련된 그 하부급 조직과의 연계)가 직선관계(條條)라면, 같은 관할권 내부의 다른 정부기관과의 연계는 영역관계이다. 관료적 통제는 직계라인관계를 이용하는 기능으로 행사되고, 지리적인 지방 내부에서는 영역관계가 작용되는 것이 보통이다.[31)] 행정체계 내부의 각 사업단위(單位)는 같은 기능적 영역에 있는 상급수준 부서는 물론 지리적 영역의 정

---

29) 전형권(2002. 8), pp.43 – 44 참고하여 재구성.

30) Xiaoying Ma and Leonard Ortolano, *Environmental Regulation in China: Institutions, Enforcement, and Compliance*(Oxford: Rowman & Littlefield Publishers, INC, 2000), p.33.

31) *Ibid.*, p.36.

부에 대해서도 보고한다. 예를 들어, 베이징 환경보호국(北京環境保護局)은 상급기능부서인 국가환경보호총국에 대해 보고하고, 또한 베이징 자치시 내의 구(區)와 현(縣)의 환경보호국의 업무를 감독한다. 동시에 베이징 환경보호국은 베이징 인민정부의 일부로서 베이징 시청의 관할권 하에 있다. 다른 예로서, 베이징 화학산업국은 베이징 자치시의 인민정부의 일부로서 국가화학산업국에게 보고하며, 베이징 내의 구(區)와 현(縣)급 정부단위인 화학산업부서를 감독한다. 기업이 운영되는 이러한 행정적 구조로 인해 서로 영역이 중복되고 그 과정에서 각 부문의 이해관계가 개입됨으로써, 중앙의 환경규제가 실제로 지방과 기업에서 제대로 이행되기가 어려운 구조를 가지고 있다.

또한 중국에서 정책결정은 당국가체제(party-state system)의 성격 때문에 중앙당의 지도에 의존하지만 항상 최고지도자에 의해 결정되는 것은 아니고 중앙관료를 통해 결정될 수 있다. 또한 중앙과 지방의 省이나 그 하부 단위 간의 혹은 다양한 당국과 위원회 간의 협상을 통해 수정되거나 정지되기도 한다. 중앙의 정책진술은 상당히 포괄적이고 모호한 경향이며 심지어 주요한 결정이 공포된 후에도 정책이 완전히 정형화되지 않을 수 있고 변화들이 계속해서 발생한다.[32]

1993년 3월부터 전국지역을 상대로 환경정책의 집행에 대해 감독하고 있는 전국정치협상위원회(全國政治協商會議)는 공산당이 다른 민주당파(民主黨派)와 통일전선(統一戰線)을 형성한 조직이다.

---

32) Richard Louis Edmonds, *Patterns of China's Lost Harmony: A Survey of the country's environmental degradation and protection*(London and New York: Routledge, 1994), pp.228-258.

이 조직은 개혁에 따른 정당 간의 합작에 대해 협상을 벌이고, 국가와 지방의 업무 및 국민생활 등 중대한 문제에 대해서도 토의하며 필요할 때는 관련 부서에 건의하기도 한다. 이에 따라 경제와 긴밀한 관계가 있는 '비정치적'인 환경문제에 대해 관심을 기울일 수 있었다. 가령 전국정치협상회의에 속한 경제건설조(經濟建設組)가 1985년 10월에 쓰촨(四川), 후베이(湖北) 및 후난(湖南)성을 상대로 실시한 환경정책집행에 대한 감독은 중국에서 첫 번째이며 하나의 중요한 시작이었다. 그러나 전국정치협상회의는 제안할 권리가 있지만 입법과 처벌의 권리를 갖고 있지 않으므로 감독의 한계가 있다고 하겠다.

3. 중국 특색의 환경관리기제와 정부실패

1) 시장과 정부기제의 판자형 결합(雙軌制)

개혁 이후 중국은 '경제발전은 시장에 맡기고, 환경보호는 정부에 맡긴다(經濟靠市場, 環保靠政府)'는 선진국의 발전경험을 이용하여 환경관리에서도 정부주도형 정책을 실시하였다.[33] 그런데 경제와 환경관리에 대한 이러한 분리적 접근법은 많은 문제점을 드러내었고, 더욱이 분권화에 따라 중앙정부와는 차별적인 선호를 가진 지방정부에 환경관리권이 위임됨으로써 원래의 의도대로 환경관리기제가 작동되지 않았다.[34]

---

33) 中國環境保護行政20年編委會(編), 中國環境保護行政20年(北京: 中國環境科學出版社, 1994), p.63.
34) 전형권(2002.8), p.29.

경제발전의 요구가 환경문제로 인해 발목 잡힐 수는 없다는 기본입장 속에서 중국정부는 환경문제의 해결은 튼튼한 경제적 기초와 강력한 과학기술의 토대 위에서 찾아야 한다고 보고 있다.[35] 중국정부가 경제사회개발 9·5 기간 중 환경보호사업을 위해 제시한 기본 방침과 실시계획 중 특별히 관심을 끄는 것은 자금의 조달경로에 대한 강구책이다. 환경보호 자금이 특별히 열악하여 '환경관리'에 의존해 왔던 과거의 관행의 폐단을 스스로 인정하고, 경제적 수단을 통한 환경접근의 노력을 보이고 있는 것이다. 중국은 국제·국내적 두 종류의 자금을 두루 이용하여 환경보호투자를 늘리고자 한다. 그리고 자본의 투자경로를 넓히기 위해 경제운용수단 및 자원의 유상(有償)사용원칙에 따라 자원개발과 사용에 대해 자원사용세 및 환경보상세 징수 등(CO_2 배출비, 폐수배출비 등) 시장화 조치를 추진 중이다.

중국이 시장기구에 거는 기대는 대체로 적자생존의 시장경쟁기구는 기술을 혁신하고, 생산품 구조와 기술구조 조정을 가속화시키며, 자원에너지 이용의 제고로 기업의 생산기술 함량을 높이고 원료의 소모를 적게 하여 생산제조 원가가 적은 신상품을 생산하게 한다는 믿음이다. 시장경제의 수요공급기제는 합리적인 자원가격의 체계형성에 유리하게 환경자원의 가치를 시장가격에 충분히 반영토록 하고 지속 가능한 생산과 소비방식을 보급하고 있다고 본다. 그러나 한편으로 시장경제 자유경쟁의 운영기제는 맹목성이 커 기업이 자유경영의 손익을 스스로 책임지는 시장주체로 여기고, 최대의 경제적 이익을 추구하여 환경과 자원의 영향에 대한 장기적인

---

35) 張坤民, "持續的인 發展과 中國의 動向", 『中國學誌』 제4호, 韓國中國學硏究센터 (1998.4).

안목이 거의 없으며, 어떤 때는 오히려 오염을 사회에 전가함으로 써 환경오염과 생태파괴를 야기하고 있다고 본다. 따라서 이러한 '시장실패(市場失靈)'를 보충하기 위하여 정부는 정책방향·계획수 단의 운용 및 거시적인 조절·통제와 환경법령의 제·개정 강화로 환경과 경제의 조화로운 발전을 하도록 역설한다. 이렇듯 시장기능 을 강화하면서도 정부의 역할을 결합하는 것이야말로 '중국적 특색 을 갖춘 환경관리정책'의 본질로 강조되는 것이다.[36]

'중국특색의 사회주의 건설'이라는 주장에도 불구하고 중국체제 내에 도입된 경제적인 인센티브는 사실상 미국 등 자유시장 국가 를 모방하고 있다.[37] 또한 각종 환경문제에 대처하기 위한 정책적 처방의 근저에는 중국 실정에 맞지 않는 시장지향형 기제가 깔려 있다. 일반적으로 시장지향형 환경정책의 대표적인 '오염자부담원 칙(Polluters Pay Principle: PPP)'이 작동하기 위해서는 오염물을 배 출하는 기업에 상당한 예산상의 제약이 있어야 하고, 시장을 형성 하는 데 필요한 정보의 자유로운 흐름이 보장되어야 하며, 또한 피 규제자와 규제자 간의 분명한 기준선에서 운영되는 법인체(회사)와

---

36) 중국 북경소재 환경전문가들 150명을 상대로 연구자가 실시한 설문조사 결과, 환경보 호부문 전문가들 대다수가 선진국 방식보다는 중국실정에 맞는 제도의 도입을 주장했 다: 즉 "환경문제 해결에 있어, 선진국형 시장화 조치들(즉 오염자부담, 3동시제도, 총 량규제 및 세금정책 등)을 도입한 것에 대해 어떻게 생각하십니까?"라는 질문에 ① "선진국 방식이 중국에 맞지 않으므로 중국실정에 맞도록 정부의 통제와 규제정책에 중심을 두어야 한다."(40.2%) ② "중국특색에 맞게 계획을 위주로 시장을 보조 수단으 로 결합하여야 한다."(37.9%) ③ 선진국형 시장화조치가 전면 도입되어야 한다."(21.8%) 순으로 응답했다. 특히 환경보호부문 전문가들은 63.4%가 ①에 응답함으로써 환경보 호부문에서 시장보다는 여전히 정부의 역할을 선호하는 것으로 나타났다. 또한 응답자 가운데 공산당원의 경우 72.2%가 선진국형 시장화 조치(27.8%)보다는, 중국특색의 계 획과 시장의 결합(38.9%) 내지는 정부의 규제(33.3%)를 선호한 것으로 나타났다. 전형 권(2002.8), p.39; <부록> 3-1, 2 참조.

37) Richard Louis Edmonds, *Patterns of China's Lost Harmony; A Survey of the country's environmental degradation and protection*, p.242.

같은 조건이 충족되어야 한다.

하지만 중국은 대부분의 경우 그러한 시장원리와는 일치하지 않는 방식으로 계속 운영되고 있다. 대형 국유기업들은 여전히 경제에서 중요한 역할을 차지하고 있어 특히 중공업, 설비, 기간산업 및 자원개발과 같은 부문의 기업들은 중국에서 최대오염자가 될 수밖에 없게 된다. 하지만 중국정부로서는 이들 기업이 경제에 미치는 중요성 및 그러한 기업이 피고용인에게 수행하는 사회복지적 기능을 고려할 때 그들에게 시장질서를 부과하고 국유기업이 스스로의 재정 현안에 전반적인 책임을 지도록 강요하기 어려운 것이 사실이다. 이로 인해 중국이 표명하는 '시장화'의 개념은 아직까지 그 개념적 구별과 위상이 모호하여 그 본래의 취지가 실현되기에는 한계가 있으며, 정부로서도 과감히 시장화를 추진할 의도는 없는 것으로 보인다. 다만 중국특색의 사회주의 체제의 제도적 경화를 방지하고, 지방정부와 기업을 중심으로 제기되는 다양한 이해집단들의 요구에 대해 경제적 인센티브를 충족시키는 차원에서 시장의 유연성을 최대한 활용하고 있음은 사실이다.

엄밀히 말하자면 중국에서 환경악화는 시장실패라기보다는 정부정책이 인센티브 기제를 왜곡한 결과 나타난 정부실패(政府失靈)에 더 큰 원인이 있다. 이는 다시 말해 정부가 간섭이 필요할 때는 안 하고, 간섭이 불필요할 때 간섭한 결과로 보인다.[38] 또한 중국의 행정체계가 안고 있는 비효율적인 요소들도 정부실패를 부추기는 한 요인이다. 실제로, 중국 공청(共青)의 기관지 ≪中國靑年報≫에 따르면, 개혁·개방 이후 중국 행정관리비용 25년 사이 87배나 급

---

38) 毛壽龍, 中國政府功能的經濟分析(中國廣播電視出版社, 1996), pp.97－98.

증한 것으로 나타났다.[39] 런위링(任玉嶺) 국무원 참사에 따르면 "중국의 당과 행정기관들에서 돈을 물 쓰듯 낭비하는 현상은, 아주 심각한 지경에 이르렀으며, 중국행정관리비용의 증가속도와 행정원가의 고비용은 세계적으로 찾아보기 힘들다."라고 지적하기도 하였다. 특히 지방차원에서 환경관리의 문제점이 중앙에 의해 지적되곤 하는데, 지방 행정관리들이 단지 경제성장의 수량만 추구하고 환경을 포함하는 질량 증대는 소홀히 했으며, 환경자원보호와 상호 협조적인 지속 가능한 발전 방침을 실행하지 않았음에 있다고 지적한 바 있다.[40] 중국당국이 비교적 정확히 인식하고 있는 이러한 문제는 중국에서 환경관리정책이 결정되고 집행되는 제도적 구조의 결함에도 그 원인이 있다.

현재까지 중국지도부가 시장과 정부, 물질적 유인과 계획수단 사이에서 고민한 끝에 공표하는 최선의 환경정책은 '시장과 국가의 결합'이라는 변증법적 수사(修辭)로 보인다. 대부분의 환경정책은 이러한 이상적 결합을 제시하고 있다. 그러나 중국지도부의 환경패러다임이 결여된 상태에서 이루어지는 이 같은 표면적인 '결합'은 중국 현실에서 또다시 양자의 단점만 포개 놓은 '판자식' 결합이 될 가능성도 없지 않다.

---

39) 런위링에 따르면 개혁개방 초기의 1978년부터 2003년, 25년 사이 중국의 행정관리비용은 무려 87배나 증가되었으며, 행정관리비용이 재정 총지출에서 차지하는 비중은 1978년의 4.71%에서 2003년에는 19.03%로 급증한 것으로 나타났다. 이 비중은 일본의 2.38%, 영국의 4.19%, 한국의 5.06%와 미국의 9.9%와는 상당한 차이가 있으며, 평균 연간증가비율은 무려 23%에 달하는 것으로 드러났다.
   ≪中國靑年報≫, 2006−03−14(http://www.cyd.com.cn/node/index.htm)

40) 중국 전인대(全人大) '환경과 자원보호위원회' 주임위원인 취꺼핑(曲格平)이 1995년 '전국환경보호공작회의'의 연설에서 지적한 내용임. 任睿, "建立複合多樣的環境保護制度安排", 中國人民大學行政管理學研究所碩士論文(2000) 참조.

2) 지방정부의 비협조

중국에는 <환경보호법>, <대기오염방지법>, <수질오염방지법>, <삼림법> 등 각종 환경 관련 법률이 제정되어 있지만, 아직 온건하게 집행되지 못하고 있으며 책임소재가 분명치 않아 규범적인 통제가 어렵다. 법집행에서 보편적으로 느슨하고 엄중하지 못하기 일쑤이다. 얼마 전 발생한 '쑹화강 오염사건'의 경우에도 지린(吉林)시 벤젠공장의 폭발사고 이후 4일이 지나서도 지린성 정부나 지린성 환경보호부문은 국가환경보호총국에 어떠한 보고도 하지 않았으며, 이미 쑹화강이 오염되었던 것이 분명한 상황에도 지방정부는 여전히 언론매체를 통해 오염발생을 부인하는 등 책임회피에 급급한 모습을 보여주었다. 지방정부의 해당 지역 오염유발 기업에 대한 비호와 금권적인 결탁의 대표적인 사례로 볼 수 있는 바, 법집행과 관련된 중국의 환경보호체제의 문제점이 여실히 드러난다.[41]

그렇다면 중국과 같은 나라에서 어떻게 이와 같이 지방정부가 중앙 환경당국에 대해 비협조적일 수 있는가?

이론상 중국은 명확한 법률원칙과 명령이 중앙으로부터 나오는 단일국가로 작동한다. 또한 하부급 정부단위들은 이러한 원칙과 명령을 고수하며 오로지 보완만 할 수 있다. 그러나 국가부처와 위원회 및 그들의 하부급 해당 조직 간의 관계는 의외로 복잡하다. 중앙의 국가조직은 폭넓은 지침을 설정하지만 하부단위의 조직들은 그들이 속해 있는 지방 인민정부에 의존하는 경우가 많아 복잡한 세력관계 속에 연루된다.

---

41) 원동욱, "중국 환경문제에 대한 재인식: 경제발전과 환경보호의 딜레마", 『환경정책연구』 제5권 1호(2006), pp.61-62.

중국의 환경정책이 집행된 때는 경제적으로 개혁·개방, 정치적
으로는 '권력하방(權力下放)'과 '당·정·군 삼권분리(黨·政·軍
三權分離)'가 진행된 시기였다. 계획경제로부터 시장경제로 변화와
분권화의 심화에 따라 중국의 정책결정은 중앙에서 이루어지되 그
집행은 지방의 상황에 따라 결정되는(因地制宜) 양상으로 변화해
왔다. 이에 따라 중앙－지방관계는 과거의 수직적, 명령적 행정구
조에서 협상과 타협이 상향적이고 지도적인 행정구조로 바뀌고 있
다. 특히 시장경제를 도입함에 따라 상호 간의 이익을 준수하는 원
칙도 동시에 도입하여 정부 간의 관계도 행정적 종속관계로부터
협상과 타협의 관계로 점차 전환되어 갔다.

특히 자원할당에 대한 중앙의 역할은 지방정부에 비해 상대적으
로 감소하였고 비록 중앙이 폭넓은 정책결정을 여전히 하고 있지
만 지방정부는 자신들 관할권 내부의 산업행위에 대해 더 큰 권한
과 책임을 갖고 있었다. 정책집행에 있어서도 지방정부는 중앙을
대신하여 지역 내의 정책집행을 설계하고 추진하는 권한을 갖는
다.42) 이 같은 중앙－지방의 역학관계는 환경정책의 집행 과정에서
도 그대로 반복되어 나타난다. 지방정부는 중앙정부의 대행자이자
해당 지역에서는 '작은 정부'가 되어 중앙이 부여한 정책적 자율성
을 주리면서 자기본위의 행위를 하게 된다. 이로써 이들은 환경정
책 이행의 중요한 변수로 등장한 것이다.43)

중국의 환경보호정책은 중앙의 국무원 환경보호위원회, 국가환경
보호총국으로부터 지방단위의 환경보호국에 이르기까지 일사불란

---

42) 홍명선, "中國環境政策의 집행과정에서 본 中央과 地方의 關係－江蘇省과 山東省의
비교연구", 서울대학교 대학원 정치학석사학위논문(1998).

43) Kenneth Liberthal and Michel Oksenberg, *Policy Making in China: Leaders, Structures, and
Process*(Princeton: Princeton University Press, 1988), pp.3－34.

하게 집행되기보다는 각 지방의 이해관계에 따라 크게 영향을 받고 있다.[44] 환경보호의 중요성에 대한 지도부의 인식변화와 각종 제도적인 보완에도 불구하고 중앙에서 지방의 현장에 이르는 체계적인 추진 과정에서 크고 작은 문제점을 안고 있으며, 이는 단순히 중국의 행정체계상의 문제에 기인하는 것이라기보다는 환경문제가 그 특성상 중앙과 지방, 그리고 지방과 지방 간의 이해관계가 상충될 가능성이 높을 뿐만 아니라 엄청난 재원과 기간이 소요되는 복합적인 사안이라는 특성에도 그 원인이 있다.[45]

앞서 언급했듯이, 중국에서 환경관리를 위한 행정시스템을 보면, 각급 환경보호부문은 모두 지방정부의 관할하에 있다. 환경보호부문의 예산과 경비, 인사가 모두 지방정부에 의해 관리됨으로써 환경보호부문의 법집행 과정 도처에서 지방정부의 간섭을 피할 수 없는 상황이 발생한다. 또한 중앙의 환경보호부문은 업무에 대한 지도기능만 가질 뿐, 환경보호부문은 지방정부의 통제 아래 놓여 있어서 환경 관련 명령이나 규제가 경제부분의 반대에 부딪치게 되면 실제적인 집행이 이루어지지 못하게 되는 일이 자주 발생한다.[46]

지방환경보호 조직의 경우, 직속 상급단위는 국가환경보호총국으로서 이 조직으로부터 정책명령을 받는다. 하지만 지방환경보호 조직은 실질적인 예산지원과 자원할당 및 제도적 개선에 있어 대부분을 지방정부에 의존한다. 따라서 지방환경보호 조직은 사실상 산업생산성 향상에 우선 선호도를 갖는 지방정부의 명령과 지시에

---

44) Ming Wan(1998), pp.367 – 368.

45) 전형권(2002.8), pp.172 – 174.

46) 원동욱(2006), p.62.

더 민감하게 반응할 수밖에 없다. 상급 당국의 지시와 정책명령이 지방당국에서 이행되지 않는 것은 바로 이러한 특수한 제도적 문제에 기인한다. 결국 환경정책의 이행에 있어 사실상 지방정부의 권한이 중앙의·환경보호당국에 비해 더욱 강함을 알 수 있다. 이는 중국의 환경문제의 악순환과 정치적 동학을 이해하는 매우 중요한 부분이다.

중국의 환경법률과 기구를 연구한 알포드와 선(Alford and Shen)에 따르면, 과도한 지방의 영향력에 관한 문제는 중국의 국가 환경법률(규제)의 집행에 막대한 함의를 지닌다. 지방 환경보호국들의 재원은 주로 지방산업에서 조달되는데 이 때문에 그들은 전반적으로 중앙당국보다는 자신들의 소속 정부에 의존한다. 이들 지방환경보호국의 관리직원들은 자신들의 전문적인 결정뿐만 아니라 경력승진에서 전형적으로 소속 정부당국에 의존한다. 지방당국들이 환경오염으로 인한 장기적인 결과보다는 즉각적인 발전의 성과에 보다 관심이 모아진 것은[47] 바로 이러한 관계에서 비롯되는 것이다.

이상에서 살폈듯이 자원의 배분과 관리는 물론 환경관리에 있어서 드러나는 지방적 편향은 중국이 구상하고 있는 '정부와 시장기제의 결합'이 건전하게 작동할 수 있는 조건을 방해한다. 무엇보다도 지나친 지방보호주의와 세수에 대한 집착은 에너지산업에서의 관리허점과 비효율적인 자원낭비를 초래하고 있다. 결국 중앙정부의 계획이 축소되는 반면, 지방정부 혹은 기타 관료조직의 경제적 간여가 확산되는 개혁의 특성상 경제전반의 효율제고는 기대할 수 없을뿐더러 자원배치상의 비효율성이 오히려 악화되고 있는 것이다.

---

47) Michael B. McElroy, Chris P. Nielsen, and Peter Lydon eds., *op.cit.*, p.20에서 재인용.

이처럼 지방적으로 분할된 정치구조가 지방관료의 이해에 대한 인식을 추동하여 환경정책의 집행의 불이행을 초래하는 경우가 허다하다. 개혁이라는 시대적 상황변화 속에 있는 중국은 환경문제에 있어서 지방정부의 환경 재정력, 환경의식과 지식 등이 빈약한 상황에서 중앙－지방관계가 환경정책의 집행결과에 지대한 영향을 미치게 된다.

　중국정부도 이러한 인식을 갖고 있는 것으로 보이며, 따라서 환경보호 관련 정책 추진의 효율성과 중앙－지방의 유기적 연대를 강화하고 미비한 제도와 조치를 보완하는 방향으로 정책을 추진하고 있는데, 이는 곧 향후 중국의 환경보호정책 성패의 관건이라 할 수 있다.

제4장

사회주의 시민사회에서 환경세력의 위상

중국에서 시장화 개혁은 전면적이고 급격한 과정이기보다는 점진적이고 온건한 과정이었으므로, 계획과 시장을 판자식으로 결합시킨 이른바 '쌍궤제(雙軌制)' 하에서 정치권력은 여전히 강력한 통제력을 유지하였다.[1] 이처럼 시장과 계획이 병존하는 체제 아래서 관료들은 공공자산을 통제하는 등 사회단체가 필요로 하는 자원을 무기로 관료조직의 보호와 지원이라는 후견적 역할을 통해 영향력을 행사하였다.

개혁기 중국에서 출현한 사회단체는 사회세력에 대한 정보를 제공하고 사회의 역량을 광범위하게 동원함으로써 정치권력의 정책 수행역량을 강화시키며, 당과 해당부문의 행정업무 관리기능을 보조하는 데 주력하기도 하였다. 이는 곧 사회단체가 과거의 군중단체처럼 정치권력의 의도만을 전달하는 전송벨트(transmission belt)로 전락했음을 의미하지는 않는다. 사회단체는 초보적이나마 사회의 이익을 대변하려 했으며, 이는 사회단체가 정치권력의 의도를 아래

---

[1] 김재철, "편입과 제휴의 정치: 개혁기 중국에서의 정치권력과 사회단체", 『한국정치학회보』 제33집 3호(2003), p.202.

로 전달하는 동시에 구성원의 의견을 반영하고 이들의 권익을 옹호하는 '이중의 역할'을 수행했음을 의미한다.[2]

이 장에서는 중국 '사회주의 시민사회에서 국가-사회관계'와 변화양상을 "국가로부터 사회 영역의 점진적인 분리와 다차원의 연계성 확보"라는 관점에서 이론적으로 접근할 것이다. 우선, 중국의 시민사회에 대한 접근틀로서 서구식 시민사회론과 코포라티즘을 검토하고 그것이 중국의 국가-사회관계를 규명하는 데 갖는 분석적 함의와 한계가 무엇인지를 밝힌다. 그리고 중국의 환경시민사회 분석에 있어 중범위의 이론틀이라 할 수 있는 포용적 코포라티즘이 '거버넌스' 현상의 설명에 나름대로 적합한 시사점을 갖고 있음을 주장할 것이다. 또한 '국내 환경세력의 위치'에 관한 분석에 있어, 중국의 관료정치 및 분권화와 관련지어 정부환경당국 및 국가환경보호 시스템이 갖는 취약성을 밝힐 것이다. 그리하여 환경정책결정을 둘러싸고 열세에 빠진 정부의 환경당국과 민간 환경세력이 파트너십과 거버넌스를 형성하는 맥락과 배경을 규명한다. 아울러 환경 NGO가 부상하는 배경과 환경 거버넌스의 중심축인 NGO-정부의 관계를 설명하기로 한다.

1. '사회주의 시민사회론'과 환경시민사회

1) 시민사회 혹은 코포라티즘?

전통적으로 중국의 사회주의 체제에서 사회는 당을 중심으로 하

---

2) Anita. Chan, "Revolution or Corporatism? Workers and Trade Unions in Post-Mao China", *The Australian Journal of Chinese Affairs* 29(January), 1993, p.35.

는 당국가 체제에 종적으로 편입되어 있었고, 사회조직 간의 횡적인 관계는 발전할 수 있는 공간이 사실상 부재했다. 물론 비공식적으로는 사회체계를 횡적으로 연결하는 사회적 망, 즉 '꽌시(關係)'가 존재했으며 이것이 정치적, 사회적으로 중요한 작용을 한 것으로 파악되지만, 엄밀한 의미에서 이는 안정적이고 통일적인 관리체제로 작동한 것은 아니었다.[3]

1980년대 초기, 학자들은 개방과 분권화가 국가의 권한을 점차 자율적인 사회로 이양토록 유도할 것으로 기대하였다. 그러면서 점차 중국식 시민사회의 속성 혹은 실체에 대한 논쟁이 진행되기 시작한다. 하지만 서구에서의 국가－시민사회의 대결적인 관계개념과는 달리, 이들 학자들은 보다 취약하고 수동적인 시민사회를 강조한다. 따라서 정치권력은 국가의 수중에 유지한 채 시민사회는 사회경제적 생활에 초점을 맞추는 비정치화 된 영역으로 간주되었다.[4] 비록 이러한 견해는 시민사회를 대결적으로 간주하는 일부 학자들에 의해 도전을 받기도 하지만, 그렇다고 정치적 통제에 대항하는 시민적 도전과 대결에 초점을 맞추어 시민사회를 정의하는 것은 아직까지 중국에서는 부적절한 개념이 될 것이라는 견해가 지배적이다.[5]

사실, 지금까지 사회주의 시장경제 체제를 유지하기 위해 중국공산당이 해결해야 하는 난제 중의 하나는 시장경제 구도 하에서 폭발적으로 증가한 이익집단들의 다양한 이익을 집약한 국가기구가 공산당 이외에는 존재하지 않는다는 점이다.[6] 이러한 맥락에서 지

---

3) 이남주(2007), pp.24－25.

4) Jonathan Schwartz, "Environmental NGOs in China: roles and Limits", *Pacific Affairs*, March 22, 2004.

5) Jonathan Schwartz(2004).

배적인 이익대표체계로 등장한 '코포라티즘(corporatism)'[7] 분석틀
은 중국의 사회주의 시민사회를 설명하는 데 적합한 시각을 제공
한다. 중국의 이익대표체계는 위계질서가 약화되는 경향을 제외하
면 전체적으로 슈미트(Schmitter)의 코포라티즘 개념에 부합하는 양상
을 보여준다. 그중에서도 배제적인 국가코포라티즘에 가깝다고 할
수 있다.[8]

김도희가 간파했듯이, 근대 중국이라는 사회 정치 배경 하에서
형성된 사회집단들 역시 국가권력과 대항상태에 놓이는 것을 원치
않았다.[9] 중국에서 시민사회가 1980년대 재등장한 서구의 시민사
회 논의와 가장 구별될 수 있는 것은 중국에서는 국가가 개혁을 통
해 시민사회의 성장을 촉진하고 있으며 시민사회가 체제전이 과정
에서 국가에 대항적인 실체로 등장하지 않는다는 점일 것이다.[10]
그들은 조심스럽게 정치정형을 모색하고 정부의 인가와 보호를 얻
어내길 원했고 일부의 지도적 역할을 하는 사회집단들은 반관방(半

---

6) 정연식, "북경의 봄: 중국 시민사회에 대한 고찰", 1998년도 한국정치학회 연례학술회의
   자료집, 1998, p.156.
7) 코포라티즘의 정의는 Schmitter의 정의가 보편적으로 쓰인다. 슈미트는 이익집단에 대한
   국가통제 정도에 따라 국가코포라티즘(state corporatism)과 사회코포라티즘(societal corporatism)
   으로 분류한다. 전자는 국가가 각 범주별 대표이익집단을 완벽하게 통제하는 반면, 후자
   에서는 대표이익집단이 국가의 통제를 받는 만큼 국가에 대해 요구할 수 있고 정책결정
   과정에 참여할 수도 있다. Stepan은 국가코포라티즘을 대표이익집단의 이익표출력과 정
   책결정 과정에의 참여 정도에 따라 포용적(inclusionary) 국가코포라티즘과 배제적
   (exclusionary) 국가코포라티즘으로 분류하였는데, 후자는 대표이익집단의 이익 표출기회
   가 거의 완전히 제도적으로 폐쇄되어 있는 반면, 전자는 대표이익집단이 비록 형식적이
   고 제한적이라 하더라도 어느 정도 국가에 대해 집단의 이익을 표출할 수 있는 것으로
   본다. Philippe C. Schmitter, "Still the Century of Corporatism?", Fredrick Pike and Thomas
   Strich(eds.), *The New Corporatism: Social—Political Structures in the Iberian World*(Norte
   Dame: University of Norte Dame Press, 1974), pp.85－131; Alfred Stepan, *The State and
   Society: Peru in Comparative Perspective*(Princeton: Princeton University Press, 1978).
8) 정연식(1998), p.160.
9) 김도희(2002), p.52.
10) 김도희(2002), p.59.

官方) 기구의 색깔을 띠고 있고 그 구성원의 대다수도 준 관료적 사회지위를 갖고 있었기 때문이다. 중국에서 도시개혁으로 인해 도시 행정권력 부문이 관에서 민간으로 이전되면서 국가권력 이외의 사회권력 체계가 형성되는 것을 도왔다.11) 당시 시민사회의 중간조직이라 할 수 있는 상회(商會)와 같은 사회집단들이 생겨나면서부터 민간과 관이라는 이중요소를 잉태하고 있었고 국가와 사회 간의 연대와 중개의 역할을 해 서방의 시민사회와 같은 순수하게 민간적이고 국가에 대항적인 시민사회와는 다르다는 측면을 부인하기 어렵다.12)

같은 맥락에서 김재철은 중국에서 사회단체와 정치권력 간의 관계가 서로 경쟁하고 대항하는 관계이기보다는 '편입과 제휴'의 관계로 규정될 수 있음을 주장한다.13) 이는 포용적(inclusionary)인 국가코포라티즘을 연상케 하는데, 즉 개혁기 정치권력은 사회단체의 출현을 허용하고 지원하면서도 사회단체가 독자성을 누리도록 방임하기보다 자신의 관리 아래로 편입시키려 한 것이다. 한편 사회단체 또한 정치권력에 반대하고 대항하기보다는 정치권력과의 연계를 형성하고 정치권력의 업무를 대행하는 등 제휴전략을 추구하였음에 주목한다.

김재철에 의하면, 이러한 '편입과 제휴'관계의 형성배경은 중국에서 사회단체가 출현한 과정상의 특성에서 원인을 찾을 수 있다.

---

11) 朱英, 『轉型時期的社會與國家』(武漢: 華中師範大學出版社, 1997); 朱英, 『辛亥革命時期的新式商人社會組織』(北京: 中國人民大學出版社, 1991).

12) 김도희(2002), pp.52－53.

13) 김재철은 중국에서 개혁기에 출범한 사회단체 가운데 공개적이고 합법적으로 활용하는 단체들을 분석대상으로 하여 이들과 정치권력과의 관련성을 분석하였다. 김재철(2003), pp.200－210.

즉 중국에서 사회단체의 출현은 경제개혁과 발전에 힘입은 것이 사실이지만, 그렇다고 단순히 경제적 변화의 결과만은 아니라 정치권력의 허용과 권장이라는 '위로부터'의 요인 또한 중요한 역할을 하였다는 것이다. 이러한 관점에서는 사회단체에 있어 '위험한' 정치권력으로부터의 독자성 추구보다는 정치권력과의 연계를 통해 조직의 안전과 권한을 확대하고 정부의 지원을 확보하는 것이 보다 유리한 선택이라는 점이 강조된다.[14]

이러한 상향적인 연계 외에도 환경운동 내부에 점진적이며 조심스럽게 발전하고 있는 비공식적인 조직과 연계망은 우리로 하여금 중국의 시민사회에 대한 보다 다층적인 논의로 이끈다. 호(Peter Ho)에 따르면, 중국의 준권위주의적인 정치환경 속에서 사회활동가들은 필연적으로 확산적이며 (공식적이 아닌) 비공식적인 관계망을 발전시키고 있는데, 이러한 비공식적인 관계망은 사회적 합법성뿐만 아니라 부인할 수 없는 정치적 정당성을 주었다[15]는 점에서 결코 무시할 수 없는 분석적 함의를 갖는다.

주지하다시피 중국에서 환경주의 운동은 초기 등장 이래, 당대의 정치적 환경에 저항하기보다는 꾀바르게 순응해 왔다. 중국의 개혁의 특징과 성공은 사실 점진적인 변화의 전략에서 찾을 수 있다. 이러한 점에 착안하여 호(Peter Ho)는 중국에서 등장하는 환경운동을 '내장된 환경주의(embedded environmentalism)'로 개념화 한다. 그러면서 이같은 환경운동의 특징은 시간의 경과에 따라 스스로가 변화하는 일종의 일시적인 국면으로서 준권위주의적인 정치환경에서

---

14) 가령, 사회단체는 지도자들을 영입하거나 국가기구와의 연계를 창출하는 등 자신을 정치권력의 한 부분으로 규정하려는 시도가 그것이다.

15) Peter Ho and Richard L. Edmonds(eds.), *China's Embedded Activism*(Routledge, 2008).

점차 싹트는 시민사회의 과도적인 특징으로 간주하고 있는 것이다.

2) 중국의 환경시민사회: 포용적 코포라티즘으로서 거버넌스

중국에서 시민사회 가능성은 중국의 정치체제와 관련되어서 논의될 수밖에 없는데, 이는 '**사회주의 시민사회**'라는 중국식 모델을 요구하게 된다. 즉 시민사회가 민주의 대명사이고 사회주의 정권과 서로 대립된다는 데 반대하면서 사회주의 국가에서 시민사회의 형성은 국가의 권력 하방(下放)으로 인해 가능함을 강조한다.[16] 따라서 사회주의 시민사회는 국가와 사회가 공공기구의 통제를 받는 시장기제를 건립하고 발전시킨다는 것을 의미한다. 또한 각종 사회단체와 비정부 조직이 공공 영역을 통해 적극적으로 의정에 참여하고 국가에 대해 여론감독을 실행해야 함을 인정한다.[17]

사회주의 시민사회 모델에서 국가의 역할은 국가가 사회에 간섭해 그 기능을 발휘하지는 않으나 간접적 경로를 통해서 이익충돌의 평형을 유지하도록 하는 것이다.[18] 이는 곧 '포용적 국가코포라티즘'의 중국식 실현인 셈이다.

덩샤오핑 사후 1990년대 중반부터 배제적인 국가코포라티즘(state corporatism)의 통제의 한계가 노출되기 시작하면서 사적인 이익과

---

16) 德利克, "當代中國的市民社會與公共領域", 『中國社會科學季刊』, 1993年 夏季卷; 참조.

17) 중국에서 사회주의 체제에서 시민사회의 논의의 지평을 넓히기 위한 작업들로는, 兪可平, "馬克思的社會理論及歷史地位", 『中國社會科學』, 1993年 第4期, pp.59-74; 兪可平, "社會主義市民社會: 一个新的研究課題", 『天津社會科學』, 1993年 第4期, pp.46-48.

18) 사회주의 시민사회가 평형적으로 기능을 발휘하기 위해서는 다양한 소유제 형식과 감독방식이 실시되어야 하고 사회와 국가의 평형을 이루어야 하는데 이는 사회안정을 유지하기 위한 목적이라 할 수 있다.

견해의 자유로운 표출을 특징을 추구하는 시민사회의 징후가 조금씩 나타난다. 개개인들은 환경보호국과 주요 관리 및 심지어 지방인민대회까지를 포함하여 다양한 당국에 대해 불평을 제기하기 시작한다. 이러한 불평에 대한 문서형식, 전화 혹은 방문의 자료들은 통계연감에 수집되어 있다. 불평의 부수적인 방법은 직통전화, 대중매체의 보도 및 공공저항 혹은 심지어 폭동까지 포함한다. 점차적으로 대중들은 공해 배출자들과 국가환경법의 규제 이행에 실패한 지방당국을 고소할 수 있는 기회를 갖고 있다. 그러나 서구와 달리, 개개인이 이용할 수 있는 자원들은 현존의 공해문제에 대한 반발에 한정되어 있다.

이러한 변화의 동인으로는 사적 견해와 이익을 억압하는 데서 오는 불만의 누적이 초래하는 사회적 긴장과 불안감, 불만의 분출구를 허용하려는 당의 유화정책, 그리고 통제대상의 양적 증가 등이다. 10년 전과 비교했을 때 달라진 시민사회의 징후는 급증한 각종 사회·경제적 단체의 수가 이들 단체에 대한 국가의 관리능력을 현저히 능가한다는 것이다.[19] 특히 환경부문의 NGO를 필두로 한 시민사회 출현의 징후는 중국의 국가-사회관계를 변화시킬 수 있는 잠재적 가능성을 지니고 있다고 보아도 과언이 아닐 것이다.

이러한 맥락에서 볼 때, 환경시민사회에 대한 분석에 있어, 비록 서구의 다원주의 사회에서 출현하는 사회 코포라티즘(societal corporatism)의 형태는 아닐지라도 이전의 배제적인 양상과는 달리 사회세력의 등장 및 국가의 포용과 적극적인 활용에 보다 비중을 두는 국가-

---

19) 특히 언론매체의 경우, 1979년 283종에 불과했던 신문이 1992년 1,666종으로 증가했고, 무선라디오 방송의 경우 1979년 99개에서 1991년 724개로, TV방송은 동기간 38개에서 543개로 증가했다. 강현두, "현대 중국의 언론정책과 중국언론의 발전전망에 관한 연구"(서울대학교 연구보고서, 1995).

사회관계에 대한 설명개념이 보완될 필요가 있을 것이다. 이 경우 포용적인 국가코포라티즘(inclusionary state corporatism)과 서구식 시민사회론의 설명요소를 동시에 갖는 중범위의 이론틀로서 '거버넌스 접근'이 필요하다고 하겠다. 크게는 사회주의 시민사회의 설명틀에 포함되는 거버넌스 이론은 중국 내 환경운동세력을 비롯한 민간사회단체의 위상과 역할에 대한 적합한 설명틀을 제시한다.

중국사회의 정보화와 세계로의 진입은 중국에서의 시민사회 논의에 새로운 요소를 첨가하는데, 특히 인터넷의 보급과 환경보호의식의 강화, 정부업무의 투명도 증가 등으로 인해 시민사회의 정치참여 가능성이 늘어나고 있기 때문이다. 이제 "중국 내 이익집단의 이익이 모두 국가이익과 일치하지는 않는다."라는 논의가 공개적으로 가능한 수준까지 도달해 있다.[20] 또한 시민사회와 거버넌스(governance)에 대한 논의는 중국에서의 시민사회 논의가 공공이익을 최대화하기 위한 사회적 관리형태인 '선치(善治)'를 통해 정치국가와 시민사회가 새로운 관계로 양자 간의 최적상태를 형성하는 단계로 갈 수 있음을 보여줌으로써 향후 중국에서의 시민사회의 미래에 대한 좀 더 구체적인 가능성을 제시하고 있다.[21]

---

20) 王逸舟, "市民社會與中國外交", 『中國社會科學』, 2000年 第3期, pp.28-38; 兪可平, 『全球化時代的'社會主義'』(北京: 中央編譯出版社, 1998), pp.190-201; 김도희(2002), p.54에서 재인용.

21) 兪可平, "中國公民社會的興起與治理的變遷", 『中國社會科學季刊』, 1999年 秋季卷, pp.105-118.

2. 정부 환경당국의 역할과 위상

1) 국가환경보호총국(환경부)과 환경 관련 조직들

1998년 행정부급으로 승격된 국가환경보호총국(SEPA, 현 환경보호부)은 승격 이전에는, 성급정부를 포함한 행정 각료들이 자신의 권고를 쉽게 무시하는 수모를 겪어야 했다. 하지만 1998년 이후 이들 각료들은 비록 총국의 권고에 속박되지는 않지만 주의를 기울이지 않으면 안 되는 상황에 직면하게 된다. 예산에 관한 권한과 법적인 지위가 상대적으로 높아졌기 때문이다.

이러한 기구 개편과 함께 중국의 전통적 환경 보호 모델도 변화하였다. 과거 종말처리와 사후 관리 위주의 정책에서 벗어나 전 과정 관리시스템으로 전환한 것이다. 2003년 1월 1일과 2003년 9월 1일에 실시된 <친환경 생산촉진법>과 <환경영향평가법>은 새로운 환경 보호 방식을 위한 법적 근거를 마련하였다. <친환경 생산촉진법>은 생산 설계, 에너지와 원자재의 선택 사용, 가공 기술과 설비 보호, 폐기물 재활용 등 생산의 전 과정을 관리, 통제해서 오염의 발생을 줄이고 자원의 순환 이용을 추진하기 위해 제정되었다. 그리고 <환경영향평가법>은 국무원의 관련 부처, 시 이상의 지방 정부 및 관련 부서가 해당 조직이 정한 토지 이용에 관한 규칙을 바탕으로 구역, 우역, 해역의 건설, 개발 이용 계획에 대해 환경 영향 평가를 한 다음 환경 영향 관련 규정이나 설명을 덧붙여야 한다는 내용이다.

<표 2>에서 보듯이, 환경보호당국은 갈수록 그 위상이 법제적으로 승격됨으로써 환경보호를 위한 보다 유리한 위치에 놓이게

되었다.

<표 2> 중국 환경보호부의 발전과정

시 기	연 혁
1974. 10.	國務院環境保護領導小組 성립
1982. 5.	省鄕建設環境保護部 설치
1984. 5.	環境保護委員會 설치(省鄕建設環境保護部에 속함)
1984. 12.	國家環境保護局 설립(省鄕建設環境保護部에 속함)
1988. 4.	국가환경보호국을 國務院 직속기관으로 승격
1993. 3.	全國人民代表大會 環境保護委員會 설립
1998	국가환경보호국이 국가환경보호총국으로 승격(행정부서 취급)
2008. 3.	국가환경보호총국이 환경보호부로 승격(정식 행정부서)

(출처: 中國環境年監編輯委員會(편), 〈中國環境年監〉(北京: 中國環境科學出版社, 1990－1999)을 토대로 저자
가 재작성)

이러한 제도적인 개편 외에도 2002년에 총국의 예산이 2배로 증가된 이래 갈수록 환경예산이 증가하여 환경당국의 재정자립도를 확보함으로써 과거에 비해 더 큰 독립성과 자율성을 확보하게 된다.

2008년까지 중국의 환경을 책임져 왔던 중앙의 환경부처인 국가환경보호총국은 환경보호업무를 주관하는 국무원 소속 중앙 부서로서 국가환경보호의 방침, 정책과 법규 및 행정규정을 제정하고, 국무원의 위탁을 받아 중대한 경제와 기술의 정책, 발전기획 그리고 중대한 경제개발계획에 대하여 환경 영향을 평가하는 것을 주요 업무로 해 왔다. 또한 국가환경보호계획을 정하고 국가에서 확정한 중점지역(重點區域), 중점유역(重點流域)의 오염방지 및 처리계획과 생태보호 계획 제정과 감독을 실시하며 환경기능구획(環境功能區劃)의 조직 및 편제를 담당해 왔다.[22]

---

22) 국가환경보호총국 사이트 참조(http://www.zhb.gov.cn/).

특히, 생태환경에 영향을 끼치는 자연자원개발 이용 활동을 감독하고 중요한 생태환경건설과 생태파괴 회복업무를 감독하며 각종 유형의 자연보호구 및 풍경명승지, 삼림공원의 환경보호 업무에 대한 감독 검사를 실시해 왔다. 아울러 생물의 다양성 보호, 야생동식물보호, 습지(濕地) 환경보호, 사막화 예방과 처리 등의 업무 감독과 검사를 실시하며 국무원에 새로 설립된 각종 국가급 자연보호지역 심의비준을 건의하고 자연보호구의 감독 관리도 담당해 왔다.

뿐만 아니라 국가환경보호총국은 각 지방, 각 부문, 그리고 지역, 유역(流域)의 중대한 환경문제를 지도 조정하여 해결한다. 중대한 환경오염사고와 생태파괴사건을 조사 처리하며 각 성 사이의 환경오염분쟁을 조정하고 국가 주요 유역의 수질오염 예방, 처리 업무 조직 및 조정을 관장한다. 또한 환경 감독관리와 환경보호행정검사를 담당하며 전국적인 환경보호집행법검사운동(環境保護執法檢査運動) 조직을 전개하는 임무를 맡고 있다.

아울러, 국가환경감측망(國家環境監測網)과 전국적인 환경정보망(環境信息網) 개설 및 관리를 담당하며 전국의 환경 품질에 대한 감시 측량과 오염원(汚染源)에 대한 감독, 감시 측량을 담당한다. 특히 환경보호 홍보교육과 신문 출판업무 조직 및 지도를 담당하며 민간과 비정부조직의 환경보호 참여를 촉진하는 역할을 해 왔다.

대외적으로는 전 세계 환경문제에 대한 국가의 기본원칙을 제정하고 국제 간 환경보호 협력, 교류 관리를 담당한다. 환경보호에 관한 중요한 국제적 활동과 국제적 담판에 참여하고 협조하며 환경보호국제조약 관련 국내 활동을 관리, 협조하여 외국과의 통일된 연계를 마련한다. 또한 환경보호계통의 대외경제합작 관리 및 외자 이용 관련 사항에 협조한다. 그리고 국제조약에 따른 이행실시와 국무원의 위탁을 받은 대외 환경보호사무를 처리하며 환경보호국 제조직과 연계업무를 담당한다. 그 밖에도 국가환경보호총국 기구 편제와 인사관리를 담당하며 전국 환경보호계통의 행정관리체제개혁을 추진하는 업무도 담당하여 왔다.

국가환경보호총국의 내부기구로는 판공청(辦公廳) <선전교육사(宣傳敎育司)>, 규획재무사(規劃與財務司), 정책법규사(政策法規司), 행정체제인사사(行政體制與人事司), 과기표준사(科技標準司), 오염공제사(汚染控制司), 자연생태보호사(自然生態保護司), 핵안전복사환경관리국(核安全與輻射環境管理局) – 국가핵안전국(國家核安全局), 감독관리사(監督管理司), 국제합작사(國際合作司)23) 그리고 환경영향평가관리사(环境影響評价管理司)가 있다. 또한 다음과 같은 14개의 직속기관 및 산하단체를 두고 있다. 그 임무는 다음과 같다.

① 국가환경보호총국 환경보호대외협력센터(國家環境護總局環境保護對外合作中心): 국가환경보호총국 환경보호대외협력센터는 환경보호 영역 관리에 이용되는 국제 금융조직 자금과 약속 이행 후속 행동자금 및 기타 국제 경제협력 사업을 체계적으로 집중 관리하고, 환경보호 대외협력 교류와 관련한 구체적인 사무와 서비스를 담당한다.

② 중국환경과학연구원(中國環境科學硏究院): 중국환경과학연구원은 주로 환경과학기술연구, 환경 프로젝트 기획, 환경오염규제

---

23) 국제합작사는 환경보호 국제활동에 참여 협조, 환경보호국제조약의 담판에 참여, 환경보호국제조약의 국내에서의 이행활동과 대외연계의 관리 및 협조, 환경보호계통의 대외경제합작 관리, 대외환경 오염처리업무와 환경보호사무 처리, 유엔 환경계획서 대표처의 업무사업 지도, 환경보호국제조직과 연계사무 등을 담당한다. ≪중국환경과발전국제합작위원회≫의 일상사무 담당. 기관 당위(黨委), 총국 및 재북경 직속단위의 당군(黨群) 사업업무 담당. 중국환경보호부 웹사이트 http://www.zhb.gov.cn/ 참고.

〈사진 1〉 중국환경보호부가 운영하는 웹사이트(http://www.zhb.gov.cn/)

및 환경 프로젝트 기술 개발을 기초로, 환경관리와 건설의 요구에 부응하고, 국가의 중요한 환경과학연구 항목을 담당하며, 전국적이고 종합적이며 핵심적이고 전략적인 환경문제를 연구 해결하고, 국가의 환경관리와 환경건설 및 환경 정책결정 등에 필요한 과학적 근거와 기술을 지원한다.

③ 국가환경보호총국 화학품등록센터(國家環境護總局化學品登記中心): 국가환경보호총국 화학품등록센터는 화학품의 환경안전 실시와 관련된 관리를 위해 설립되었다. 주요 업무 범위는 화학품 수출입 환경관리 등기, 화학품 테스트 합격 실험실에 대한 검사 및 평가, 화학품 변화 특성, 독성 감정 및 위해 평가, 관련 훈련 및 자문 서비스 등이다.

④ 중국환경감측센터(中國環境監測總站): 중국환경측정센터는 국가환경보호총국의 환경 관리감독을 위한 기술지원, 기술감독 및 기술서비스를 제공하고, 전국 환경 모니터링 네트워크센터, 기술센터,

정보센터 및 훈련센터로서 전국 환경 모니터링 시스템에 대한 업무 관리와 지도를 진행하고 있다.

⑤ 중국환경보사(中國環境報社): ≪중국환경보≫는 환경보호 홍보를 기본 내용으로 하는 전국적 전문지로, 중국의 환경보호 기본 정책 홍보, 환경과 경제의 협조적 발전 촉진, 환경교육 강화, 전 국민 환경의식 제고, 환경법규 홍보, 환경관리의식 강화, 선진적인 환경보호기술 성과 홍보, 환경보호 사업의 적극적인 발전 추진 등을 주요 취지로 하고 있다. 중국 환경보사는 사무실, 인사부, 재정부, 뉴스편집센터, 뉴스취재센터, 뉴스연구센터, ≪지구촌 주간≫ 편집부, ≪생산경제 주간≫ 편집부, 국제부, 촬영부, 발행부, 홍보정책부, ≪환경사업통신≫ 편집부, ≪중국환경연감≫ 편집부 등 14개 부서로 구성되어 있다.

⑥ 중국환경과학출판사(中國環境科學出版社): 1980년에 설립된 중국환경과학출판사는 중국에서 유일하게 환경 과학 간행물을 주로 출판하는 전문 출판사이다. 환경보호 기본 국책과 당의 출판 분야 방침 및 정책을 유도하고, 환경적 효과와 경제적 효과, 사회적 효과의 상호 통일을 원칙으로 전 국민의 환경의식 제고를 위해 노력하고, 환경보호와 경제건설 및 중국 환경사업의 발전을 촉진한다. 주로 환경 각 영역의 과학기술 간행물 및 영상제품 편집, 출판, 발행을 담당하고 있다.

⑦ 국가환경보호총국 핵안전센터(國家環境保護總局核安全中心): 국가환경보호총국 핵안전센터는 1989년 3월에 설립되었고, 주로 핵발전소, 연구용 원자로, 핵연료 순환 설비, 핵 기술 응용, 우라늄 광산 및 이에 동반하는 방사성 안전에 대한 기술 평가, 검증, 모니터링, 과학연구 및 핵 안전 과학기술 정보 등의 사업을 추진하고

있다. 중국 민간 핵 시설의 핵 안전과 복사 안전감독 관리 사업을 위해 기술지원을 제공하고 보장하고 있다.

⑧ 국가환경보호총국 남경환경과학연구소(南京環境科學硏究所): 남경환경과학연구소는 농촌환경과 자연·생태보호를 위한 과학연구를 위주로 농촌의 생태와 자연보호 및 향진공업 오염방지, 농업용 화학품 오염방지 등 방면의 연구를 전개하고, 농촌환경과 자연생태보호와 관련된 국가 과학기술연구사업을 담당하며, 국가의 농촌환경관리와 자연생태보호를 위한 과학적 근거와 기술지원을 제공한다.

⑨ 화남환경과학연구소(華南環境科學硏究所): 화남환경과학연구소는 지역의 종합적인 환경과학연구와 기술자문업무를 담당하는 연구기구이다. 동남부 연해지역 개발구, 경제특구, 홍콩, 마카오, 대만지역과 내륙 인근지역의 환경문제를 연구하고, 열대·아열대지역 국가의 중대한 환경과학기술사업을 담당하며, 지역환경과 대·중형 개발건설항목의 환경영향평가와 환경공정의 연구·설계를 전개하며, 환경보호 환경관리와 정책결정을 기술설비의 도입·개발 및 질량감독·검사 업무를 전개하고, 이를 위한 과학적 근거와 기술지원을 제공한다.

⑩ 국가환경보호총국 환경계획원(國家環境護總局環境規劃院): 국가환경보호총국 환경계획원은 2001년에 설립되었다. 전국 환경보호 중장기 계획과 연도별 계획, 유역 및 구역별 환경보호 계획, 전국 오염물질 배출총량 통제 계획, 실시 방안 및 관련 오염방지와 생태보호 전문 계획에 대한 초안 작업을 담당하고 있다. 정부 기관에 협조하여 국가 중대 환경보호 정책 및 관리 조치에 대해 연구·제작하고, 지방 정부와 환경 부처가 편제하는 환경 계획에 기술 지원과

서비스를 제공하며, 관련 환경오염 처리와 생태보호 항목의 기술 자문을 전개하고 있다.

⑪ 국가환경보호총국 환경공정평가센터(國家環境護總局環境工程 評估中心): 국가환경보호총국 환경공정평가센터는 국가환경보호총 국이 실시하는 환경영향평가법에 대한 기술지원을 담당하고 있다. 계획, 중대 개발과 건설 항목에 대한 환경영향평가 요강과 환경영 향평가 보고서의 기술 심사를 구체적으로 책임 조직하고, 환경영향 평가 방법과 기술 가이드 초안을 연구·제작하고, 환경영향평가 영 역에 대한 전문 기술 훈련을 조직하여, 환경평가기관의 자질 심사 및 인원자질 등록관리 사업을 책임지며, 국가가 심사하는 건설항목 의 '3동시' 준공 검수 조사와 기술 심사 보고 사업을 전개하고 있다.

⑫ 국가환경보호총국 북경회의 및 연수기지(國家環境保護總局北 京會議與培訓基地): 국가환경보호총국 북경회의 및 연수기지는 국 가 환경관리와 환경건설의 필요에 부응하기 위하여, 총국과 전국 환경보호 시스템의 각종 회의와 각종 간부연수 및 환경 감찰대 훈 련 등에 직접적인 서비스를 제공하고 있다.

⑬ 국가환경보호총국 흥성환경관리연구센터(國家環境保護總局興 城環境管理研究中心): 국가환경보호총국 흥성환경관리연구센터는 환경관리 서비스와 전국 환경보호 분야 종사 인원의 건강 서비스 를 취지로 삼아, 정책 연구, 간부 연수, 정보 교류, 신기술 홍보 및 법규 선전 등을 실시하고 있다.

⑭ 국가환경보호총국 북대하환경기술교류센터(國家環境保護總局 北戴河環境技術交流中心): 북대하 환경기술교류센터는 총국과 전국 환경보호 분야의 각종 회의와 각종 유형의 간부 연수, 기술 교류 등에 서비스를 제공하고 있다.

이상의 14개 조직들이 유기적으로 결합하여 국가의 환경보호 활동을 추진하는 한편, 일반적으로 국가환경보호총국은 관심과 이해들이 중첩되는 다른 기관들과도 권한을 공유한다. 가령, 총국과 농업부는 어업에 걸친 권한을, 보존쟁점에 관해서는 임업국과 권한을 공유한다. 총국은 환경보호정책을 집행할 일련의 수단들을 갖지만 독립적인 집행권한이 부족한 것이 사실이다.[24] 형식상 국가환경보호총국이 갖는 수단으로는 사회적, 행정적 제재수단에서 처벌수단에 이르기까지 다양하다. 우선 사회적, 행정적 제재수단을 보면, 환경규제와 법률집행은 대부분 행정적이고 사회적인 제재의 도움으로 달성된다.[25] 행정적인 제재는 종종 환경영향평가와 결합하여 '비판', 허가, 세금, 경고, 벌금, 승낙명령, 검열, 영업정지명령, 사업허가의 취소, 기업폐쇄 혹은 재배치, 경영권의 박탈, 그리고 당 징계조치 등이 해당된다. 사회적이고 행정적인 조치들은 전적으로 과세시스템에 의존한다. 과세들은 정부기준을 초과하는 오염물을 배출하는 기업들에게 부과된다. 만약 공식적으로 보고된 기업의 폐수배출에서 적어도 정부기준을 초과하는 오염물질이 하나만 포함되어도 그 기업은 불복종기업으로 제재를 당한다.[26] 이러한 벌금제도 하에서 모아진 자금의 최대 80%는 기업에게 되돌려져 오염통제 혹은 오염감소를 위한 유지활동의 양도대출용으로 쓰인다. 나머지 20%는 환경보호국이 확보하여 환경보호활동을 지원하는 데 쓰인다.[27]

---

24) Jonathan Schwartz(2004).

25) Vincent Cheng Yang, "Punishing for Environmental Protection? Enforcement Issues in China", *International and Comparative Law Quarterly*, vol.44, no.3(July 1995), p.679.

26) Susmita Dasgupta, Mainul Huq and David Wheeler, "Bending the Rules: Discretionary Pollution Control", in *China World Bank Policy Research Working Paper* no.1761(February 1997), p.11.

27) Hua Wang and Ming Chen, "How the Chinese System of Charges and Subsidies Affects

환경보호총국이 사용할 수 있는 처벌수단은 엄중도에 따라 4가지로 분류된다. 첫째 가장 가혹한 재제로, 환경보호총국이 잠정적인 생산중지를 요구하는 것이다. 둘째는 환경보호총국이 폐기물 발생을 금지하는 조치이다. 셋째는 공장에 벌금을 부과하는 것이고, 넷째는 경고를 주는 것이다. 공장의 폐쇄는 오직 해당수준의 정부만이 결정할 수 있으며(성급 공장은 성급정부가 조치), 공공안전국에 의해서 이행된다.

국무원의 행정부급으로 승격된 지 10년 만인 2008년 3월 27일, 국가환경보호총국은 제11차 중국인민대표대회 1차 회의를 거쳐 비준받은 국무원 기구개혁방안과 ≪기구설치에 관한 국무원의 통지≫(국가발표[2008]11호)에 근거하여 환경보호부(環境保護部)로 승격되면서 국무원의 정식 행정부서로 확정된다. 국(局)에서 서(部)로 승격한 것은 단지 형식일 뿐이며 향후 인원구성, 직책, 환경보호기구의 건설 등 분야의 기능강화도 점차 추진하게 된다. 개편 전에 국가환경보호총국의 직책은 간단하게 에너지절약·오염저감 및 오염배출비용징수로 요약할 수 있으며 입법, 생태건설, 특히 대규모의 생태건설 분야에 대한 역할이 제한되어 있었다. 이번 조직개편 후 환경보호부는 자체로 환경보호정책을 제정 및 시행할 수 있게 되었다. 환경보호부의 확대개편은 환경보호부서, 농업부, 임업부, 수리부 등 각 부서와의 협력관계를 규범화하여 자원통합과 사업효율에 효과적일 것으로 기대된다. 향후 각급 정부는 환경보호기구의 건설을 지속적으로 강화하여 환경보호기구가 독립적으로 직권을 행사할 수 있도록 하며 기구설치와 인원구성 및 관련 임무의 조화를 실현하는

Pollution Control Efforts By China's Top Industrial Polluters", World Bank(October 1999), p.7.

데 중점을 두고 있다.[28]

기구개편에 따라 국무원은 환경보호부의 기관행정편제인원을 311명으로 확정하였다.[29] 2008년 이후 중국환경보호부의 주요책임은 다음과 같이 조정되었다.

첫째, 종전 국가환경보호총국의 책임을 환경보호부에 편입시키고, 둘째, 국무원에서 이미 발표하여 취소한 행정심사 사항을 취소한다. 셋째, 수질오염물 배출허가증 심사와 책임을 지방 환경보호행정주관부서에게 맡긴다. 넷째, 환경표지인증책임을 사업단위에 맡긴다. 다섯째, 환경정책 및 계획과 중대한 문제에 대한 종합협조수준을 강화하고 환경처리와 생태보호에 대한 지도, 협조, 감독의 역할을 강화하며 국가 배출저감목표 및 환경감독 책임을 강화한다.

환경보호부의 구체적인 책임으로는 다음과 같다.

① 환경보호 기본제도를 구축하고 보완을 책임지고 실시한다. 국가 환경보호정책과 계획을 수립·실시하고 법률·법규를 초안하며 부문규칙을 제정한다. 환경기능구획을 편제하고 각 환경보호의 기준과 기술규범을 제정하며 중점구역·유역의 오염방지 계획과 상수원수원지 환경보호계획을 수립·감독한다. 국가의 요구에 따라 관련 부문과 더불어 중점해역오염방지계획을 수립하고 중국 주요 기능구획을 참여하고 제정한다.

② 중대한 문제에 대한 종합적인 협조와 감독관리문제를 책임진다. 중대한 환경오염사고와 생태파괴사건에 대한 조사처리를 주도

---

28) 중국 環境保護部 홈페이지 참조. (http://www.mep.gov.cn/dept/jgznjj, 검색일: 2009.2.20)

29) 구체적으로, 兩委인원편제 4명(兩委: 현임 전국인대상무위원회 위원 및 각 전문위원회 위원, 전국정치협상위원 및 규정에 근거해 배정한 비서), 지원파견편제 3명, 이직퇴직 간부 인원편제 3명 포함) 이 중 부장 1명, 부부장 4명, 司국급 지도자 48명(총엔지니어 1명, 핵안전 총엔지니어 1명, 기관당위원회 전임 부서기 1명 포함. 중국 環境保護部 홈페이지 참조. (http://www.mep.gov.cn/dept/jgznjj, 검색일: 2009.2.20).

적으로 해결하며 지방정부의 중대한 돌발적 환경사고의 긴급작업과 예방작업을 지도하고 협조한다. 구역 외의 환경오염문제를 해결하고 중국의 중점유역, 구역, 해역의 오염방지작업을 통일적으로 협조해 나가며 해양환경보호작업에 대하여 지도, 협조, 감독역할을 명확히 규정한다.

③ 배출저감목표를 책임지고 실시한다. 주요 오염물배출총량통제와 오염배출 허가증제도를 제정, 감독 및 실시하며 총량통제의 오염물명칭과 통제지표를 마련한다. 각 지역의 오염물배출저감임무의 완성상황에 대하여 검사, 감독, 심사하며 환경보호 목표책임제도와 총량배출저감심사를 실시하고 심사결과를 발표한다.

④ 환경보호 분야의 고정자산 투자규모와 방향, 국가재정자금배정에 대한 의견을 제시하며 국무원에서 규정한 권한에 따라 국가계획과 연간계획규모 내의 고정자산투자항목을 심사·비준하며 아울러 관련부서와 협력하여 실시하고 감독한다. 순환경제와 환경보호산업발전을 지도·추진하며 기후변화 대처사업에 참여한다.

⑤ 환경오염과 환경파괴를 근본적으로 예방하는 책임을 담당한다. 국무원의 위탁을 받아 경제와 기술정책, 발전계획 및 주요 경제개발계획에 대하여 환경영향평가를 시행하며 관련된 환경보호의 법률/법규초안에 대하여 환경영향분야에 대한 의견을 제기한다. 국가규정에 따라 주요한 개발건설구역과 환경영향평가문서프로그램에 대하여 심사한다.

⑥ 환경오염방지를 위한 감독·관리문제를 책임지고 실시한다. 수질, 대기, 토양, 소음, 빛, 악취, 고체폐기물, 화학품, 자동차 등의 오염방지 관리 제도를 제정하며 아울러 관련부서와 더불어 상수원 환경보호 사업에 대하여 감독관리를 실시한다.

⑦ 생태보호 사업을 지도, 협조, 감독한다. 생태보호계획을 수립하고 생태환경질 상황을 평가하며 생태환경에 영향을 준 자연자원 개발이용활동 및 중요 생태환경건설과 생태파괴회복사업을 감독한다. 자연보호구역, 관광명소, 삼림공원의 환경보호사업에 대한 지도, 협조, 감독을 강화하며 야생동식물보호사업, 습지환경보호사업, 황막화 방지사업을 협조·감독한다. 농촌생태환경보호사업을 지도·협조하고 생태기술 환경안전을 감독하며 생물종(유전자원 함유)사업을 주도한다.

⑧ 핵안전과 방사선안전의 감독관리를 책임진다. 정책, 기획, 기준을 수립하고 핵사고 긴급처리에 참여하며 방사능환경사고 긴급처리사업을 책임진다. 핵시설안전, 방사원 안전, 감독관리핵시설, 핵기술 응용, 전자기복사, 방사성광물자원개발이용 등의 오염방지에 대해 감독하고 관리한다. 핵자료에 대한 관리와 민용 핵안전시설의 설계, 제조, 설치와 손상 여부 검수에 대하여 감독·관리를 실시한다.

⑨ 환경측정과 정보발표를 책임진다. 환경측정제도와 규범을 제정하고 환경질 측정과 오염원을 감독한다. 환경상황에 대해 조사·평가·예측·예방을 실시하고 국가 환경측정망과 전국 환경정보망을 건립 및 관리하고 환경질 공고제도를 실시하며 국가 환경종합성 보고와 중대한 환경정보를 통일적으로 발표한다.

⑩ 환경보호 과학기술사업을 실시하고 환경보호 관련 중대한 과학연구와 기술공정시범사업을 실시하며 환경기술관리 체계건설을 추진한다.

⑪ 환경보호 국제협력교류를 추진하고 국제 환경협력과 관련된 문제를 건의하고 연구한다. 환경보호 국제협약사업을 협조하여 실

시하며 외교 환경보호 사무를 참여하고 처리한다.

⑫ 환경보호 관련 홍보교육을 조직, 지도, 협조하고 환경보호 홍보교육개요를 제정·실시하며 생태문명건설과 환경친화사회 건설 관련 홍보교육을 실시하여 사회대중과 사회단체가 환경보호에 참여하도록 유도한다.

⑬ 국무원에서 위탁하는 기타 사항을 책임지고 실시한다.

이상의 책임에 따라 환경보호부에 14개의 내설기구를 설치하였는데 그 임무는 다음과 같다.

① 판공청: 문건과 전화, 회무, 기밀, 서류보존 등 기관의 일상운영사업을 책임지며 정보, 안전, 비밀, 서신방문, 정무공개 등의 사업을 책임진다.

② 기획재무사: 환경기능구획, 환경보호기획을 조직하고 편제하며 환경보호 관련 전반적인 계획을 심사한다. 기관, 직속 단위재무, 국유재산 관리, 내부 심사사업을 책임진다.

③ 정책법규사: 환경보호정책을 수립하고 환경보호의 기타 정책 제정업무를 책임지며 법률/법규 규정을 초안한다. 기관의 관련 규범성 문서의 합법성 심사업무를 책임지며 기관행정 재심의, 행정소송 등의 업무를 책임진다.

④ 행정체제 인사사: 기관사업과 파출기구사업, 직속 단위의 인사사업, 기관편제사업을 책임지고 환경보호시스템 지도자의 이중관리 관련 사업을 책임지며 환경보호 행정 메커니즘의 관련 사업을 책임진다.

⑤ 과학기술 기준사: 환경보호 과학기술사업을 책임지고 중국 환경표준, 환경기준과 기술규범의 확정방안을 책임지며 순환경제와 환경보호 산업발전을 참여 및 지도하고 추진한다.

⑥ 오염물배출총량통제사: 주요 오염물배출총량통제와 오염배출 허가증제도를 수립 및 실시한다. 총량통제계획을 제출하고 총량배출저감상황을 심사하며 환경통계와 오염원조사사업을 책임지고 실시한다.

⑦ 환경영향평가사: 환경영향평가, 정책 환경영향평가, 프로그램의 환경영향평가를 책임지며 환경영향평가 기구와 관련 자격을 감독 및 관리한다. 오염물 총량통제지표를 초과하거나 생태파괴가 심각 또는 생태회복임무가 완료되지 아니한 지역에 대하여 오염물배출저감과 생태회복항목 외의 모든 건설 프로그램의 환경영향평가서에 대한 심사를 잠시 중단한다.

⑧ 환경측정사: 환경측정을 조직 및 전개하고 중국 환경상황을 조사·평가하여 예측·예방한다. 중국 환경측정망과 중국 환경정보망의 관련 사업을 책임지고 실시한다.

⑨ 오염방지사: 수질, 대기, 토양, 소음, 빛, 악취, 고체폐기물, 화학품, 자동차의 오염방지법규와 규칙을 수립·실시하고 오염배출신고등록, 성급을 넘는 하류구간수질심사 등 환경관리 제도를 실시하며 오염방지계획을 수립하여 실시상황에 대하여 감독한다.

⑩ 자연생태보호사(생물다양성 보호 판공실 및 중국생물안전관리판공실): 생태보호계획편성사업을 조직한다. 신규 국가급 자연보호구역에 대한 허가의견을 제출하며 국가급 자연보호구역 보호사업에 대하여 감독을 실시한다. 생물다양성 보호, 생물유전자원, 농촌생태환경보호사업을 추진하고 중국 생태상황평가를 실시하며 생태시범건설과 생태농업건설을 지도한다. 또한 중국 생물안전관리 판공실 사업을 책임진다.

⑪ 핵안전관리사(방사능안전관리사): 핵안전, 방사능안전, 방사성

폐기물관리를 책임지고 법률·법규초안 작성사업을 수행하며 관련 정책을 제정한다. 핵사고, 방사능환경사고 긴급대처사업을 책임지고 핵시설안전, 방사원안전과 전자기기복사, 핵기술 응용, 방사성광물자원개발이용 중 오염방지에 대하여 감독·관리를 실시한다. 핵자재의 관리와 민용 핵안전시설의 설계, 제조, 설치와 손상 여부에 대하여 감독·관리를 시행하며 관련 국제협약실시사업을 책임진다.

⑫ 환경감찰국: 환경보호계획, 정책, 법규, 기준실시를 감독하고 중대한 돌발적 환경사고와 생태파괴사건의 긴급대안, 지도, 협조 조사처리사업을 지도 및 협조한다. 다지역 간 환경오염문제를 조정 해결하며 건설 프로그램 환경보호 '3동시'제도를 실시한다.

⑬ 국제합작사: 국제 환경협력 중 관련 문제를 건의·제출 및 연구하고 환경보호 국제협약의 계약을 맡아 처리하며 외교의 환경 보호사무를 참여하고 처리한다.

⑭ 선전교육사: 환경보호선전교육개요를 연구·실시하고 생태문명건설과 환경친화적 사회건설의 선전교육사업을 추진하며 심문심사와 발표를 책임지고 실시한다. 그 밖에 기관당위원회를 두어 기관과 북경 파견기구 및 직속단위의 당과 대중 관련 사업을 책임지도록 하고 있다.

이상에서 보듯이, 중국환경보호부는 과거 국가환경보호총국의 편제와 임무를 그대로 유지하되, 환경문제 해결에 대한 대중참여를 독려하기 위해 갈수록 선전교육사업에 비중을 두는 모습이 주목된다.

다음으로, 성급, 지방 각급 인민정부의 환경보호부문은 환경보호 업무를 추진함에 있어 각급 인민정부에 협조하고 법을 집행하며 감독하는 기관이다. 성(省) 및 지방 각급 인민정부의 직책과 임무로는, 첫째, 관할구역 내 환경보호방침, 정책과 법률법령 집행 둘째,

지방 환경보호기준과 법률 초안 작성, 셋째, 조직적인 환경 감측, 넷째, 해당 지역의 환경질 현황 및 발전추세 파악, 다섯째, 해당 지역의 환경보호 장기계획과 연도 계획 수립, 여섯째, 해당 지역의 조직적인 환경과학연구 및 환경교육을 위한 유관부문 회동, 일곱째, 국내외 환경보호의 선진경험과 기술의 적극적인 보급 등이다.

2) 관료정치체제와 환경당국의 열세

흔히 중국의 환경 거버넌스에 대한 연구자들은 열악한 관료적 지위를 가진 국가환경보호총국과 지방 환보국들이 환경규제의 집행에 있어 한계에 봉착하고 있음을 주장하곤 한다. 모든 수준에서 환경당국들은 경제성장에 책임을 지고 있는 다른 관료당국들로부터 적극적인 지원과 협력을 얻어내기가 어렵다는 것을 깨닫는다. 계획위원회, 경제위원회, 건설위원회, 그리고 산업 및 상업당국들과 같은 강력하고 영향력 있는 정부기구들은 경제성장에 침해를 받게 될까 봐 엄격한 환경적 수단을 고안하고 집행하는 것에 주저하고 있음은 주지의 사실이다. 경제성장에 대한 강한 집착을 가진 중앙과 지방정부는 모두 이들 경제 관료의 편을 들며 두 가지 이익이 충돌할 경우, 환경보호를 경제적 이득에 종속시켜 왔다.30)

중국과 같이 경제발전을 우선시하는 보수관료의 우세성이 보장되는 관료정치 시스템에서는, 정부 내 환경세력이 환경정책의 형성과 이행 과정에서 열세에 빠지기 쉽다. 흔히, 환경문제의 의제가 형성되는 초기에는 국제적 지식공동체 등과의 연계를 확보한 정부

---

30) Carlos Wing Hung Lo and Sai Wing Leung, "Environmental Agency and Public Opinion in Guangzhou: The Limits of a Popular Approach to Environmental Governance", *The China Quarterly* Vol.163(Cambridge University Press, 2000), pp.677−704.

내 환경부처가 의제형성 및 논의과정 초기에 영향력을 행사하는 것이 보통이다. 하지만 점차 국내정책결정과 논의과정에서는 경제발전을 우선시하는 세력에게 우선권을 빼앗기기 십상이다. 특히 중앙정부 부처 내에서 수평적인 행정관할에 걸친 영향력의 저하 외에도, 환경부처는 지방정부와의 관계에 있어서도 상당부분 통제력을 상실하게 된다.[31]

이 같은 현상은 상대적으로 강한 국가자율성과 이중적인 체제원리가 결합한 중국식 사회주의 기제를 통해 더욱 강화된다. 사회주의의 물질적 기초로서 '생산력 해방'이라는 목표와 제도경로에 의존하는 중국의 관료정치는 체제유지와 경제발전을 중시하는 공산당 지도부와 국가계획위원회, 외교부 등 보수세력의 발언권에 힘을 실어주게 된다. 특히 이들 反환경세력은 중국특색의 관료정치 구조 속에서 경제발전에 대한 자신들의 선호를 국가환경정책 결정과정에 반영시키기에 적합한 위치에 있어 왔다. 심지어 환경규제에 가장 1차적 책임이 있는 지방 환경당국조차도 사회적·환경적 이해보다는 지방적·경제적 이해에 추동되어 환경정책의 집행과 감독에 이중적인 자세를 취해 왔다. 이러한 배경하에서 국내 환경보호 세력의 입지가 좁아질 수밖에 없는 것이다.

한편, 사회주의 체제하의 중국 관료체제는 고도의 정치화를 그 특징으로 하는데, 이는 제도적 관성이 되어 시장주의의 접목 이후에도 여전히 시장의 작동보다 우위에 선다. 중국 사회주의 관료체제가 갖고 있는 이 같은 정치화와 위계제도의 복합적인 결과로 인

31) Hyung Kwon, Jeon, Seong Suk, Yoon, "From international linkages to internal divisions in China: The political response to Climate Change Negotiations", *Asian Survey*, Vol.46. No.6, 2006, pp.846 – 866.

해 단위주체 간의 수평접촉은 최소화되었고, 중요사안에 관해서는 정치적 협력에 의존한 반면 기능적인 협력과 교환에 기초한 협조를 간과하는 경우가 허다하다. 중국의 환경정책 기제를 특징짓는 관료 권위주의 이행방식은 공산당과 정부의 지배계층인 국무원, 국가계획위원회의 정치적 우세성을 수반한다.[32] 이러한 우세성은 관료를 통해 하달되는 일련의 강제적인 계획이나 명령 속에 포함되는데, 하부는 상부의 지시에 순응하고 전체의 이익에 조응하여 정책이 결정되는 고도로 획일화된 이행 과정으로 나타난다.

환경정책의 경우, 전국적 수준에서 정치국, 국가계획위원회, 전인대 환경자원보호위원회, 국무원 환경보호위원회, 국가환경보호총국을 비롯한 다양한 행정부서들이 주로 연관되었는데 이 중에서 단지 국가환경보호총국만이 저널이나 공보물을 통해 환경적 수단에 대한 보다 고도의 정치적 우선성을 요구할 뿐 다른 부서로부터는 큰 반응이 부족하여 공개적인 논쟁이 제한되어 왔다.[33]

중국 내 엘리트접근의 과정은 매우 제한적이어서, 환경·과학당국과 같은 보다 친환경적인 관료들에게는 자신들의 견해를 최고지도자에게 제기할 수 있는 사실상의 기회가 주어지지 않았다. 중국에서 환경문제에 관한 외국의 전문가와의 연계를 통해 환경친화적인 중간급 관료 행위자들의 능력이 증진된 것은 사실이지만 관료적이고 제도적인 제약으로 인해 하부의 견해들이 최고 정책결정가에게 효과적으로 전달되지 못했다.[34]

---

32) Lester Ross, *Environmental Policy In China*(Bloomington and Indianapolis: Indiana University Press, 1988), p.11.

33) Eduard B. Vermeer, "Industrial Pollution in China and Remedial Policies", in Richard Louis Edmonds(ed.), *Managing The Chinese Environment*(New York: Oxford University Press, 2000), p.237.

이 같은 관료들의 세력분할 구도는 환경과 자원에 관한 당국의 인식과 관리체계와도 무관하지 않다. 자원과 환경에 관해 중국이 갖는 인식과 입법의 전반적인 경향은 "환경오염 예방처리는 경시하고, 자연자원보호는 중시하는" 풍조였다.[35] 중국당국은 산업발전과 관련 있는 자원관리문제를 우선 처리하고 환경오염문제는 나중에 접근하는 데 익숙해져 있으므로 환경오염관리권은 전통적인 자원관리권 중에서 환경오염을 규제하기 위해 새롭게 분리된 관리권으로 인식된다. 때문에 국가환경보호총국은 자원관리권으로부터 새롭게 분리된 업무인 오염방치업무를 담당하는 지위로 인식되며, 이로 인해 종종 에너지와 자원을 관리하는 정부부처들과 모호한 관계를 드러낸다. 경우에 따라서는 환경과 자원을 둘러싸고 어느 것을 우선시해야 하는가에 대한 해석이 엇갈리기도 한다. 이는 물론 분할적인 중국의 관료정치체제와 밀접한 관련이 있는 것이다.[36]

3) 분권화와 국가환경보호시스템의 취약성

중국의 환경보호당국은 지난 20년 동안 환경보호국 – 국무원 내 부서급총국 – 국무원 내 정식 행정부서(환경보호부)로 격상을 거듭하면서 확실한 집행력을 갖추기 위해 형식적으로 강력한 정책, 법률 및 규제권한을 가져왔다. 그러나 분권화는 지방정부를 강화시키

---

34) Hyung Kwon, Jeon, Seong Suk, Yoon(2006), pp.846 – 866.

35) 중국 지도자들은, 장차 인간에 대해 직접적으로 경제 혹은 기타 이용할 가치가 있는 자연물을 '資源'이라 칭하지만, 그러나 인간에 대하여 간접적인 가치 혹은 무용물로 여겨지는 자연존재물 혹은 현상 등을 통칭 '環境'이라는 분리적 사고를 갖고 있다. 金瑞林, 汪勁, 『中國環境與自然資源立法若干問題硏究』(北京: 北京大學出版社, 1999), pp.8 – 13.

36) 金瑞林, 汪勁, 『中國環境與自然資源立法若干問題硏究』(北京: 北京大學出版社, 1999), p.14.

고 일반적으로 근시안적이고 경제성장에 초점을 둔 지방적 이해의 영향력을 증가시킨 나머지 중앙의 환경보호당국에 대해 제한된 집행능력을 갖게 함으로써 환경관리에 오히려 역행하는 결과를 초래하였다. 비록 고위 관료들이 환경보호를 공약하지만, 그들은 환경보호를 촉진하거나 지방급 정부들로 하여금 환경보호에 관심을 쏟도록 강력히 유도하기 위한 충분한 자원을 제공하지 못한다.

이미 살폈듯이, 지속적인 경제성장 추진의 필요성과 예산상의 제약에 직면한 중국정부는 1998년 행정개혁 차원에서 본격적인 분권화를 단행한다. 중앙정부로부터 지방정부로의 권한 이양으로 간주되었던 분권화는 보다 효율적이고 반응적인 정부를 만드는 데 기여할 것으로 간주되어 왔다. 하지만 중국에서 환경보호 사례들이 보여주듯이, 분권화는 항상 이점만 존재하는 것은 아니다. 지방정부는 단기적인 경제성장에만 관심이 있으므로 환경보호에 어긋나는 결과를 불가피하게 초래하게 된다. 또한 중앙에서 지방의 관련 영역의 기구들 사이에 형성되는 이른바 '티아오콰이(條塊)'라는 관리체제와 지방단위에서 작동하는 관리체제 사이의 마찰이 존재[37]함에 따라 환경보호 부문에서조차 중앙과 엇박자 상황이 연출되고 있다. '티아오콰이'란 정치적으로 재정권(財政權), 주요 인사권(人事權), 전국적 주요 사무의 결정권 등 중앙 집권(集權)적 관리체제, 즉 '티아오(條)'와 지방단위에서 작동하는 방권(放權)적인 지역관리체제, 즉 '콰이(塊)' 사이의 마찰현상을 일컫는다.[38]

중국에서 개혁이 시작됨에 따라, 중앙정부는 점차 분권화된 통제를 시작한다. 지방정부는 정책개발과 이행에 걸쳐 책임이 점차 증

---

37) 이남주(2007), pp.24－25.
38) 李對, 王莉, "市張體制下中央與地方利益關係論", 理論學習月刊, 第3期(1998), pp.92－94.

가된다. 하지만 분권화는 지방의 省이 중앙으로부터 독립한다는 것을 의미하지는 않는다. 중국의 최고지도자는 거시적인 통제를 강화함으로써 미시적인 통제의 감소를 보완하여 왔다. 그리하여 중앙정부는 하급 지방정부가 활용하기 힘든 정보와 기술 등의 자원에 대한 우선적인 접근이 보장되어 왔다. 게다가, 중앙정부는 지방정부의 최고지도자를 임명하거나 교체 혹은 해고시킬 수 있는 통제권한을 갖고 있으므로 중앙정부에 대해 지나친 독립을 표명하는 성급 관료는 좌천, 승진보류 혹은 한직(閒職)으로 좌천되는 위협에 직면한다. 환경보호 영역에 있어, 중앙정부는 입법과 규제 및 하급정부들에 의해 정책들이 이행될 수 있도록 우세한 책임을 보유한다.[39]

중국의 법률에 따르면, 모든 지방의 성급 정부가 전국적 환경보호 정책을 집행하는 것을 요구한다. 따라서 모든 성, 현 및 향들은 환경보호정책을 집행할 책임을 가지고 환경보호 단위를 수립하였다. 이러한 단위들은 또한 환경보호를 위해 오염을 감시하고, 성과를 유지하고 벌금을 징수한다. 국가환경보호총국은 이러한 환경보호 노력들을 감독하고 조정한다. 이론상 지방 환경보호국은 환경보호총국과 그들의 지방정부에 속해 있다. 그러나 지방환경보호국의 재정은 대부분 전적으로 지방정부에 의존하므로, 이들 정부는 지방환보국에 대해 중앙의 환보총국보다 큰 영향력을 행사해 왔다.[40]

지방정부 수준에서, 효과적인 환경보호의 이니셔티브를 이행하고 집행하는 데 필요한 자금과 자원들은 지방의 책임이 된다. 국가는

---

39) Jonathan Schwartz(2004).
40) 지방 환보국들은 재정적으로 궁한 국가환보총국으로부터 아무런 자금지원도 못 받아 왔다. 대신, 그들의 자금은 두 가지 출처에서 나온다. 즉 지방정부 예산과 벌금 및 세금이 그것이다.

자원들을 가장 절박하고 보상적인 부문에 집중함에 따라 환경보호
는 대부분 관료들에게 장기적이고, 산만하고 논쟁적인 이득으로 간
주된다. 반면, 일자리 창출이나 기간산업의 발전은 이러한 활동을
뒷받침하는 관료들의 정당성에 기여하는 즉각적이고 명백한 이득
을 가져다주기 때문에 국가행위자 및 국내행위자들의 주요한 관심
이 환경보호에 맞춰질 가능성이 거의 없는 것이다.

　이상과 같은 분석에 기초할 때 중국에서 분권화는 환경보호를
강화시키지 않고 있음을 분명히 알 수 있다. 따라서 중앙정부는 환
경보호에 있어 새로운 파트너(환경시민사회)를 모색함에 따라 이제
는 환경시민사회가 국가 관료들이 남긴 갭을 보상할 수 유일한 대
안으로 떠 오른 것이다.

3. NGO와 환경시민사회의 부상

1) 환경 NGO의 부상과 성장배경

　중국에서 환경 NGO의 등장은 1990년대 중반에 시작되었고 불
과 몇 년 안에 가속화되었다. <그림 3>에 나타나듯이, 1994년에
는 학생조직을 포함해 겨우 9개의 환경 NGO가 있었을 뿐이었는
데, 1996년에는 그 숫자가 10개의 학생 조직을 포함해 28개로 증
가하였다. 1997년에서 1999년 사이에는 그 숫자가 급격히 증가하
였고, 2001년 4월, 학생 환경 조직의 숫자만도 184개에 달했다.
2002년에는 일반 환경 NGO들은 73개로 증가하였다.[41] 그러다가

41) Guobin Yang, "Environmental NGOs and Institutional Dynamics in China", *The China Quarterly* 181(2005), p.51.

환경 NGO가 등장한 10년째인 2000년대 중반에 접어들면서 그 숫자와 활동가들의 숫자는 기하급수적으로 늘어났다.

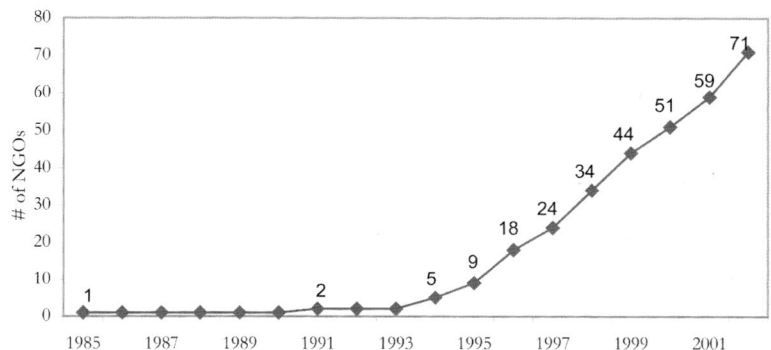

(출처: Jennifer Turner(ed.), *China Environmental Series, Issue 5*(2002); Tsinghua University NGO Research Centre(ed.), 500NGOs in China; Guobin Yang, "Environmental NGOs and Institutional Dynamics in China", *The China Quarterly* 181(2005), p.51에서 재인용)

〈그림 3〉 중국의 환경조직(학생조직 제외) 성장 현황(1985 - 2002)

2008년 10월 중화환경보호연합회에서 발표한 <2008 중국환경보호민간조직발전현황보고(2008中國环保民間組織發展狀況報告)>에 따르면, 2008년 현재 중국환경민간조직 총수는 3,539개(홍콩, 마카오, 대만지구를 포함)에 달하며 그 종사인원은 30만에 달한다. 환경조직의 총수는 2005년에 비해 771개나 증가하였다. 이 보고에 따르면, 2008년 10월 현재, 전국적으로 정부주도형 환경 NGO(GENGOs)가 1,309개, 학생 환경조직이 1,382개, 민간주도형 풀뿌리 환경 NGO가 508개, 국제 환경 NGO의 중국지부조직이 90개, 홍콩과 마카오, 그리고 대만의 환경보호조직이 약 250개가 존재한다.[42] 그중에서 특히 순수 민간환경단체라 할 수 있는 풀뿌리 환경 NGO들은 2005

---

42) 新華网北京 2008年10月30日(http://www.bj.xinhuanet.com/).

년부터 3년간 약 300개가 증가하였는데 이는 2005년에 비해 두 배 가량이나 증가한 셈이다. 특히 北京, 广東, 湖北, 云南, 西藏, 新疆 등지의 풀뿌리 환경 NGO들이 신속하게 증가하고 있는 것으로 나타났다.[43]

이처럼 중국 환경 NGO들은 양적으로 증가하고 있을 뿐만 아니라 활동조건도 상대적으로 개선되고 있다. 동 보고에 따르면, 55.2%의 환경조직들이 전용 사무실을 갖추고 있었는데 이는 2005년에 비해 15.2% 증가한 것이고, 26%의 환경 NGO들이 고정적인 수입원이 있었는 바, 이는 2005년에 배해 2.1%가 증가한 셈이다.[44]

중국에서 본격적인 시민단체 설립 초기에는 지식인이나 명망가 등 엘리트들이 주도했다면, 2000년대에 들어서는 젊은 층과 일반인들이 대거 시민단체나 시민운동에 참여하는 양상을 보이고 있다.[45] 이러한 환경 속에서 중국에서 환경조직은 정부환경정책에 영향력을 행사하고, 각급 정부단위에서 환경정책과 법규에 따라 제대로 책임을 이행하는지를 감독하고, 환경선전교육에 종사하며, 공중들의 참여를 독려하는 등 적극적인 역할을 함으로써, 정부환경보호정책의 성공을 위한 보완적인 역할을 담당해 왔다.

1949년 이후 중국에서 NGO의 발전은 4단계의 발전을 거치었다. 제1단계는 1949년부터 1966년까지의 초기단계로서, 이 기간 동안

---

43) 新華网北京 2008年10月30日(http://www.bj.xinhuanet.com/).

44) 이와 동시에 환경 NGO들의 발전 과정에서 자금 조달능력이 취약하고, 인재가 부족하고, 조직능력이 취약한 문제점들도 여전히 존재함을 보여주었다. 新華网北京 2008年10月30日(http://www.bj.xinhuanet.com/).

45) 또 1990년대에는 단체들이 정부와의 갈등을 최대한 피하거나 최소화하려는 태도를 보였지만, 최근에는 종종 정부와 대립하는 경우도 늘고 있다. "'중국 엔지오 현황' 특강 한 왕밍 칭화대 교수", <한겨레신문> 2005.8.21 (http://www.hani.co.kr, 검색일: 2008. 10.11).

정치적으로 흡수할 목적으로 건립된 청년연맹, 여성연맹(婦聯), 상공인연맹, 과학자협회 등 대형 인민단체와 대량의 학술성, 문예부문 사회단체들이 출현하였다. 제2단계는 1966년부터 1978년까지 정체기이다. 이 단계는 '문화대혁명'의 영향으로 이미 성립된 사회단체 일부가 활동을 정지당하였고, 더욱이 새로운 사회단체의 출현은 금지되었다. 제3단계는 1978년부터 1995년의 회복 발전시기로서 개혁개방의 요구를 위해 사회단체가 대량으로 출현하고, 특별히 업종협회(行業協會), 기금회 등이 신속히 발전하였다. 제4단계는 1995년부터 현재까지이다. 앞의 몇 가지 단계와 비교할 때, 이 단계의 중국 NGO는 실질적인 변화를 보여주고 있으며, NGO가 사회경제 및 정치발전에서 차지하는 새로운 역할과 특징을 보여주고 있다.

일찍이 '아래로부터 위로'의 NGO들은 대부분 북경, 윈난 등지에 집중해 있으며, 활동 영역도 여성, 환경보호, 상부상조 등의 영역에 집중되어 있다. 1995년 이후, 칭화대학이 전문적인 NGO 연구소를 설립했을 뿐만 아니라, 베이징대학, 푸단대학(夏旦大學), 중산대학, 중국인민대학 역시 유사한 연구기구를 잇따라 설립하였고, NGO 역시 인기 있는 학과로 점차 발전하였으며, NGO와 관련된 서적과 논문들이 날이 갈수록 풍부해지고 있다. 어떤 정부부문은 특별히 환경보호, 빈곤부조, 업종관리, 공동체건설(社區建設) 등 영역에서 NGO의 역할을 중시하기 시작했다. 2000년 들어 이러한 조직은 상하이, 텐진, 충칭 등 직할시와 河北, 陝西, 四川 등 많은 성급 도시, 심지어 부분적인 농촌지구에서 확산되기 시작하고 있으며, 활동 영역 또한 전통적인 여성, 환경보호, 불우이웃돕기 등의 영역에서 도시내 농민공 유동인구, AIDS, 법률지원, 아동학대, 고아 및 범죄자녀의 교양 등으로 확대되고 있다.

그렇다면 중국에서 NGO가 성장하게 된 보다 근본적인 계기는 무엇일까? 그것은 바로 계획경제체제를 탈피하여 시장경제체제로 도입한 개혁개방정책에서 찾을 수 있다. 중국 정부는 1992년 중국 공산당 제14차 당 대회에서 사회주의 시장경제라는 독특한 시스템을 채택하여, 계획경제 체제 외부에 비국가 행위자의 출현과 이들이 활동할 수 있는 경제활동 공간, 즉 시장의 발전을 용인하였다. 이러한 공간에서 경제부문의 비정부조직들(협회, 상회 등)이 급속히 증가하기 시작한 것이 NGO 발전의 효시라 할 수 있다. 특히 농촌개혁에서 시작해 도시경제체제의 개혁으로 발전한 경제체제의 개혁은 NGO 발전의 원동력이 되었다. 인민공사를 해체한 농촌개혁 등으로 농촌에서 국가와 사회 그리고 개인의 관계에 커다란 변화가 나타났다. 농민의 자율성이 상대적으로 증대함에 따라 농촌에서 NGO가 탄생할 수 있는 기본토대가 되었다. 실제로 개혁 이후 농민들은 농기구의 구매와 농산물의 공동판매, 생산기술의 교류 및 정보습득 등 자신들의 이익을 위해 다양한 유형의 비정부조직을 만들기 시작한다.[46] 농촌을 시작으로 발전하기 시작한 NGO 발전양상은 1984년 이후 개혁의 중점이 도시로 전환함에 따라 도시사회 내에서 자율성을 가진 이익단체의 증가현상을 수반하였다. 국가가 더 이상 단위체제를 통해 도시사회를 통제하고 지배할 수 없게 되었으며 다원화되고 분산된 이익주체들을 새로 구성할 필요성을 갖게 된다.

이처럼 중국식 사회주의의 '거대한 실험' 이후 국가의 경제 영역에 대한 전면적이고 직접적인 통제능력은 상당 수준으로 완화되었

---

46) 조한범 외, 『동북아 NGO연구총서』(서울: 통일연구원, 2005), p.62.

고, 시장경제의 발전에 따라 국가의 사회에 대한 통제와 관리도 변화할 수밖에 없게 되었다. 국가에 대한 사회의 자율적 영역이 점차 증대함에 따라 1990년대 들어서서 중국 내에서는 본격적으로 비국가행위자가 중심이 된 민간사회가 점차 형성되기 시작한다. 환경을 비롯한 사회의 각 영역에서의 국가의 독점적 지위에서 벗어난 사회의 자율적 공간이 점차 확장되면서, 시민사회(civil society)의 형성의 전제가 되는 민간사회조직의 활성화가 자연스러운 사회현상이 되고 있는 것이다.[47]

개혁개방정책과 이러한 체제적 변화에 따라 중국에서 환경 NGO는 다른 부문의 NGO에 비해 특히 빠른 성장을 보일 수 있었다. 다른 NGO와는 달리 유독 이처럼 환경 NGO가 도약하게 된 원인을 살펴보면 다음과 같다.[48]

첫째, 현 단계 환경문제의 비정치성을 들 수 있다. 다른 쟁점과 달리 환경문제는 정치와 대결적인 쟁점이 비교적 적으며 인권운동이나 평화운동에 비해 정치적 민감성이 낮기 때문에 중국 정부에서 비교적 관대하게 대우했으며 이러한 조건에서 다른 분야에 비해 성장 속도가 매우 빨랐다. 오늘날 정부는 한편으로는 NGO가 사회적인 봉사활동을 제공할 것을 희망하며, 다른 한편, NGO 조직의 집단행동이나 이익집단적인 대표행위를 엄격히 제한하는 이중적 전략을 구사한다. 이러한 상황하에서 환경 NGO는 국가에 의해 조직된 GONGO(Governmental – Organized NGO)들이 상당부분을 차지하는데 이들은 주로 환경교육, 일반대중 및 청소년에 대한 환경의식 고양, 식수조림에의 동원 등 비정치적 영역에서 정부의

---

47) 조한범 외(2005), p.55.

48) 中國环境報, 2004.5.11 (http://www.cenews.com.cn).

환경행정을 보완하는 역할을 수행하고 있다. 또한 환경 NGO 활동과 정부의 환경목표가 일치하므로 NGO의 운신 폭이 상대적으로 넓었다.[49] 정부와 사회가 오랫동안 환경문제의 심화에 대한 인식을 하여왔고, 환경보호가 이미 중국의 기본국책과 지속 가능한 발전전략의 중요한 구성부분이 되어 왔다. 정부의 지원하에서 환경 NGO는 환경교육을 대중 속에 여러 경로를 통해 보급하고 있으며 대중 환경의식의 증강을 주도하고 있다. 2003년 9월 1일 실시한 ≪환경영향평가법(环境影響評价法)≫은 정부 규제와 건설항목에서 환경단체의 참여문제에 대해 구체적인 규정을 만들기도 했다.

둘째, 대중동원이 용이하다는 점이다. 환경문제와 매 개인의 신체상의 이익이 상호관련이 있으므로, 대중의 환경의식 증강에 따라, 환경 NGO는 대중의 동원과 공명을 산출하는 데 용이하다. 그리하여 대중들의 적극적인 반응과 각종 자원을 획득하며, 그중 매체자원을 포괄적으로 이용하여 NGO의 목소리를 확산시키고 있다.

셋째, 국제기구의 지원을 들 수 있다. 매년 크고 작은 많은 국제조직들이 중국의 환경 NGO에게 수백만 달러의 자금을 투입한다. 그들은 환경이 중국 대중들의 참여를 촉진시키는 데 유리하다고 인식하고 있다. 상당수의 환경 NGO들은 국제사회의 자금과 기술 지원을 획득하고 있다. 지구환경활동가들의 국경을 넘는 교류와 국제조직의 모범적 등장은 환경 NGO의 성장에 매우 유리하게 작용한다. 중국 칭화대 NGO 연구소 왕밍(王名) 교수가 주장하듯이, 중

---

49) 그러나 최근 중국 환경운동의 방향은 단순한 동식물 보호 차원을 넘어서서 주민의 생존권 보호를 위한 제도 개선 등 좀 더 근본적인 방향으로 가고 있다. 초기의 수동적인 활동은 이제 정부 정책 결정에 대한 공개 항의, 대안 제시, 상호 공조가 가능할 정도로 적극성을 띠고 있다. 이는 환경단체들이 정부 정책 결정 과정에 끊임없이 개입한다는 것이며, 경우에 따라 환경단체가 정부와 정책을 둘러싸고 충돌할 가능성이 커진다는 사실을 의미한다.

국 환경 NGO들이 새로운 도약의 발판을 마련한 계기는 세계 각국 시민단체가 참가해 1995년 베이징에서 열린 '제4회 세계여성대회'였다.50) 이 대회에서 서양의 시민단체 활동가들과 처음 대면한 중국 활동가들은 자신들의 운동 의지를 고양하는 한편 중국 정부의 의식을 전환시켰다. 이때부터 해외 시민단체가 중국 내에서 활동하게 되었고, 이듬해부터 중국에서도 'NGO'라는 용어가 수면 위로 부상했다.

넷째, 인터넷의 발달을 들 수 있다. 인터넷의 발달은 웹을 기반으로 하는 수많은 온라인 환경사이트의 등장을 가져왔고, 이들 인터넷 환경조직은 기존 NGO들이 갖고 있는 등록의 제약이나 활동 공간 및 회원확보 등의 어려움을 극복하고 증가하는 정보욕구를 충족시키는 데 적합한 수단들을 제공해 주었다. 더욱이, 중국의 인터넷 사용자들의 70% 이상은 20~30대의 고학력자인 여론 주도층이며, 정치적으로 민감한 대도시에 집중돼 있고, 인터넷 접속 목적이 정보 획득이라는 면에서 정치·사회에 끼치는 인터넷의 파급효과가 지속적인 관심의 대상이 되고 있다.51)

마지막으로, 환경 NGO와 정부의 연대가 강화되었다는 점이다. 그 배경에는 환경 NGO를 주도하는 지도자들과 정협, 전인대 위원 등과의 개인적인 연대가 매우 중요한 고리로 작용해 왔다. 그 한 사례로서 대표적인 중국의 환경NGO인 '북경지구촌'의 지도자 랴오샤오이(廖曉義)와 환보총국과의 강한 개인적인 연대를 통해 정부의 환경정책이 추진된 점을 들 수 있다.52)

---

50) "'중국 엔지오 현황' 특강한 왕밍 칭화대 교수", <한겨레신문> 2005.8.21 (http://www.hani.co.kr, 검색일: 2008.10.11).

51) 中國互聯网絡信息中心(China Internet Network Information Center) 홈페이지 참조. (http://www.cnnic.net.cn/en/index/)

52) 2005년 3월 3일에 열린, 북경지구촌 랴오샤오이(廖曉義)와 ≪商務周刊≫ 기자들과의

2) 정부와 NGO의 관계

중국에서 단체들이 NGO로 등록하기 위해서는 우선 NGO의 관심 영역에 대한 연계와 함께 정부당국의 검열을 받아야 한다. 초기 전형절차를 거친 후 지원은 민정부에서 행해질 수 있다. 관련 당국은 NGO에 대해 재정적이고 정치적인 사안에 대한 책임을 지면서, 감독과 지도적 역할을 행사한다. 등록은 항구적인 가능성이 배제된 채 연례적으로 갱신되어야 한다. 등록은 NGO 등록과 관리를 규제하는 규칙에 따라 거부될 수도 있다. 게다가, 어떠한 NGO도 이미 존재하는 하나의 NGO 내에 있는 동일한 쟁점 영역에 설립될 수도 없고, 하나의 NGO가 지부를 둘 수도 없다. 이러한 일련의 제한은 정부에게 NGO의 운명을 결정하는 막대한 재량권을 제공한다.

관련된 정부당국은 NGO 활동과 성명서들을 평가하고, NGO를 폐쇄시킬 수 있다. 그 결과 NGO들은 정부의 환경보호 실태에 대한 강한 비판을 피하면서 신중히 처신한다.[53] 이 법을 통해 중국 정부가 민간단체의 활동을 지원하고 활성화하는 것보다는 단체의

인터뷰를 참조하였음: 그녀는 인터뷰에서 "어떤 때는 정부와 비정부의 구별이 없을 정도로 우리는 그냥 다 환보의 팬(發燒友)일 뿐이다."라고 언급하였다. 이 같은 그녀의 말에서 정부관료와 환보인사 간에는 공동이념에 기초한 인간적 우의도 작용하고 있음을 발견할 수 있다. 그녀는 자기가 ≪中國环境報≫의 기자였을 때, 큰 압력에 맞서서 디안지(滇池)의 오염상황을 공포했다는 이야기도 했다. 그녀는 "그때 나는 판웨(潘岳)와 잘 알지 못하는데 이런 보고를 듣고 나서 판웨가 진짜 국장이 아니고 학교 동아리의 리드와 같이 온몸에 열정을 넘쳤다."라고 당시를 회고했다. 1월 18일에 랴오샤오이는 판웨가 환보폭풍을 일으켰다는 걸 알게 되었을 때 걱정이 많이 했다. 그런데 랴오샤오이가 판웨의 생각에 대해 이해할 수 있다고 했다. 그녀는 사람이 일생 간에 꼭 용기를 한번 내고 어떤 일 좀 해야 한다고 했다. 따라서 그 당시에 바쁘지만 그래도 문장을 작성하고 판웨 등에 대해 지지를 표명했다. 그녀가 한편에 자기들이 환보부문 행동에 협력해야 하고 또 한편에 환보부문의 관료와 직원들에서 격려를 많이 받았다고 했다. 환보총국 环評司 국장인 무광풍(牟广丰)도 기자들에게 량총지에(梁從誠), 왕용천(汪永晨), 랴오샤오이 등과 친한 친구 사이고 10년 넘는 우정을 가지고 있다고 했다, "中國NGO興政府的結盟" <商務周刊>2005年第6期(http://www.greenbeijing.net/hem/1308.aspx)

53) Jonathan Schwartz(2004), pp.28-49.

활동을 규제하고 감독하는 데 중점을 두고 있음을 알 수 있다. 따라서 중국에서 민간단체로 등록하는 데에는 매우 많은 시간과 노력이 필요하다. 때에 따라서는 중국 정부의 의도적인 등록 지연으로 인해 등록을 포기하는 단체들도 있다.

NGO의 형성과 운영에 대해 체제적인 분석으로 볼 때, 체제 내의 '위로부터 아래로(上而下型)'의 사회단체의 형성의 주된 동력은 바로 정당(공산당)과 정부의 수요를 충족시키기 위한 것이었다. 그 형성과 활동, 등록 등 관련 사항들은 완전히 정부 주관부문에 의해 결정되는 것으로써 대표적인 정부선택모형으로 볼 수 있다. 이러한 단체들은 인원부족, 운영비, 능력 등 영역에서 한계가 있고 비합리적 구조를 갖고 있는 등 한계들이 나타나고 있다. 이에 반해 '아래로부터(下而上向)'의 단체들의 형성의 주요 동력은 사회적 다원화 수요에 부응하는 것으로 사회적 선택의 모형으로 볼 수 있다.[54]

중국에서 NGO와 정부와의 관계는 다음 <그림 4>와 같이 도식화할 수 있다.

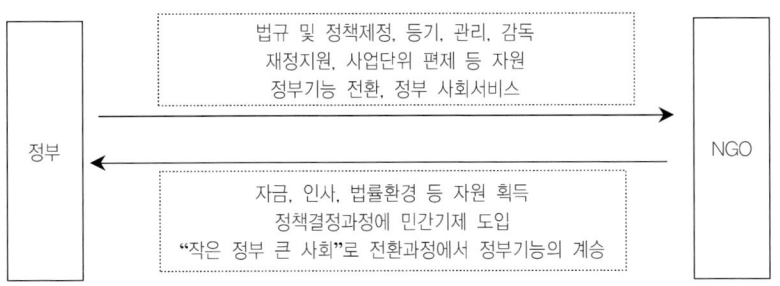

(출처: 賈西津·王名, "两岸NGO发展与现状比较", http://www.wiapp.org/spapers/jiaxj03.html)

〈그림 4〉 중국의 NGO와 정부 간의 관계도

---

54) 王名 等, 『中國社會改革: 總政府選擇到社會選擇』(北京: 社會科學文獻出版社, 2001).

<그림 4>에서처럼, 중국 정부는 NGO에 대해 법규 및 정책제정을 통해 단체 등록과 관리 감독활동을 한다. 하지만 한편으로 NGO의 성장을 위해 재정지원과 사업단위를 편제하는 등 재정적, 제도적 자원을 제공한다. 한편 갈수록 늘어나는 시민사회의 욕구분출과 한정된 정부자원에 직면한 정부로서는 NGO로 하여금 정부기능의 일부를 떠맡도록 하는 일종의 거버넌스 공간을 제공한다. 특히 환경과 같은 분야에서 정부의 사회서비스 업무를 대신 담당하도록 한다. 한편, NGO는 정부 부문으로부터 자금과 인원, 법률서비스 등 자원을 획득하며 정책결정 과정에서 민간기제를 도입하여 참여하고 영향력을 행사한다. 그리고 '작은 정부 큰 사회'로의 전환 과정에서 정부기능을 계승하여 정부의 효율적인 행정관리를 도모할 뿐만 아니라, 시민사회의 역량과 영향력을 점차 확대시키는 기회로 활용한다.

구조적으로 볼 때, 정부와 NGO의 관계는 실제적으로 국가와 사회 간 관계 혹은 제1부문과 3부문 간의 관계로 볼 수 있다. 국가와 사회의 관계에 대해 중국 학계는 주로 세 가지 유형으로 구분해 왔다. 첫째는 '다원주의' 유형으로서, 중국이 현재 국가와 사회의 분화 단계를 거치고 있으며 시민사회가 점차적으로 성장해 나가고 있다고 본다. 둘째는 '중국특색론'의 유형으로서 중국의 국가와 사회의 관계는 실제적인 변화가 나타난 것이라기보다는 사회단체는 '정부'와 '사회' 간에 놓여 있는 '중간층'으로서 정부가 사회를 통제할 수 있는 '제2의 커뮤니케이션 경로'(즉 전송벨트)라고 주장한다. 셋째로, 코포라티즘(corporatism)[55] 유형으로서, 중국의 국가와

---

55) 중국에서는 코포라티즘을 '法團主義'로 표현한다.

사회관계는 실제적으로 변화가 나타나기 시작했지만, 그것은 '다원주의자'들이 말하는 시민사회가 아니라, 일종의 국가 코포라티즘 구조 때문이라고 주장한다.[56]

다음으로, 기능적 측면에서 볼 때, 중국 NGO와 정부의 관계는 NGO와 정부 간의 협력적, 의존적 관계, 충돌과 갈등의 관계로 요약된다.[57] 일부학자들은 NGO를 상층구조 속의 새로운 형식으로 이해하는 경향이 있는데, 이는 정부기능의 변화로 인한 공공기능의 사회화로 정부개혁의 수요가 필연적으로 제3부문의 발전을 촉진시킨다는 것이다.[58]

어떻게 보면 지난 20여 년 동안 사회단체의 신속한 발전은 '중앙집권의 실패'이지 '시장실패'나 '정부실패'의 산물은 아닐 수 있다.[59] 중국학자 장징(張靜)에 따르면, 중국에서 시민조직의 출현은 조직화된 사회연합이 사적인 영역에서 공적인 영역으로 옮겨짐을 의미하며, 이는 새로운 국가와 사회관계의 형태로서 미래사회 시민자치의 모형을 제시해 준다.[60] 이렇듯이, 중국의 사회단체가 과거 전체주의 내지는 권위주의 체제하의 '권력의 시녀'나 '전송벨트' 혹은 당의 '외곽단체', 그리고 배제적 코포라티즘 모델에서 한 걸음 나아간 것은 분명 사실이지만, 이들이 실제 작동하는 국내정치의 조건과 특수성은 여전히 신중히 고려해야 할 변인임에는 틀림없다. 이 점이 바로 이 연구가 섣불리 단일 접근틀로 중국의 국가 – 사회

---

56) 康曉光, 『轉型時期的中國社團』(1999) (http://www.cydf.org, 2005.2.23).

57) 王名 等, 『中國社會改革: 總政府選擇到社會選擇』(北京: 社會科學文獻出版社, 2001).

58) 吳錦良, 『政府改革与第三部門發展』(北京: 中國社會科學出版社, 2001).

59) 康曉光, 『轉型時期的中國社團』(1999) (http://www.cydf.org, 2005.2.23).

60) 張靜, 『公共空間的社會基础』, 中國靑少年基金會, 非營利組織硏究委員會, 『擴展中的公共空間: 中國第三部門年鑑(天津: 天津人民出版社, 2001).

관계와 환경시민사회를 분석하기 힘든 이유이기도 하다.

3) 정부 중심시각에서 본 환경 NGO: 편입과 제휴의 거버넌스

국제사회와 국내 여론으로부터 중국 환경상황 악화에 대해 점차 관심이 높아짐에 따라 중앙정부는 환경보호를 위한 새로운 정책과 법률 및 규제를 개발하여 이에 대응해 왔다. 그러나 이미 살폈듯이 1978년 개혁개방에 따라 환경보호의 이니셔티브는 정책결정과 집행권력을 중앙정부로부터 점차 성급·현급정부로 이양함에 따라 복잡해졌고, 환경보호가 하부단위의 책임이 되는 결과를 초래하고 있다.61) 하부단위의 정부관리들이 정책을 실행하도록 하는 인센티브의 특성상, 환경보호는 종종 경제발전이라는 보다 매력적인 목표에 뒤처지는 결과를 초래한다. 이러한 상황에서 국가개입에 대한 대안의 필요성을 인식한 중국정부는 환경보호라는 부담의 일부를 떠맡는 NGO에게 관심을 돌리게 된다.

자카리아(Fareed Zakaria)가 지적했듯이, 국가는 점차적으로 복잡하고 확장되는 제도 손에서 사회, 경제 및 정치생활의 모든 부분을 지배하기가 불가능하다는 사실을 인지한다.62) 그 결과, 중국정부는 하향식 방식으로 국가의 목표달성을 위해 시민사회 집단의 결성을 허용한 것이다. 이러한 관점에서 프롤릭(B. Michael Frolic)은 중국 중앙정부가 시민사회에 대해 정부를 전복시키기 위해 봉기하는 잠재적인 수단이 아니라, 자비로운 리더십에 의해 위로부터 수여된

---

61) Jonathan Schwartz(2004), pp.28 - 49.

62) Fareed Zakaria, "Bigger than the Family, Smaller than the State", Review of Francis Fukuyama's Trust: The Social Virtues and the Creation of Prosperity(Free Press, 1995) in *The New York Times Book Review*, 13(August, 1995).

은혜의 산물로 간주한다고 주장한다.[63)

슈바르츠에 따르면, 중국정부가 환경분야의 시민사회에 대해 정치공간을 제공하는 까닭은 다음과 같다.[64) 첫째, 대중은 정부보다는 시민사회 조직을 믿을 가능성이 더 크다. 둘째, 이들 조직에 대한 참여자들은 환경보호에 매우 헌신적인 경향이 있다. 셋째, 이들 조직의 활동은 국제사회로부터의 호의와 재정지원을 유인한다. 넷째, NGO들은 그렇지 않으면 융통성 없고 재정 결핍된 환경보호당국의 몫으로 떨어졌을 책임들을 떠맡는다. 다섯째, 환경 악화가 주요한 관심이고, 환경보호는 사회적, 정치적으로 위협적인 요인이 아니다. 여섯째 이러한 조직들은 일반적으로 더 큰 정치적 어젠다가 부족하다. 이러한 맥락에서 중국정부는 시민사회에 대해 정치적 기회공간을 허용하고 있는 것이다.

하지만 슈바르츠가 간파했듯이, 환경 NGO에게 정치적 공간이 열린다고 해서 그것이 중앙정부가 국가에 대한 백화제방식 비판에 백지위임장을 제공하는 것임을 시사하는 것은 결코 아니다.[65) 비록 중국의 환경 NGO가 서구 NGO처럼 '비정부적'이라는 수사를 공유하고 있지만, 사실상 그 맥락은 꽤 상이하다. 서구식 환경 NGO들은 독립적이고 때로 대립적인 방식으로 문제의 스펙트럼을 처리하고 전문적인 기술을 가진 광범위한 활동영역을 포함하지만, 중국정부는 NGO에게 주로 교육을 통한 대중적 각성의 증진, 청결 캠페인의 조직, 중국정부와 직접적으로 활동하기를 거부하는 외국기구들로부터의 지원의 유도 등에 국한하여 임무를 부여한다. 그리고

---

63) B. Michael Frolic, "State Led Civil Society", in Timothy Brook and B. Michael Frolic(eds.), *Civil Society in China*(Armonk: ME. Sharpe, 1997), p.51.

64) Jonathan Schwartz(2004), pp.28－49.

65) Jonathan Schwartz(2004), pp.28－49.

이러한 임무는 정부지시형 위임의 틀 속에서 충족되게 되어 있다.

이러한 위임된 틀 속에서 정보에 대한 제한된 접근과 NGO가 직면한 다른 제약들에도 불구하고 NGO들은 지난 수십 년 동안 환경보호를 위해 많은 일들을 하였다. 주로 환경문제에 대한 대중적 각성 증진, 재활용 장려 등 시민행동을 변화시키기 위한 캠페인을 수행하거나, 국가 지도자에게 영향력을 행사할 목적으로 환경 이슈에 대한 연구를 수행하는 등[66] 허용된 여건 속에서 최대한 활동 영역을 넓히고자 노력해 왔다.

앞서 살폈듯이, 중국에서 환경보호는 여러 가지 이유로 인해 종종 경제발전이라는 보다 매력적인 목표에 뒤처진다. 국가개입의 대안 조치가 필요함을 인정함에 따라 국가는 환경보호라는 부담의 일부를 떠맡는 비국가행위자들에게 관심을 돌리게 된다.[67] 특히 분권화에 따라 환경부문의 영향력이 더욱 취약해진 상황에서, 중앙정부는 악화되는 환경보호에 대해 두 가지 방식으로 대처하고 있다.

첫째, 환경보호부서의 환경보호 권한을 강화하는 데 많은 투자를 해 왔다. 둘째, 중국정부는 환경NGO가 활용할 수 있는 '정치공간'을 확장시킴으로써 시민사회를 하향식으로 부양해 왔다. 중국정부는 첫 번째 방식과 같이 환경보호 부서의 권한을 강화하는 것만으로는 중국의 환경문제 해결을 담보하는 데 불충분한 것으로 판단됨에 따라 제한적이나마 시민사회에 대해 정치공간을 허용함으로써 이를 환경보호에 활용하고자 하였다. 더욱이 중앙의 관료정치와

---

66) Xiaoying Ma and Leonard Ortolano, *Environmental Regulation in China*(Lanham, Boulder, New York. Oxford: Rowman & Littlefield Publishers, INC. 2000), p.72.

67) 슈바르츠(Jonathan Schwartz)에 따르면 중앙정부의 영향력 대신 지방정부의 우위성이 커짐에 따라 공공조직이 그러한 갭을 메울 수 있다고 보았다. Jonathan Schwartz, "Environmental NGOs in China: roles and limits", in *Pacific Affairs*, March 22, 2004.

분권화된 정치지형 속에서 상대적인 입지가 취약해진 중앙 환경당국은 중국의 환경질량을 개선하려는 목표를 갖고 참여하려는 국제적 조직과의 연계망 및 국내적 연계망을 확보함으로써 상대적인 열세를 만회하려고 한다. 이는 흔히 전통적으로 사회주의 국가에서 시민사회단체를 포섭하여 정부의 전송벨트화하려는 전략과는 달리, 시민사회단체의 영향력을 활용해 취약한 정부부처의 정치적 영향력을 확보하려는 일련의 정치적 파트너십으로서 진일보한 면이 있다고 할 수 있다.

일반적으로 국가부문의 환경관리는 다음의 몇 가지 이유 때문에 환경 NGO의 협조가 필요하다.[68] 첫째, 국가의 특정부문은 환경운동조직의 역량을 이용하여 다른 부문의 협력을 이끌어 내고자 한다. 둘째, 국가부문이 실행하고 싶지 않거나 혹은 실행하기 어려운 환경활동을 환경운동조직에 위탁하고자 한다. 셋째, 국가의 특정부문은 영향력 있는 환경운동조직과의 협력을 통해 사회적 이미지를 제고하며 자신의 특수이익을 보존하고, 동시에 정치적 자원을 동원하고자 한다. 넷째, 환경문제에 대한 정부의 책임을 경감시키기 위하여 환경조직의 발전을 지지하고, 이러한 환경조직이 다시 정부의 환경부서를 지지하는 순환구조를 탄생시킨다.[69]

중국의 환경운동조직은 국가와 사회를 매개하거나 혹은 국가의 역할이 축소되거나 미치지 못하는 영역을 보완하는 차원에서 국가와 협력관계를 유지하고 있다.[70] 정부와 민간환경세력 간에 맺어진

---

68) 박윤철, "중국사회의 환경의식 대두와 환경운동단체의 조직화", 『중국학연구』 제39집 (2007), p.353. 참고.

69) 童燕齊, "轉型社會中的環境保護運動:臺灣和中國大陸的比較硏究", 張茂桂 外 主編, 『兩岸社會運動分析』(臺北: 新自然主義出版社, 2003), p.406; 박윤철(2007), p.353에서 재인용.

이러한 미묘한 연맹관계가 중국환경운동의 중요한 특징이 되고 있으며 환경부문에서 거버넌스로 점차 발전되어 가고 있다.

판웨(潘岳)와 같은 고위급 환경당국 간부들이 환경보호에 종사하는 NGO들의 필요성을 주장하는 것은 이제 일상적인 일이 되고 있다. 국가환경보호총국(SEPA)은 NGO와의 협력네트워크를 구축하고 지방의 풀뿌리 소규모 조직들을 훈련하기 위해 전문가들을 지원하는 데 도움을 줄 것이라고 공개적으로 밝히기도 했다.[71] 권력의 확보나 환경보호사업의 수행에 따른 국가환경보호총국의 역할을 이행하려고 할 때, 강대한 경제부문과 맞서고 있는 환보총국의 규모나 힘이 미약한 상황에서 NGO와 같은 동맹군을 찾는 것은 환보총국의 당연한 선택으로 보인다.

이러한 배경에서 중국에서는 점점 강해지고 적극적으로 정부와의 협력할 길을 찾고 있는 환경 NGO들이 국가환경보호총국의 제일 중요한 외부 협력자가 되어 온 것이다. 또한 정부 환보총국은 일찍이 두강언(都江堰) 보호, 쯔핑푸(紫坪鋪)저수지의 건설에 대한 반대, 그리고 베이징동물원(北京動物園)의 이전에 대한 반대활동 등을 통해서 환경 NGO가 '아래로부터 위로의' 사회동원과 대중매체 활용 등 면에서 특별한 우세를 가지고 있다는 걸 발견했다. 그리고 이런 면들이 바로 정부가 하기 어려운 영역이었으므로 각종 환경분쟁 과정에서 정부와 사회의 환경보호 세력 간에는 어느 정도 묵계를 갖고 있었던 것이다.

---

70) 王名主編,『淸華發展硏究報告2003: 中國非政府公共部門』(北京: 淸華大學出版社, 2003), pp.132－147.

71) Elizabeth Economy, "Environmental NGOs in China: Encouraging Action and Addressing Public Grievances", the Congressional－Executive Commission on China(Washington: U.S. Government Printing Office, 2005.2.7) (http://www.cecc.gov/pages/roundtables/020705/index.php).

중국에서 환경 NGO는 정부와의 이러한 배경 속에서 급속히 성장해 올 수 있었던 것이다. NGO에 대한 홀시로부터 정부조직과의 연합이라는 성과까지 이룩할 수 있었던 한 가지 중요한 요소는 정부환경부문이 자신의 소리를 크게 높였다는 사실도 작용한다. 그동안 오랫동안 정부 환보부문은 정부 내에서 약자의 역할을 해 왔다. 지방정부들이 경제발전을 위해 여러 프로그램을 만들어 내도 환보부문이 반대 목소리를 내지 못하는 실정이었다. 하지만 <환평법(环評法)> 공포 이후, 국가발전개혁위원회(國家發改委)의 환경사(环境司)와 환보총국 간에 환경평가의 심사비준에 있어서 권한이 분명하지 않게 되었다. 2005년 1월, 국가환경보호총국이 단행한 소위 '환보폭풍'[72] 이전에는 프로그램 심사권에 있어서 국가발전개혁위원회가 환보총국보다 컸는데 현재는 환보총국이 법에 의거해 국가발전개혁위원회로부터 그러한 분권을 요구하는 것이다.

환경부문에서의 정부와 NGO의 우호적인 관계가 곧바로 중국정부와 NGO의 관계에서도 재현되는 것은 아니다. 오히려 중국정부는 현재 <사회단체의 등기와 관리에 관한 조례>를 통해 중국의 민간단체를 규제하고 있다. 이 법은 중국에서 민간단체로 등록하기 위해서는 각 지역별 행정기관에 등록을 마쳐야 하는 것뿐만 아니라 '주관단위'라고 하는 민간단체가 일정 급별의 당정기구의 감독을 받아야 함을 명시하고 있다(双重管理體制). 등록이 안 되는 것은 그 NGO가 독립적이고 법적 사회적인 조직이 될 수 없음을 의미하고, 또한 후원단위를 가질 수 없을 것임을 의미한다.[73]

---

72) '환보폭풍'에 대한 자세한 내용은 제6장 2절의 사례를 참조.

73) Jin Jiaman, "The Growing Importance of Public Participation in China's Environmental Movement", Woodrow Wilson International Center for Scholars Green NGO and Environmental Journalist Forum(April 2001), p.5.

이러한 관리체계를 '이중 분층 관리체계'라 할 수 있는데, 이는 1989년 10월 25일 국무원이 발표한 <사회단체의 등기와 관리에 관한 조례>에 근거하여 실시된 것으로 '이중관리'와 '분층관리'의 두 부분으로 구성되어 있다. 이중관리란 사회단체가 동시에 두 개의 관리기관을 가지고 있음을 가리키는 것으로, 하나는 '등기관리 기관'이며, 다른 하나는 '업무주관단위'이다. 분층관리란 사회단체의 등기관리기관과 업무주관단위가 관할하는 행정적 범위가 사회단체의 활동범위와 서로 일치한다는 것이다. 이 가운데 매우 특징적인 것이 바로 이중관리인데, 이 제도는 1998년 수정 공포된 <사회단체의 등기와 관리에 관한 조례>에서 더욱 강화되었다. 또한 2000년에 민정부가 발포한 <통지>를 통해 업무주관단위의 조건이 더욱 구체화됨으로써, 이러한 추세가 계속해서 이어지고 있음을 볼 수 있다.[74]

이 같은 일면 모순적인 현상은 바로 중국의 NGO와 정부관계가 안고 있는 특징적인 요소에 기인한다. 즉 마르조크(Marzouk)가 지적했듯이, 중국과 같은 제3세계의 경우, NGO는 "국가의 권위주의적 성격에 의해 자율성의 침식과 관변화의 위험요소를 내재하고 있으며 동시에 민주화의 엔진(engine of democratization)으로서 시민사회의 저항을 촉발시킬 수 있는 잠재적 자원"[75]이라는 이중적 가능성을 내포하고 있는 것이다.

정부로서는 정부가 주도하는 일련의 통치구조를 허물지 않은 범

---

74) 하도형, "중국의 시장전환기 사회단체에 대한 연구: 중국기업연합회/중국기업가협회를 중심으로", 대외경제정책연구원, 중국경제연구회결과보고서(2003.6.25), pp.12－13, (http://www.kiep.go.kr/koipe/conference_view.asp?num=176943).

75) Marzouk, M., "The Associative Phenomenon in the Arab World: Engine of Democratization or Witness to the Crisis?", in D. Hulme and M. Edwards(eds.), *NGOs, States and Donors: Too Close for Comfort?* (New York: St. Martin's Press. 1997), pp.191－201.

위 내에서 시민사회의 편입과 제휴를 이끌어 내고자 NGO의 활동에 대한 묵계에서부터 지지와 동맹으로 발전할 수 있었다. 하지만 한편으로는 NGO가 정부의 자율성을 침식할 정도로 커짐으로써 중국에서 정치적으로 저항적인 시민사회가 형성되는 것을 막기 위해 이러한 통제기제를 동시에 작동시키고 있는 것이다.

제5장

환경 NGO의 유형과 역할

중국의 환경보호 NGO는 1990년대 중반 이후 지금까지 중국에서 가장 활발하고 영향력 있는 민간조직이다. 이들은 대중을 상대로 환경교육과 홍보 및 참여를 동원하고, 정부부문과 협력 내지는 정책옹호를 통하여 공동으로 환경정책 수립과 집행 및 감독을 실행하고 기업의 환경의식을 강조하며 감시하는 등 매우 큰 역할을 하고 있다.

중국에 존재하는 비국가 사회조직은 우리가 흔히 말하는 NGO와 개념을 구분할 필요가 있다. 일반적으로 NGO란 일정한 제도와 기구를 가지고 있는 조직성, 제도적으로 국가와 분리되어 있는 사유성, NGO의 경영자와 소유자에게 이윤을 제공하지 않은 비영리성, 기본적으로 독립적으로 업무를 처리하는 자치성, 구성원의 자발적인 참여와 자금으로 구성된 자원성 등을 들 수 있다.[1] 중국에서 NGO를 통칭하는 개념으로 민간조직(民間組織) 혹은 민간단체(民間團體)라는 개념이 널리 사용된다. 중국정부가 발간하는 『민정

---

1) 任進, 『政府組織與非政府組織』(山東: 人民出版社, 2003), p.162.

통계연감 民政統計年鑑』 등의 자료에서는 중국어로 '민간조직'(民間組織)이라는 용어를 사용하고 영어로는 'Non-Governmental organization (NGO)'으로 번역한다.[2] 하지만 모든 민간조직을 자주적 사회조직 혹은 우리가 일상적으로 말하는 NGO로 간주하기 힘들며, 민간조직 자체의 분석만 갖고 시민사회 혹은 거버넌스의 특징을 살피는 것도 가능하지 않다. 중국의 민간조직은 조직의 인사, 재정, 운영 등에서 국가의 직접적인 통제를 받으며 사실상 국가기구와 커다란 차이가 없는 조직(관변조직)에서부터, 간접적인 통제를 받는 조직(반관반민조직), 자주적 민간조직을 모두 포함하고 있기 때문이다.[3]

이러한 복잡성과 한계에도 불구하고, 중국 내에서 순수한 자주적 민간조직만을 따로 분류하여 분석하기가 현실적으로 불가능하기 때문에, 여기서는 중국에서 활동하고 있는 사회단체(社團), 비영리 단체 등을 통틀어 NGO라 칭하여 함께 분석대상으로 삼는다.

이 장에서는 우선 NGO의 중국적 개념과 유형을 분류하고, 중국 환경 NGO의 활동과 역할을 분석한 후, 유형별 주요 환경 NGO들의 조직특성과 활동 현황을 살필 것이다. 그리하여 중국에서 환경 NGO가 갖는 조직적 특성과 역할을 규명하고자 한다.

1. NGO의 중국적 개념과 유형분류

중국에서 사회단체는 대개 '비정부'를 의미하는 '민간(民間)'으로 간주되는데, 이러한 개념은 중국에서 출현한 사회단체를 '사회세력

---

2) 이남주(2007), pp.18-19에서 재인용.
3) 이남주(2007), p.19.

이 국가로부터 독자성을 추구하는 증거'로 간주하게끔 한다.[4] 중국의 사회단체를 선진국에서 사용하는 '비정부' 혹은 '민간기구'라는 개념과 구별 없이 사용함으로써 중국의 시민사회가 갖는 독자성을 부각시키려는 시도는 일면 그동안 암상자(black box)로 가려졌던 중국의 국내정치를 새롭게 파헤칠 수 있는 분석도구를 제공하였다는 점에서 의미가 클 것이다.

사실 중국에서 인식하는 NGO의 개념은 국제사회에서 통용되는 NGO의 특성인 비정부성, 비영리성, 비정치성, 비종교성 등의 의미를 기본적으로 갖고 있다. 중국에서 정부 이외의 모든 사회조직으로는 비영리성 사업단위와 사회 중개조직, 인민단체, 사회단체, 기금회, 민간비영리기업(民辦非企業單位) 등이 있는 바 이들이 넓은 의미에서 중국의 NGO에 포함된다고 할 수 있다. 하지만 중국 NGO의 대부분은 위로부터 추진한 개혁정책의 영향으로 정부에 의해 설립되었다는 점을 상기한다면, 이들 조직을 모두 NGO에 포함시키는 것은 무리가 있다. 위로부터 조직된 중국의 NGO(흔히 GONGO로 불림)들은 활동과 운영에 있어 정부로부터 혜택과 동시에 관리통제를 받기 때문이다.[5]

이러한 점에서 중국의 NGO는 일반적인 NGO의 특징들을 가지고 있을 뿐만 아니라, 중국적 특징을 동시에 가지고 있는 것이다. 즉 중국의 사회단체는 피상적으로 새로운 사회단체를 의미하는 것 같지만 그 내막을 살펴보면 역시 정부의 예속을 받고 있음을 엿볼 수 있다. 이를 바로 중국 NGO의 '형질동이(形同質異)', 즉 모양만

---

4) Robert F., Miller(ed.), *The Developments of Civil Society in Communist Systems*(North Sydney: Allen and Unwin, 1992); S. Frederick. Starr, "Soviet Union: A Civil Society", *Foreign Policy* 70(Spring 1988), pp.26－41.

5) 조한범 외(2005), p.58.

같고 질적으로는 서로 다른 특성이라 할 수 있다. 즉 제도적 속박은 중국 관변단체의 '형동질이'성의 근원이라 할 수 있다.[6] 일부 학자들은 또 이중관리체제가 바로 중국 사회단체의 '반관반민(半官半民)'적인 법률적 지위를 규정하였다고 한다. 즉 '관'이나 '민'의 이중경로를 통해 자원을 획득하다 보니 활동은 '관, 민' 간의 중간에서 진행될 수밖에 없는[7] '중개체(仲介體)'의 특징을 지닌다는 것이다. 제도적으로 볼 때 '관민이중성'은 사회단체들이 조직비용이 관변조직의 비용보다 높다는 사실에 기인하여 자주성을 희생시키는 대가로 대부분 관변조직에 가입하게 되는 것으로 자신의 권익을 보호하려 한다.[8]

중국에서 활동하고 있는 이들 사회단체(社團), 비영리단체 등을 통틀어 NGO라 할 때 각 NGO는 모두 정부와 어떤 관계 속에서 건립되었는가 하는 문제가 있다. 이러한 문제는 중국NGO를 고려함에 있어 우선적으로 중요하게 대두되는 문제이다. 대개 중국의 NGO는 '위로부터 아래로'와 '아래로부터 위로' 두 가지 유형으로 구분된다.

중국의 환경 NGO와 제도를 연구한 양(Yang)에 따르면, 환경조직들의 등록 여부에 따라 다음 <표 3>과 같이 7개의 유형으로 분류될 수 있다. 여기에는 등록된 NGO를 비롯해, 비영리기업, 미등록자원조직, 인터넷조직, 학생조직, 대학연구조직, 그리고 정부조직이 해당된다.[9]

---

6) 沈原, 孫五三, 『"制度的形同質異"與社會團體的發育』(1999) (http://www.cydf.org, 2005.2.23).

7) 康曉光, 『轉型時期的中國社團』(1999) (http://www.cydf.org, 2005.2.23).

8) 于曉虹, 李姿姿, 『當代中國社團的"官民二重星"的 制度分析』人大資料 『社會學』月刊 2002年 1期((2002).

9) Guobin Yang, "Environmental NGOs and Institutional Dynamics in China", The China Quarterly 181(2005), p.50.

<표 3> 중국 환경 NGO의 조직유형과 등록현황

조직 유형		등록 여부	NGO 사례
민간주도형 (NGO)	등록된 NGO	사회단체, 민간비영리기업으로 등록	自然之友, 綠色江河(Green River)
	비영리기업	工商조직(사업체)으로 등록되었으나 비영리조직의 기능 수행	北京地球村, 北京環境與發展硏究所 (Institute of Environment and Development)
	미등록 자원단체	NGO로 기능하는 미등록 조직들	綠家园志愿者
	웹 기반 단체들	인터넷을 통해 활동하는 비등록 조직들	Green—Web, Greener Beijing
	학생 환보 社團	대학의 Youth Leagues로 등록되어 NGO로 간주되는 기능 수행	四川大學 環保志願者協會
	대학 및 연구기관	고등교육 기구의 부속기구이면서 NGO로 활동	中國政法大學汚染受害者法律幇助中心(CLAPV)
정부주도형(GONGO)		정부당국에 의해 설립된 사회조직 이면서 동시에 국유 NGO로 알려진 조직들(State—Owned NGO)	중국환경과학학회

(출처: Guobin Yang, "Environmental NGOs and Institutional Dynamics in China", *The China Quarterly* 181(2005), p.50)

그러나 이와 같이 등록 여부에 따라 중국의 NGO를 분리하는 것은 중국 NGO가 갖고 있는 제도적 동학을 밝히기에 분석적 함의가 적다고 보인다. 따라서 여기서는 중국 칭화대 NGO 연구소에서 구분한 방식, 즉 해외, 민간, 정부라는 세 행위자별로 설립주체(지도자)와 재원의 출처라는 두 변인을 축으로 한 유형분류를 참고로 하여 접근하도록 하겠다.

칭화대 NGO연구소의 왕밍(王名)등에 따르면, 중국의 환경단체는 설립주도가 누구냐에 따라 정부주도설립 환경단체(Environmental GONGO)와 민간주도설립 환경단체(Environmental NGO)로 나눌 수 있다. 사실상 재정의 출처(재원)와 설립/지도자에 따라 이러한 두 가지 변인은 더욱 구체적으로 분류될 수 있다. 대개 중국의 NGO

는 자금의 출처와 지도인사에 따라 해외, 민간, 정부수준을 기준으로 총 7가지의 유형으로 분류된다. 그중에서도 정부설립 환경조직(GONGO)은 <표 4>의 NGO1에, 민간주도 환경조직은 NGO5에 해당한다. 민간 환경단체들은 설립주체의 성격에 따라 다시 개인 NGO 그룹과 학생운동그룹, 그리고 국제 NGO 그룹으로 나누어 볼 수 있다. 정부와의 관계만을 놓고 볼 때 NGO7 이외에, NGO1은 표준적인 '위로부터 아래로(自上而下)'의 NGO이다. NGO5와 NGO6은 전형적인 '아래로부터 위로(自下而上)'형 풀뿌리 조직에 속한다.

〈표 4〉 중국의 NGO 유형 분류

재원 \ 설립/지도	政府	民间	海外
海外	NGO3	NGO6	NGO7(INGO)
民间	NGO2	NGO5(NGO)	*
政府	NGO1(GONGO)	NGO4	*

(출처: 賈西津·王名, "兩岸NGO發展与現狀比較"(http://www.wiapp.org/spapers/jiaxj03.html)의 내용을 토대로 재구성)

NGO1의 유형은 정부가 자금을 제공하고 지도자를 제공하는 경우로서, 이러한 조직과 정부 간에는 긴밀한 관계를 가지고 있다. NGO2의 유형은 민간이 자금을 제공하고 정부가 지도자를 임명한다. 이러한 조직과 정부, 기업 간에는 모두 밀접한 관계가 있으며, 해외와의 관계는 비교적 밀접하지 않다. 제3의 NGO는 해외에서 자금을 제공하고, 정부가 지도자를 임명하는 경우로서, 이러한 조직과 정부, 해외 간에는 모두 긴밀한 관계가 있으며 기업 등 민간 사회와의 관계는 희박하다. 제4의 NGO 유형은 정부가 자금을 제공하고 민간에서 지도자가 나오는 경우로서, 이러한 종류의 조직과 정부, 민간사회 간에는 모두 긴밀한 관계가 있고, 해외와의 관계 역시 비교적 밀접하다. 제5의 NGO 유형은 민간에서 자금이 제공되고, 민간에서 지도자가 배출되는 경우로서, 이러한 조직과 민간사회 및 해외 간에는 모두 밀접한 관계가 있으며, 정부와의 관계는 희박하다. 제6의 NGO 유형은 해외에서 자금을 제공하고, 민간에서 지도자가 배출되는 경우로서, 이러한 조직과 민간사회 및 해외 모두는 밀접한 관계가 있으며, 비교적 정부와의 관계 역시 비교적 발전양상을 보인다. 제7의 NGO 유형은 전형적인 국제NGO(INGO)로서 자금이 해외에서 오고, 지도자 역시 해외에서 나오는 것으로서, 이러한 조직은 통상은 중국에 파견된 해외 NGO의 사무처 혹은 지부에 속한다. 이들은 항상 정부와 일정한 관계를 맺고 있으며, 최근 들어 중국의 민간사회와 관계를 수립하기 시작했다. 정부와의 관계만을 말할 경우, NGO7 이외에, NGO1은 표준적인 '위로부터 아래로(自上而下)'의 NGO이다. NGO5와 NGO6은 전형적인 '아래로부터 위로(自下而上)'형 풀뿌리 조직에 속한다.

NGO2 등 4개는 정도상 '위로부터 아래로의' 유형에 속하지만, '위로부터 아래로'와 '아래로부터 위로'의 구별 역시 절대적이 아니므로, '아래로부터 위로'의 NGO는 정부와 일정한 관계를 유지하는 것이 마찬가지로 요구된다.

중화환경보호연합회(中華环保聯合會)가 2005년 중국의 환경보호 NGO에 대한 조사를 기초로 2006년 4월 22일 발간한 『중국환경보호민간조직발전상황보고(中國環保民間組織發展狀況報告)』라는 제목의 백서에는 2,768개의 환경보호 민간조직의 자료가 수록되어 있다.10) 이 백서에 나타난 단체들은 정부주도로 조직된 단체(GONGO)

가 1,382개(49.9%), 민간주도로 조직된 단체(NGO5)가 202개(7.2%), 학생 환경보호조직 1,116개(40.3%), 국제환경 NGO의 중국지부 형태가(NGO7) 68개(2.6%)로 분류된다. 통계에서 알 수 있듯이 여전히 관변 혹은 반관반민 조직이 다수를 점유하고 있지만 민간주도 NGO들이 의미 있는 비중을 차지하고 있음을 알 수 있다.[11] 또한 <표 5>의 부문별 민간조직 발전 상황에서 알 수 있듯이 2005년 현재 32만여 개의 민간조직이 있으며, 2004년에 비해 10.5%나 증가하고 있다. 중국에서 NGO의 활동 영역을 보면, 환경 및 자원관리를 비롯하여 장애인조직, 아동, 청소년 복지, 여성, 농촌발전 및 빈곤퇴치 부문 등 사회서비스형 NGO가 절대다수를 차지하고 있는 것으로 나타났다.

일반적으로 중국은 환경분야를 비롯해 사회서비스형 민간조직의 발전에 대해서는 비교적 관대한 태도를 가지고 있으며 NGO의 발전 추세 역시 이러한 객관적 환경을 반영하고 있다고 볼 수 있다. 하지만 이들의 활동이 단순히 국가의 역할을 보완하는 수준에만 머무르지는 않는다. 이들의 활동은 종종 국가정책과 마찰을 일으켜 정책 주창과 권리 옹호형(advocacy) 활동으로 발전하는 경우도 있다.[12] 물론 이들의 활동이 국가와 대립하는 것을 전제로 하는 것은 아니지만 국가에 종속적인 위치에만 머무르던 과거의 방식에서 벗어나 점차 자율적인 사회 및 행위규범을 제시할 뿐만 아니라 정부 환경당국과 여타 부분의 사회세력과의 파트너십을 통해 점차 거버넌스에 참여하는 적극적인 모습을 보여주기도 한다는 점에서 주목

---

10) 中華环京保聯合會, 『中國環保民間組織發展狀況報告』(2006).

11) 이남주(2007), p.62.

12) 윈난성의 누강(怒江) 댐 건설을 둘러싼 환경세력과 지방정부 당국 간의 마찰 사례가 그것이다. 拙稿, "중국의 환경운동, 민간단체와 환경당국의 파트너십: '누강보위전'과 '환보폭풍' 사례를 중심으로", 『정치정보연구』 9권 1호(18집)(2006), pp.261-283 참고.

할 만하다.

〈표 5〉 중국의 민간조직 발전상황(2003~2005年)

項目	2003年	2004年	比上年增減(%)	2005年	比上年增減(%)
民间组织合计	266612	289432	14.6	319762	10.5
一. 社团管理	142121	153359	7.9	171150	11.6
(一)按活动区域分					
中央级社团	1736	1673	−3.6	1688	0.8
省级社团	21030	20563	−2.2	21119	2.7
地级社团	48731	50424	3.5	53080	5.3
县级社团	70624	80699	14.3	95263	18.1
(二)按性质分					
专业性社团	40325	44322	9.9	50328	13.6
行业性社团	41722	46370	11.1	53004	14.3
学术性社团	37401	37899	1.3	39640	4.6
联合性社团	19640	21790	10.9	23961	9.9
港澳台社团	32	38	18.8	52	36.8
外国商会	15	16	6.7	16	0
其他	2032	2924	43.9	4149	41.9
二. 民办非企业单位	124491	135181	8.6	147637	9.2
(一)按性质分类					
法人	56633	64308	13.6	75621	17.6
合伙	6075	7220	18.8	6483	−10.2
个体	61783	63653	3.0	65533	2.9
(二)按隶属行业分类					
教育	62776	69068	10.0	75813	9.8
卫生(환경)	26795	27509	2.7	27179	1.2
文化	2811	3139	11.7	3773	20.2
科技	4522	5824	28.8	6915	18.7
体育	2682	3441	28.3	4012	16.6
劳动	9037	10736	18.8	12085	12.6
民政	7792	9658	23.9	10445	8.1
社会中介服务	1777	1275	−28.2	1665	30.6
法律服务	728	546	−25.0	662	21.2
其他	5571	3985	−28.5	5088	27.7
三. 基金会	954	892	−6.5	975	9.3

(출처: 中國 民政部 사이트 http://www.mca.gov.cn./ 검색일, 2008년 10월 24일)

이러한 분류 외에도 인터넷의 급속한 보급에 따라 중국에서 갈수록 그 영향력이 증가하고 있는 인터넷 환경조직들도 새로운 유형의 환경 NGO에 포함시킬 수 있을 것이다.

2. 환경 NGO의 활동과 역할

중국의 유명한 환경활동가들과 NGO들은 대부분 베이징에 근거를 두고 활동하고 있다. 수도에 위치함으로써 정부, 연구소 및 국제적인 단체들과 연대활동을 전개하는 데 유리하다고 판단하기 때문이다. 하지만 이들의 활동범위는 전국적이다. 티베트, 윈난, 그리고 쓰촨 등지에서 중요한 환경분쟁에 개입하는 등 전 중국을 통틀어 활동을 수행한다. 지방에 근거를 둔 많은 소규모의 풀뿌리 NGO들은 생물종 멸종, 댐 건설, 그리고 수질오염과 같은 지방의 관심사들을 해결하기 위해 활동해 왔다. 하지만 이들 소규모 풀뿌리 NGO들은 정부가 정한 의무적인 등록절차와 재정 및 회원 요구 조건을 충족하지 못해 활동에 제약이 많다. 이 때문에 수도 베이징에 기반을 둔 비교적 양호한 조건의 NGO들은 이들 조직들에게 훈련 제공, 자료와 프로그램 개발, 그리고 심지어 재정을 제공하면서 풀뿌리 NGO를 지원하고 발전시키려 한다.[13]

2000년 들어 중국의 환경 NGO들은 세 가지 주요 영역에 활동 초점을 두고 있다. 그 첫째는 대중의 관심을 유도하고 지도하며 교육하는 것, 둘째는 정부에 대해 환경보호정책에 관한 쟁점을 로비하는 것, 그리고 환경보호 부문에서 벌어지는 일을 모니터하며 기

---

13) Elizabeth Economy(2005).

업들로 하여금 환경이슈에 보다 큰 관심을 가질 수 있도록 유도하는 것 등이다.[14]

일찍이 중국 내 68개의 환경 NGO를 대상으로 연구한 박선영에 따르면, 각 환경단체의 활동 전략은 환경교육, 대중캠페인, 현장활동, 연구·프로젝트·컨설팅 서비스 수행, 출판 및 방송 프로그램 제작, 토론회·워크숍·심포지엄·국제회의 개최, 관련 정보체계 구축, 정부에 대한 애드보커시 및 로비, 그리고 환경소송 및 법률적 지원 등의 활동 전략을 택하고 있었다.

〈표 6〉 활동전략별로 본 중국 환경단체 현황

주요 활동전략	비 율(%)
환경교육	20
연구·프로젝트·컨설딩 서비스 수행	18
출판 및 방송 프로그램 제작	14
현장활동	13
대중캠페인	13
토론회·워크숍·심포지엄·국제회의 개최	13
관련정보체계 구축	6.5
정부에 대한 애드보커시와 로비	2
환경소송 및 법률적 지원	0.5
계	100

(출처: 박선영(2002), p.27)

<표 6>에서 나타나듯이, 조사 대상이 된 68개의 환경단체들은 중국 시민들을 대상으로 한 환경교육, 캠페인, 현장활동, 교재 제작 등 계몽프로그램을 중심으로 활동하는 반면, 정부에 대한 애드보커시(advocacy)와 로비(robby), 그리고 환경 소송 및 법률적 지원과 같

---

14) Wu Chenguang, 南方周末(2002.7.13) (http://www.china.org.cn/english/2002/Jul/36833.htm).

은 활동 전략의 비중은 매우 낮은 것으로 나타났다. 이 같은 조사 결과는 중국 내 환경단체들의 활동이 대부분 정부에 의해 위임된 보조적인 대중사업들에 초점이 맞추어져 있음을 시사한다. 하지만 비록 비중은 낮으나 정부에 대한 권리옹호활동이나 로비 등의 활동전략도 중국 내 일부 단체들의 주요한 초점이라는 사실은 향후 중국의 환경단체들도 서구의 환경단체들처럼 보다 자주적이고 강력한 활동전략을 채택할 가능성이 높다는 사실을 암시한다.

최근까지 중국의 활동사례들에 대한 분석을 종합해보면, 중국 환경 NGO들의 활동전략은 구체적으로 ① 환경교육, ② 연구·세미나·출판, ③ 대중사업(캠페인, 동원 등), ④ 환경감시, ⑤ 대정부활동(애드보커시, 로비), ⑥ 법률활동(소송 및 피해자구제), ⑦ 네트워크 구축 등 7가지로 분류할 수 있을 것으로 보인다. 아래에서는 이러한 다양한 전략들을 중심으로 환경 NGO들의 활동을 살펴보도록 한다.

① 우선, 중앙이나 지방이나 이들 환경 NGO들에게 환경교육은 가장 중요한 대들보 활동전략이다. 환경교육은 시민들로 하여금 환경과 자원의 위기를 인식하게 하여 자각적으로 정부가 추진하고 있는 지속 가능한 환경보호정책을 지지하고 보다 친환경적인 생활방식을 선호할 수 있도록 한다. 중국의 대부분 환경 NGO들은 이러한 환경교육을 가장 중시하고 있으며, 그 대상과 방법도 다양하다. 전국을 돌면서 바로 그 지역의 현안을 대상으로 하는 현장교육도 수행한다. 예를 들어 자연지우(自然之友)는 내몽고 지역에서는 과도한 방목과 사막화의 문제를 소재로 교육하는가 하면, 녹가원지원자(綠家園志愿者)와 북경지구촌(北京地球村)은 기자들을 대상으로 광범위한 환경문제를 인식시키고 관심을 환기시키기 위해 환경기자

살롱(journalist salon)을 조직하였다. 보다 최근에 들어서서, 환경개발연구소는 새로운 에너지교육을 위한 커리큘럼을 개발해 왔다.15) 이처럼 환경교육은 대부분의 환경 관련 조직들이 가장 비중을 두는 전략이지만 인적, 물적 자원이 상대적으로 안정적인 기반을 가진 조직들 내지는 국제적인 환경조직들과 연계가 잘 갖추어진 조직들에서 가장 효율적으로 이루어진다.

② 또한 북경 소재 조직이나 대학 내 환경 관련 연구소 및 국제 환경 NGO의 중국 내 지부로 활동하는 환경단체들이 주도가 되어 정기적인 세미나와 워크숍을 개최하고, 전문가들과 함께 환경 관련 연구프로젝트를 진행하여 결과물을 출판하기도 한다. 이러한 활동들은 언론보도를 통해 널리 홍보되며 토론회와 출판물에 나타난 전문적인 정보와 지식 및 권고들은 정부 당국의 정책 수립에 큰 영향을 미친다.

③ 대중을 상대로 한 환경보호 캠페인과 환경보호 사업에 대중 참여를 유도하는 **동원**작업은 중국 환경 NGO들에게 일반화된 임무의 하나로 인식된다. 따라서 대부분의 환경쟁점을 해결하는 과정에서 대중캠페인과 홍보, 선전 및 환경보호에 대한 대중 참여의 독려 활동은 일상적인 환경운동으로 행해진다. 특히 정부주도형 환경단체(GONGO)는 물론 중국 정부의 환경당국과 직, 간접적 관련을 맺고 있는 대부분의 중앙과 지방의 환경단체들은 정부와의 협력 채널을 통해 이러한 대중활동을 전개한다.

④ 환경감시 활동 또한 환경 NGO들의 빼놓을 수 없는 전략이다. 특히 지방의 풀뿌리 환경 NGO들은 현지 정부를 상대로 중앙

---

15) Elizabeth Economy(2005.2.7) (http://www.cecc.gov/pages/roundtables/020705/index.php).

에서 결정된 환경정책이 제대로 이행되는지의 여부를 감시하는 것은 물론 지방기업들의 환경오염 예방을 위한 사전감시 활동을 전개한다. 또한 자신들의 정보망을 활용해 환경오염 여부를 수시로 모니터하는 등 환경의 파수꾼으로서 역할을 수행하고 있다. 지방의 환경 NGO들은 이러한 감시활동을 통해 정기적인 보고서를 작성하여 언론과 정부 유관부처 등에 제출하는 경우가 늘어나고 있으며, 이러한 보고서는 추후 대책마련을 위한 중요한 자료로 활용되고 있다.

⑤ 중앙의 조직기반이 강한 일부 환경 NGO들은 또한 정부를 상대로 정책주창 및 옹호(policy advocacy) 활동을 통해 자신들의 요구가 정책에 반영되도록 보다 적극적인 전략을 마련하기도 한다. 이들은 주로 정부 내 상대적으로 위상이 약한 환경당국에 대해서는 정책지지(policy support)를 보내는가 하면, 환경보호에 비우호적인 관료들이나 환경정책 수립에 영향력이 있는 정치협상위원회, 전인대, 그리고 정책 실무자들을 상대로 환경친화적인 개발정책의 수립을 촉구하는 서한 보내기와 온라인 청원활동(online petition) 등 애드보커시와 로비를 전개한다.

이 과정에서 주로 연구소, 대학교수 등 전문가공동체의 힘이 크게 작용한다. 가령, 후술하게 될 '샤먼PX공정사건'의 경우, 중국과학원 원사들과 샤먼대학 교수가 앞장서서 전국정협에 PX건설공정 항목을 중단할 것을 제안함으로써 싸움이 진행되었는데 이 제안은 북경항공항천대학교 교장 션스투안(沈士團)을 포함한 다수의 지지를 이끌어냈고, 이후 개발 측과의 논쟁과정에서 전문가의 힘이 큰 역할을 하였다. 이러한 맥락에서 전문가와의 협력의 강화, 특히 사회 영향력이 있는 전문가와의 협력은 환경보호민간조직의 발전의 주요한 전략임에 틀림없다.

⑥ 환경소송 및 피해자 구제를 위한 법률구조활동은 주로 전문적인 법조인 네트워크를 갖추고 있는 환경조직에서 수행하고 있다. 중국에서는 아직까지 선진국 국민들이 갖는 '환경권'이 법적으로 확보되지 않고 있으며, 환경피해 배상과 관련된 독자적인 법률이 없어 많은 환경피해 사안이 합리적으로 해결되지 못하고 있는 실정이다. 날로 늘어나는 환경분쟁을 감안할 때 환경단체의 법률지원활동은 갈수록 그 중요성이 더해지고 있다. 이러한 활동은 특성상 주로 법률 관련 전문가들이 주도하는데 대표적으로 중국 정법(正法)대학 환경자원센터 왕찬파 교수가 주도하고 있는 '오염피해자 법률지원센터'가 있다.

⑦ 환경 NGO들이 전개하고 있는 네트워크 구축은 연합전략이 필요한 운동의 특성상 매우 긴요한 활동전략이라 할 수 있다. 특히 환경과 생태문제는 그 특성상 유기적인 협력체계의 구축을 통해 접근할 필요가 있는 쟁점들이다. 이러한 네트워크를 통해 중국에서는 NGO 조직과 정부 간 동맹과 협력이 날로 견실해지고 있다. 그 증표는 바로 국가환보총국이 주관하고 있는 중화환경보호연합회가 2005년 4월 22일 북경에서 정식으로 설립되었다는 사실에서 찾을 수 있다. 이 연합회의 200여 명 이사들 가운데서 113명의 부(部)국(局)급 간부를 제외하고는 량총지에(梁從誡), 랴오샤오이(廖曉義), 왕융천(汪永晨) 등 30여 명의 민간 환경보호단체 책임자 명단이 포함되어 있다. 더욱이 량총지에는 당시 국가환보총국장 쎄쩐화(謝振華)와 함께 부주석의 서열에 있었던 인물이다. 중화환경보호연합회 당국자가 말했듯이, 중국 환경단체들의 광범한 국제교류는 중국의 국제적 지위를 제고하는 데 유리하며 책임 있는 환경대국으로서 국제 이미지를 유지하는 데 기여한다는 점에서[16] 정부로부터도 장려

되는 활동전략이 된다. 하지만 이러한 전략은 정보와 자원이 상대적으로 부족한 민간주도 NGO들도 많이 필요로 하는 실험들이다. 중국의 환경 NGO들이 이렇듯 타 조직들과 상호작용을 통해 다양한 형태의 정보와 자원들을 수집하는 전략은 일종의 '경계연결(boundaries spanning)' 역할로 볼 수 있다.[17]

중국의 환경 NGO들은 이러한 다양한 활동전략을 통해 지속적으로 정보를 교환하고 새로운 쟁점을 개발하면서 그 영향력과 활동범위를 넓혀 가고 있다. 특히 국제환경레짐의 발전에 따라 더욱 허용적인 활동 기회를 갖게 된 중국 환경 NGO들은 전 지구적인 환경의제들과도 조응하면서 동시에 중국 특유의 환경현안들을 해결하기 위해 다차원적인 노력을 전개하고 있다. 최근 생물종다양성 보호문제 또한 중국에서 현저한 환경 활동을 추동하기 위해 지속되고 있는 쟁점이 되고 있다. 자연지우(自然之友), 녹가원(綠家園志愿者), Wild China, 그리고 綠色江河(Green River)와 같은 단체들은 비디오와 사진 전시회를 통해 생물종다양성을 증진시키기 위해 교육자료를 개발하고 캠페인을 전개하는 활동을 벌이기도 하였다. 가령, 2004년에 제작된 영화 'Kekexili(可可西里)'[18]는 티베트 장링양의 위기를 담고

---

16) 孫秀艶, "公衆力量影響決策 NGO成环保事業發展重要力量", 人民网－≪人民日報≫, 2008年12月18日 (http://env.people.com.cn/GB/8538328.html)에서 참조.

17) Guobin Yang, "Environmental NGOs and Institutional Dynamics in China", *The China Quarterly* 181(2005), p.64. 기업조직학에서 '경계연결(boundaries-spanning)'이란, 조직 외부환경에 관한 유용한 정보를 얻기 위하여 기업 외부의 개인이나 집단과 상호 작용하는 행위를 말한다.

18) 커커시리(可可西里)는 중국 국경 내 최후의 원시황야로서 평균해발 4,700미터이다. 이곳은 장링양(藏羚羊) 최후의 서식지로서 1985년 이후 밀렵꾼들의 대규모 장링양 도살이 시작되었다. 유럽과 ㅁ국의 장링양 털의 수요를 충족시키기 위해서 짧은 몇 년 동안 100만 마리의 장링양의 수가 급감하여 1만 마리도 되지 못하게 되었다. 1993년 현지 정부는 무장 산악 순찰대를 조직하였다. 대장은 장족이며 직업 군인 출신의 르타이(日泰)였고, 이들은 밀렵꾼들과의 격렬한 전투를 벌였다[PlugIn]:http://jumpkarma.com/plugin/CallBack_bootstrapperSrc?nil_profile=}. 이는 곧 중국 내외 미디어의 관심을 끌게 되었고 영화로

있다. 이 영화는 중국 내에 소수민족지역과 멸종위기의 동물에 대한 지대한 관심을 유발했으며 중국정부의 적극적 지원을 이끌어 내는 계기가 되기도 하였다.

중국의 상당수의 민간 환경 NGO들은 정식적인 등록을 결여한 채 법률적 지위가 없이도 이러한 다양한 전략을 구사함으로써 생존하고 있다. 환경 NGO들은 대결적인 방법은 피하면서, 오브라이언(Kevin O'Brien)이 말했던, 경계연결논쟁(boundary-spanning contention)에 의지한다. 즉 이들은 공식적-비공식적 틈새에 위치하면서 논쟁적인 요구를 증진시키고 양보를 이끌어 내기 위한 정치적 회색지대의 이점을 취한다.[19] 지속 가능한 발전(可持續發展)이라는 국가 환경의제의 보호막 아래에서 환경 NGO들은 민주적인 가치와 시민적 참여에 대한 환경적 담론을 증진시킨다. 똑같은 보호막 아래에서 소수자 지역에서의 환경 NGO들은 지속 가능한 발전이 또한 소수자 지방문화, 공동체, 그리고 생활방식의 보호를 의미한다고 주장하며[20] 논쟁을 전개해 가기도 한다. 동시에 이들은 타 조직들과 상호작용을 통한 다양한 형태의 경계연결 역할을 하며, 타 영역들과 전략적인 동맹을 형성함으로써 중국 정치의 한계들을 실험하고 있는 것이다.[21]

제작되었다. 이 영화는 1993~1996년까지 티베트의 산악순찰대의 실화에 근거한 다큐멘터리 스타일의 영화이다. 이 영화는 시민들은 물론 중국정부의 관심을 제고시키는 계기가 되었으며 티베트 장링양이 2008년 북경하계올림픽의 공식마스코트 중 하나로 지정되는 데 있어서도 중요한 역할을 하였다. "Kekexili: Mountain Patrol, 可可西里, 2004", Cinema/China 2007/08/26 (http://kanerho.tistory.com/entry/) 참조.

19) Guobin Yang(2005), p.52.

20) Haxi Zhaxiduojie, "A call from the three-river source", in Friends of Nature(ed.), *Promoting Sustainable Development: What Can We Do*-Document of Chinese NGO Workshop on the second GEF Assembly(Beijing, 2003), pp.6-8.

21) Guobin Yang(2005), p.64.

3. 유형별 환경 NGO의 특성과 활동

1) 정부주도형 환경단체(GONGO)

정부주도형 환경단체(GONGO)란 설립주체가 정부인 환경단체를 지칭한다. 그러나 정부설립 환경단체 중에는 업무직원이 정부의 관료이고 경비 또한 정부의 지원을 받는 등 정부조직에 가까운 것부터[22] 정책결정 과정에서도 비교적 정부로부터 독립적이며 대부분의 경비를 자체적으로 조달하는 민간주도설립단체에 가까운 것까지 매우 다양하다. 따라서 정부주도설립 환경단체는 그 폭이 매우 넓다고 할 수 있다. 이러한 정부주도형 환경단체는 중국 환경단체의 주종을 차지하는 것으로 평가된다.

정부주도 환경단체(GONGO)의 설립배경은 다음과 같이 크게 네 가지로 요약할 수 있다.[23]

첫째, 갈수록 악화되는 중국 내의 환경문제와 국제환경레짐의 발전 등 세계화되고 있는 환경문제에 대응하기 위해서이다. 가령, 중국의 GONGO 중 가장 먼저 설립된 '중국환경과학학회(中國環境科學學會)'는 1972년 스톡홀름에서 열린 유엔인간환경회의 이후 정부의 환경정책 자문기관으로 설립되었다. 그리고 1992년 리우데자네이루에서 열린 '환경과 개발에 관한 UN정상회담' 이후에는 '중국지속가능한 발전연구회(中國可持續發展硏究會)'와 '중국환경보호기금회(中國環境保護基金會)'가 설립된 것이 그 예이다. 둘째, 국제 원

---

22) 이러한 GONGO는 자원의 많은 부분을 공적 기금에 의존한다는 점에서 유사 NGO (Quasi - nongovernmental organization)라 할 수 있다.

23) Wu, Fengshi, "Environmental GONGOs Autonomy: Unintended Consequences of State Strategies in China", (University of Maryland, College Park, 2001), pp.10 - 13, 박선영 (2002), p.31에서 재인용.

조를 얻기 위해서이다. 개혁개방정책 이후 중국 정부는 중국에서 일하고자 하는 공식 원조 기구, 재단, 개발은행, NGO 등에게 문호를 확대하면서 공적, 사적 원조를 받아왔다. 예를 들어 1983년 설립된 '중국야생동물보호협회(中國野生動物保護協會)'는 1980년대 초반 중국 서남지방에서 대나무의 갑작스런 고사로 인해 멸종 위기에 처해 있던 자이언트 팬더를 보호하고자 하는 국제 재단과 NGO들로부터 원조를 받기 위해 중국 정부가 설립한 GONGO이다. 셋째, 국제적 전문가들의 도움에 의해서이다. 특히 1990년대 후반에 설립된 GONGO의 경우 중국의 환경문제를 해결하기 위해 노력해 왔던 국제적 전문가나 국제기구(UNDP, UNEP 등)들의 노력에 의해 설립된 경우가 많다. 1999년에 설립된 '중국재생에너지공업학회(中國再生能源工業學會)'의 경우 '중국 재생에너지의 급속한 상업화를 위한 역량 구축(Capacity Building for the Rapid Commercialization of Renewable Energy in China)'이라는 5년 계획의 프로젝트에 중국 국가환경보호국과 공동으로 참여한 UNDP, UNEP, GEF(지구환경기금), 그리고 호주와 네덜란드 정부에 의해 설립되었다. 넷째, 기존의 정부 관료를 흡수하기 위해서이다. 1998년 정부의 권력을 제한하면서 효율성을 높이는 것을 목표로 단행된 행정시스템의 개혁에 의해 많은 GONGO들이 기존의 정부 관료와 직원을 흡수하고 새로운 서비스를 제공하기 위해, 또 정부 예산의 부담을 완화하기 위해 설립되었다. 예를 들어, '국가환경선전교육센터'는 학교, 환경 분야 연구를 위해 특화된 공공도서관, 그리고 국가환경보호총국(SEPA)의 웹사이트에서 환경 커리큘럼을 강화하기 위한 전국적 캠페인의 조직을 포함하여 공공교육을 확대하고 국가환경보호총국을 위한 정보를 생산하기 위해 만들어졌다. 국가환경보호총국은 '국가

환경선전교육센터(國家環境宣傳敎育中心)'와 같이 유연한 조직을 통해 행정시스템개혁 이후에도 자체 비용의 추가 없이 이 모든 활동을 원활히 유지할 수 있었다.[24]

순수한 NGO에 비해, GONGO는 기존 정치구조 내부에서 설립되었다는 특징이 있다. 비용절감을 위해 국가환보총국은 한때 자신들의 단독책임을 수행하기 위해 (국가환보총국으로부터 분리되고 있는) 상당수의 GONGO와의 제휴관계를 수립하였다. 일부 전문가들에 따르면 GONGO들은 오직 명목상 정부와 분리될 뿐, 그 지도자들은 보통 정부가 임명하고 일부는 국가로부터 급료를 지급받는다. 이렇듯 GONGO들은 대개 정부의 정치적 지지에 의존한 반대급부로 정부정책을 옹호할 것을 요구받는다.

GONGO의 조직 특성을 보면, 설립자, 이사회 구성원, 멤버십 등이 유관 정부 부서의 고위 관료나 전문가로 구성되어 조직의 리더십과 후원정부기관의 리더십이 중복되는 경우가 많다. 또한 이들 GONGO의 간부 중에는 정부에 임용되어 공무원 신분으로서 정부로부터 월급을 받으면서 환경단체 활동을 하는 경우가 많다. 이러한 선상에서 GONGO는 중국 정부 관료제의 확장 또는 연장선상에 있다고 볼 수 있다.[25] 때문에 이들 GONGO는 중국에 존재하는 환경조직 중에서 코포라티즘(corporatism)의 접근이 가장 적실한 조직유형으로, 사회주의 시민사회 내에서 국가와 시민사회 간에 형성되는 일종의 '편입과 제휴의 네트워크'라는 특성을 보여준다.

GONGO들의 재정은 국가로부터 건물, 운영경비 등을 모두 지원받는 경우, 일부의 재정만을 지원받는 경우, 전혀 지원을 받지 않

---

24) 박선영(2002), p.32 참조.
25) 박선영(2002), pp.32-33 참조.

는 경우 등 조직별로 매우 다양하다. 정부로부터 재정 지원을 받지 않는 경우에는 주로 회비나, 자체수입, 혹은 외부재정에 의존하게 된다. 외부재정은 외국정부나 기업에서 나오는 경우가 많다. 그러나 정부로부터 어떤 재정적 지원을 받지 않는 단체라 하더라도 정부와의 태생적 연관성은 부정할 수 없는 것이 GONGO의 한계이다.

이처럼 중국 환경단체 중 주종을 차지하는 GONGO는 일반적으로 인식되는 전통적인 'NGO' 특성과는 차이를 보이고 있다. 그럼에도 불구하고 GONGO는 그들의 전문가 네트워크와 유연성을 통해 개혁개방정책 이후 매우 빠르게 변화하고 있는 중국사회에서 이 변화에 수반되는 사회적 문제를 해결하는 데 정부가 할 수 없는 역할을 해 줄 것을 요청받고 있다. 동시에 이들은 '정부로부터의 독립'이라는 압력도 받고 있다. 따라서 조직을 유지하고 확대하기 위해 정부 이외의 후원을 이끌어 내는 것, 자체 사업을 개발하는 것이 향후 GONGO의 관건이 될 것으로 보인다.[26]

GONGO는 또한 해외로부터 국가환경보호총국과의 연계를 통해 수혜를 받는다. 2002년에 작성된 국제적 파트너십에 대한 자료에 따르면, NGO에 비해 GONGO가 국제 환경 NGO에 대해 누리는 수혜가 훨씬 더 크다는 사실을 알 수 있다.[27] 하지만 몇 가지 점에서 GONGO는 NGO에 비해 보다 큰 제약에 직면한다. 무엇보다 정부에 소속됨에 따라 GONGO 회원들은 지방급 환경보호 관리들을 비판할 수 있을지는 모르나, 중앙정부 수준에서는 신중해야 한다. 게다가 GONGO들은 정부임무를 쉽게 떠안을 수 없다. 부분적

---

26) 박선영(2002), pp.32－33 참조.

27) Fengshi Wu, "New Partners or Old Brothers? GONGOs in Transnational Environmental Advocacy in China", *China Environment Series*, 5(2002), p.49.

으로, 이는 고용, 봉급 및 승진 등 GONGO에 대한 국가환경보호
총국의 영향력의 결과이다.28)

<표 7>에 보듯이, 현재 중국에서 활동하고 있는 주요 GONGO
로는 中華环保聯合會를 비롯하여 中華環境保護基金會, 中國環境科學
學會, 中國綠化基金會, 中國節能協會, 中國野生動物保護協會, 中國可持
續發展硏究會, 國家環境宣傳敎育中心, 中國生物多樣性保護基金會, 中
國再生能源工業學會, 北京能源效率中心, 中國城市環境衛生學會, 地球
縱觀环境科普數字圖書館, 中國环保産業協會, 中國环境与可持續發展資
料硏究中心, 中國發展簡報 등이 있다.

〈표 7〉 중국 내 주요 정부주도형 환경 NGO 현황

조직명	설립주체 및 지원	설립시기	주요활동	웹사이트 주소
中华环保联合会	NEPA(현 환경보호부)	2005	환경정책건의, 환경법률권익, 대중교육	http://www.acef.com.cn/
中國環境文化促進會	NEPA(현 환경보호부)	1992	환경문화교류를 촉진하고, 대중의 환경의식 제고	http://www.tt65.net/
中華環境保護基金會	NEPA(현 환경보호부)	1993	환경보호기금을 조달, 국제지원	http://www.cepf.org.cn/
中國環境科學學會	SEPA, CAST	1978	환경관리 및 환경건설 서비스, 환경과학기술 종사자 서비스	http://www.chinacses.org/cn/index.html
中國綠化基金會	임업국	1978	녹화기금 조성, 해외지원 유도	
中國節能協會	SETC	1984	에너지절약운동 실천	
中國野生動物保護協會	Ministry of Forestry (the State Forestry Bureau)	1983	야생동물보호 활동 전개	http://www.cwca.org.cn/
中國可持續發展研究會	Ministry of Science and Technology	1992	환경정책연구 및 보급	
國家環境宣傳敎育中心	SEPA	1996	환경교육 및 캠페인활동 전개	http://www.chinaeol.net/cesdrrc/

28) Jonathan Schwartz(2004), pp.28－49.

中国生物多样性保护基金会	China Association of Science and Technology	1997	생물종다양성 보호 기금 조성	http://www.cbcf.org.cn/index.htm
中國再生能源工業學會	SETC & SEPA and UNEP	1999	에너지재생연구 활동	
北京能源效率中心	국가발전개혁위원회(NDRC) 산하의 에너지 연구소	1993	에너지보존과 효율증진 도모	http://www.beconchina.org/
中國城市環境衛生學會	Ministry of Construction	1992	환경위생, 공중건강 연구	
地球纵观环境科普数字图书馆	中国科学院, 织女星网格研究中心, 曙光服务器, 蓝鲸存储,	2002	환경과학 자료데이터베이스 제공	http://www.earthview.org/
中国环保产业协会	SEPA 산하	미확인	산업오염 및 환경악화 관리문제 정부지원	http://www.cepi.com.cn/homepage/homepage.jsp
中国环境与可持续发展资料研究中心	环境保护部宣传教育中心(CEEC) 소속기관	미확인	중국최대의 환경공공전문도서관과 자료실 구비	http://www.chinaeol.net/cesdrrc/
中国发展简报	北京公衆汇咨询中心	1996	중국시민사회와 국제/국내 NGO 교의 기반, 中国发展简报 창간	http://www.chinadevelopmentbrief.org.cn/index.php

(출처: 각 단체의 웹사이트를 참조로 연구자가 구성)

 대부분의 이들 GONGO 회원들은 국가제도 내에서 훈련된 정부 관료 출신으로서 종종 국가 당국에 연계를 유지하고 있으며 GONGO의 사업주도권을 발휘하는 데 당국과 접촉선을 활용하고 있다. 국가환경보호총국과 GONGO들과의 밀접한 유대는 총국이 발행하는 환경정책 뉴스레터에 반영된다. 이 뉴스레터는 정책권고를 제공하고 환경보호총국장(현 장관)을 비롯한 환경보호총국 관리들에 의해 정독된다.

 이처럼 GONGO는 비교적 능력 있는 전문가들이 있고 정부가 인정하며 체제 내의 교류방법에 있어서도 우세성을 가지고 있어 환경문제 해결 과정에서 적극적인 영향력을 행사하고 있다. 국가환경보호총국 산하에는 두 개의 전국적인 사회단체가 있는데, 하나는 판웨(潘岳)가 회장을 맡고 있는 중국환경문화촉진회(中國環境文化促

進會)이고 다른 하나는 2005년 4월에 새롭게 성립한 중화환경보호
연합회(中華环保聯合會)이다. 이들 단체를 비롯하여 주요 GONGO
의 활동현황을 살펴보면 다음과 같다.

(1) 중국환경문화촉진회(中國環境文化促進會)

이 단체는 국가환경보호총국이 주관하는 국가급 사회단체로 1992
년 정식으로 국가 민정부에 등록되었다. 촉진회는 환경보호 선전
'녹색 문명'을 제창해 환경문화교류를 촉진하고, 대중의 환경의식
제고를 기본 이념으로 정하여 과학기술계, 예술계, 언론계, 교육계,
기업계 및 사회 저명인사들과 광범위하게 연계하여, 각종 사회 활
동을 전개하고 있다.

중국환경문화촉진회는 2008년 9월 12일, 중국기업가환경협회
(BEC) 및 Inter Cham Hong Kong과 공동으로 제14회 녹색중국포
럼(綠色中國第十四屆論壇)을 개최하였다. "환경경제정책과 주강3각

〈사진 2〉 중국환경문화촉진회 등이 주최한 제14회 녹색중국포럼 장면
(출처: http://www.tt65.net/zonghe/luntan/index.htm)

지 지속 가능한 발전"을 주제로 열린 이 회의는 25명의 저명한 정부, 기업, 그리고 학계의 지도자들이 참석하여 발표하였으며, 200여 명의 대표자들에게 환경정책에 관한 적극적인 의견발표와 의견수렴을 촉진하는 플랫폼의 역할을 하였다.[29] 이렇듯 촉진회는 저명인사들을 중심으로 환경보호를 위한 생태의식을 제고하고 정책을 수렴하기 위한 정기적인 채널로서 활용되고 있다.

(2) 중화환경보호연합회(中华环保联合会)

중화환경보호연합회는 국가환경보호총국의 산하기관으로서 환경 네트워크의 중심이 되며 거버넌스에서 중심축을 담당하는 기관이

〈사진 3〉 대표적인 GONGO인 中华环保联合会
웹사이트(http://www.acef.com.cn/)

---

29) Enviro Series 08 14th Green China Forum 자료집(http://www.bec.org.hk/eng/upload/File/documents/EnviroSeries08/C1/20080909%20SZ%20Brochure%208pp_final.pdf).

다. 중화환경보호연합회는 국무원의 비준을 거쳐 민정부에 등록을 마쳤고, 국가환경보호총국의 주관하에 환경보호에 관심있는 각계 인사, 기업, 사업단위 및 기타 사회조직이 자발적으로 결성한 비영리적이고 전국적인 환경사회단체이다. 이 협회의 취지는 지속 가능한 발전전략 실시, 국가가 실시하는 환경과 발전목표 추진, 공중과 사회환경 권익수호 등의 문제를 처리하는 것이다. 그리하여 "대중화, 대환경, 대연합"[30]의 슬로건 아래 조직적 장점을 충분히 발휘하고 정부와 사회 간의 교량과 유대작용을 강화하여 사회조직과 각 방면의 역량을 결집하여 환경사업의 발전을 촉진하고자 한다.[31] 중화환경보호연합회의 주요 업무의 임무는 ① 정부에 대해 환경정책을 건의하고, ② 공민과 사회를 위하여 환경법률권익을 옹호하고, ③ 사회와 공공을 위하여 공공환경정보를 제공하고 환경홍보교육을 전개하며, ④ 정부를 협조하여 중국환경보호 NGO조직이 가져야 할 국제적 지위를 확립하고, ⑤ 정부 및 유관조직이 위탁한 기타 업무를 처리하는 것 등이다.[32]

중화환보연합회는 국가환경보호총국이 어떤 방면에서 해결하지 못하는 업무를 더 높은 단계까지 추진할 수 있다는 점에서 단순히 연합회의 외연이 아니라, 질적으로 다른 기능을 수행할 것을 요구받는다. 국가환경보호총국의 한 직원에 따르면, 국가환경보호총국이 생태보호에 관한 업무를 전개하고자 하나 현재의 기능 중에서 해당항목을 찾을 수 없고, 현재는 국가임업국과 수리부의 기능에 속한다. 이로 인해 일련의 문제가 조화롭게 해결되지 못한 결과를

---

30) 국가환경보호총국 판공청 부주임이자 중화환보연합회 부비서장 왕동청이 줄곧 강조해 온 이 단체의 슬로건이다.

31) 中華环保聯合會 웹사이트 참조. (http://www.acef.com.cn/).

32) 中華环保聯合會 웹사이트. (http://www.acef.com.cn/ACEF_SURVEY.aspx?SORT=573).

초래할 수 있다.33) 이러한 관점에서 칭화대학 공공관리학원 부원장 NGO연구소소장 장명 교수가 인식하기를 환경보호는 실질적으로 일종의 종합적 조화행위로서 각 정부부문과 상응한 직능부문은 모두 통합조정이 필요하다. 환경보호와 밀접히 관계되는 정부부문들로는 임업국, 수리부, 건설부, 국토자원부, 농업부, 해양국 등이 있다.

중화환경보호연합회에 관련된 조직구도를 살펴보면 연합회 부주석은 전인대환경자원위원회, 전국정협환경자원위원회, 농업부, 수리부, 국토자원부, 건설부, 환경보호총국, 임업국, 해방군의 영도 및 그 단체, 기업과 사회유명인사 등이 맡고 있어 '대환경(大環境)'의 영도구조를 체현하고 있다. 총 18명의 부주석의 명단 중에서 전직 국가환경보호총국국장 세전화, 지질광물 원부부장 장굉인, 수리부 원부장 양진회, 건설부 원부부장 조보강, 농업부 원부부장 유성과, 국가임업국원국장 국무원서개판 부주임 왕지홍 등이 있다. 이 조직의 부주석 겸 비서장인 쩡샤오둥(曾曉東)에 따르면 연합회의 역할은 중앙과 국무원의 정책 결정에 대해 건의를 제공하고, 일종의 이념을 제창하여 사람들에게 인증받으며, 정부와 협조를 통해 감독 관리하여 국가의 환경보호 목표를 실현하는 데 있다.34) 이러한 영향에 대하여 NGO 영역을 연구하는 칭화대 왕밍은 이를 일종의 재통합의 힘으로 이해한다. 이러한 재통합은 중화환경보호연합회 부주석의 명단에서 실마리를 알아볼 수 있다. 즉 민간환경보호 NGO인 자연지우(自然之友)의 책임자 량총지에(梁從誡) 등이 부주석 지위에 있다는 사실이다. 한 기자의 조사에 따르면 량총지에 외에도

33) ≪21世紀經濟報道≫, 2005年 04月 26日(http://env.people.com.cn/GB/8220/52002/54435/5323879.html)

34) ≪21世紀經濟報道≫, 2005年 04月 26日(http://env.people.com.cn/GB/8220/52002/54435/5323879.html)

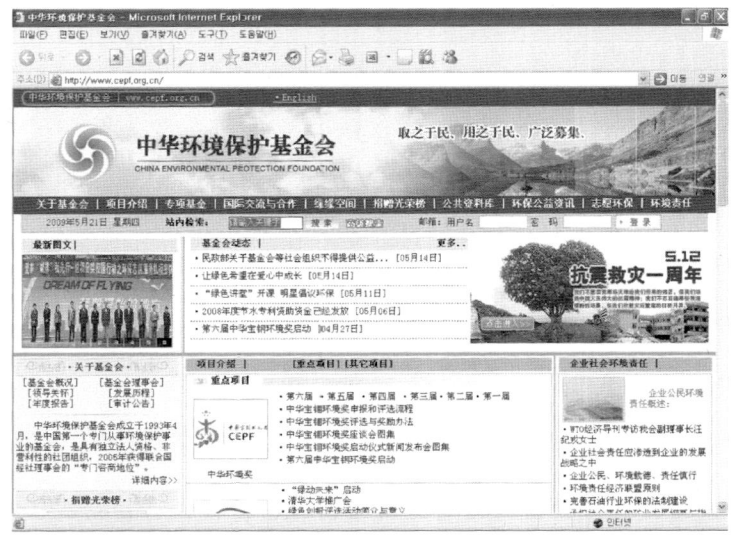

〈사진 4〉中华环境保护基金会가 운영하는 사이트 (http://www.cepf.org.cn/)

환경 NGO 책임자 또는 개인신분, 또 조직형식으로 연합회에 가입한 자들도 많다. 예를 들어, 녹가원의 책임자인 왕융천은 "NGO는 독립성을 강조할 것이 아니라 국가환경보호의 최종 목표와 요구에 도달하는지의 여부가 중요하다."며 개인자격으로 가입한 원인을 밝히기도 한다.[35]

(3) 중국환경보호기금회(中國環境保護基金)

중화환경보호기금회는 1993년 4월에 설립된 법인 자격의 비영리성을 가진 환경보호사업 부문에서 제1의 전문적인 민간 기금회이다. 이 기금은 중국 GONGO의 초기 사례이다.[36] 기금회는 국내외

---

35) 칭화대 왕밍 교수는 연합회가 하나의 플랫폼이기를 바라면서 "이러한 플랫폼은 환경부문에게 매우 필요한 공간으로서 이는 정부와 NGO, 기업과 NGO, 대중과 NGO, NGO와 NGO 간에 서비스를 제공하고 있다."고 주장한다. ≪21世紀經濟報道≫, 2005年04月26日(http://env.people.com.cn/GB/8220/52002/54435/5323879.html)

36) 中國環境保護基金會 웹사이트. (http://www.cepf.org.cn/)

의 중국 환경사업에 관심 있는 단체와 조직 및 개인으로서의 역할을 발휘하고 있고, 모인 자금은 각종 환경보호 활동 장려 및 재정지원, 환경보호 사업발전 촉진에 쓰인다. 이 조직의 초대 이사장으로는 국가환경보호총국의 의장이었으며 유엔환경계획(UNEP)의 첫 중국대표였던 취꺼핑(曲格平)이 취임했다. 중국환경보호기금은 국가와 긴밀히 협력을 유지하며 개별적, 집단적 환경보호노력을 지지하고 보상하는 기금을 조달한다. 이 단체는 또한 환경 자원자들을 조직하고 훈련시키며 중국환경보호에 관심이 있는 국제기구들과 협력적 관계 및 기술교환활동 등을 전개해 나가고 있다.[37)]

중국환경보호기금과 국가의 관계에서 분명하게 보이듯이, GONGO들은 비교적 무난한 지위를 누린다. 그들은 정부관료들과 데이터뿐만 아니라 국가환경보호총국을 경유하여 국제적, 국내적 조직들과 더 쉽게 연계에 접근한다. 그 결과 NGO와 반대로 종종 더 적은 재정적 관심과 높은 질적인 연구, 그리고 더 강한 정책 영향력을 가져온다. 그러나 이러한 조직은 국가와 밀접한 유대로 인해 정부에 대한 비판의 강도에 있어 훨씬 큰 제약을 초래한다.

이 외에도 중국정부의 환경보호부와 직간접적인 관련을 맺고 있으며 환경관리에서 상호 협조하고 있는 전국적인 GONGO들로는 중국환경과학학회, 중국환경보호산업협회, 중국환경기자협회 등이 있다. 대부분의 GONGO는 현재 자체 웹사이트를 갖추고 있으며 국내외 환경조직들과 활발히 교류하고 있다.

---

37) 중국 환경보호부 및 기금회 웹사이트 참조. (http://www.zhb.gov.cn/, http://www.cepf.org.cn/)

(4) 중국환경과학학회(中國環境科學學會)

1978년에 설립된 중국환경과학학회는 중국환경과학 기술인이 자발적으로 조직한 전국적인 사회단체이다. 정책 과학화를 위한 서비스, 환경관리 및 환경건설을 위한 서비스, 환경과학기술 종사자를 위한 서비스 등 사회적 기능을 담당하고 있다.

이 단체는 국가 1급 학회로서, 중국 환경과학계 최고의 학술단체이며 현재 최대 규모의 환경과학기술 사회단체조직이다.[38] 이 단체의 주요 구성원들은 전국의 환경과학기술자, 환경공정기술인력, 환경교육사업과 환경관리사업 담당자들로서, 총칭하여 환경과학기술공작자(环境科技工作者)들이 자원하여 조직한 단체이다. 현재 전국적으로 회원 수가 약 42,000명이나 된다. 이 단체는 관리체제에 있어 국가환경보호총국과 중국과학기술협회(中國科學技術協會)로부터

〈사진 5〉 중국환경과학학회가 발간하는 ≪中国环境科学≫ 편집위원회 회의 모습
(출처: http://big5.mep.gov.cn/gate/big5/www.cgpn.cn/tech/gongwen/
200701/t20070125_100270.htm)

---

38) 中國环境科學學會 웹사이트 참조. (http://www.chinacses.org/cn/xhgk/ldjg.html)

이중적인 지도(双重領導)를 받고 있다.[39] 중국환경과학학회는 설립 이후 ≪中國環境科學≫을 발간하여 환경보호 과학지식 보급, 국민의 환경보호 의식 제고, 환경과학 수준 향상, 중국 정부기관의 거시 정책에 대한 자문 서비스 제공, 대중참여 행동 및 환경보호 사업 등 방면에서 긍정적인 역할을 하고 있다. 이와 동시에 대중은 물론 국제 조직, 외국 정부의 환경보호 기관, 환경보호 업체, 과학 연구 기관 등과 양호한 협력 관계를 발전시키고 있다.

(5) 중국환경보호산업협회(中國環境保護産業協會)

중국환경보호산업협회는 전국의 환경보호산업에 종사하는 업체가 자발적으로 조직한 경제 사회단체로 지역과 부문을 초월한 전

〈사진 6〉 中国环保产业协会가 운영하는 中国环保产业网
(http://www.cepi.com.cn/homepage/homepage.jsp)

---

39) 中國环境科學學會 웹사이트 참조. (http://www.chinacses.org/cn/xhgk/ldjg.html)

국적인 조직이다. 주요 업무는 업계 내부의 협조와 업계 통계, 업계 관리와 제품 감독 참여, 업계 발전 계획, 관련 정책, 제품기술 제정 참여, 환경보호 중점 실용기술 홍보, 중국 기술교류 및 전람회 기획, 각종 정보 자료수집 및 간행물 출판, 자문 서비스 및 훈련 전개 등이다. 정부 기관과 기업을 위해 서비스하고, 환경보호산업발전 촉진에 전력을 다하며, 중국 환경보호 사업과 경제발전 건설을 위해 서비스하는 것이 협회의 취지이다.

(6) 중국환경기자협회(中國環境新聞工作者協會)

중국환경기자협회는 전국 간행물, 라디오, TV, 통신사 등 언론 기관과 환경 뉴스기자들이 자발적으로 조직한 비정부 조직이며, 독립법인 자격의 전국적인 사회단체로, 아태 환경기자 포럼 성원으로 구성되어 있다. 이 단체는 전국 환경기자를 단결시키고, 환경보호의 선

〈사진 7〉 중국환경기자협회가 운영하는 웹사이트(http://www.cfej.net/)

전과 교육 사업을 추진하며, 대중의 환경의식 제고에 노력하고 있다. 뿐만 아니라 중국의 환경보호 사업 발전과 지속 가능한 발전 전략의 실시를 촉진하며, 국제 및 홍콩, 마카오, 대만 지역의 비정부 조직과 환경기자들의 학술 교류와 협력을 적극적으로 전개하고 있다.[40]

그 밖에 주목할 만한 단체로는 그림에서와 같이 인터넷망까지 갖추며 활발한 조직활동을 보이는 중국생물종다양성보호기금회와 북경시민사회사회발전과 연구센터 등이 있다.

〈사진 8〉 중국생물종다양성보호기금회 사이트(http://www.cbcf.org.cn/index.htm)

---

40) http://www.cfej.net/

〈사진 9〉 북경시민사회사회발전과 연구센터에서 운영 중인
中国发展简报
(http://www.chinadevelopmentbrief.org.cn/index.php)

2) 민간주도형 환경단체(NGO4 - 6)

민간주도형 환경단체(여기서는 '민간 환경 NGO')란 설립주체가
정부가 아닌 순수한 민간인인 단체로 경비를 자체적으로 조달하고
지도자를 독자적으로 선출하는 등 그 설립과 운영면에서 민간이
주도하는 단체를 지칭한다. 민간 환경 NGO는 GONGO보다 더 늦
은 1990년대 중반 이후 출현하기 시작했다.

앞의 GONGO가 중국 정부의 필요에 의해 설립된 측면이 강하
다면 민간 환경 NGO는 중국 환경문제의 심각성에 눈뜨게 된 개인
의 출현 및 환경문제에 관심을 가지게 된 시민층의 성장을 그 배경
요인으로 꼽을 수 있다.[41] 개념적으로 민간 환경 NGO는 다른 유
형의 NGO들과는 달리 자신들의 고유한 권리에 있어 제도적인 영

---

41) 박선영(2002).

역을 구성하고 있다. 특히 자금과 지도자가 민간에서 충원된다는 점에서 자발성이 가장 큰 조직이다. 비록 그들은 여타 6가지 유형의 환경 NGO들과 다양한 방식으로 관련되고 보다 독립적인 NGO들로 진화할 것이지만,[42] 분리된 제도적 영역으로서 그들은 다른 유형의 NGO의 성장에 대해 정치 영역, 대중매체, 인터넷과 국제 NGO들만큼 영향을 미치지는 않는다.[43]

⟨표 8⟩ 중국의 주요 민간 환경 NGO 현황(출처: 각 단체의 홈페이지 참조)

명칭	대표	설립년도	조직특성 및 주요활동	사이트
自然之友 (중국문화원 녹색문화원)	량총지에 (梁从诚)	1997	환경교육, 홍보선전, 지방 환경단체 지원	http://www.fon.org.cn/
綠家園志愿者 (녹가원)	왕융천	1996	미등록(中國環境保護基金會 신하) 자원봉사, 현장 환경보호활동, 환경교육 등	http://www.greensos. cn/ljy/html/main/)
地球村文化中心 (북경지구촌)	라오사오이	1995	환경교육, 에너지보호활동 등	http://www.gvbchina. org/

중국의 민간 환경 NGO 중 현재 영향력이 큰 '자연지우(自然之友)', '북경지구촌(北京地球村)', 그리고 '녹가원(綠家園志愿者)' 등의 조직들은 각각 1994년, 1995년 그리고 1996년에 설립된 것이다. 이러한 조직은 형성 초기 등록도 어렵고 자금도 부족함에 따라 발전이 더디었다. 하지만, 2000년 이후, 중국정부의 체제개혁과 NGO의 노력을 통해서 이들 조직은 빠르게 성장하게 된다. 중국의 환경 NGO들은 중국 정치체제 내의 투명성, 법규, 그리고 공식적인 책임성을 증진시키는 데 있어 핵심적인 역할을 수행하고 있다.

---

42) Fengshui Wu, "New partners or old brothers GONGOs in transnational environmental advocacy in China", *China Environmental Series*, Issue 5(2002), pp.45－58.

43) Guobin Yang(2005), p.49.

중국에서 환경 NGO들은 비록 영향력이 결코 단방향의 것이 아니지만, 대개는 정치적 영역에 종속되어 왔다. 하여 그들은 대중매체, 국제 NGO, 그리고 등장하는 뉴미디어(인터넷) 속에서 동맹을 유지하면서 이러한 한계를 극복하고자 노력해 왔다. 특히 광범위한 연계매체 및 NGO 상호 간의 협력을 통해서 힘이 점차 커지고 있고 사회적인 영향력도 점점 커지고 있다. NGO가 개입하는 영역도 전통적인 역할, 즉 교육, 대중동원 등으로부터 점차 정책 쪽을 선호하는 방향으로 전환하게 되었다. 이러한 NGO의 활동 중 가장 영향력을 크게 발휘한 것이 2003년부터 진행되었던 윈난성의 누강댐 건설반대운동에서였다. 누강댐 건설문제가 전국적 이슈로 만들어지고 반대여론이 형성되는 과정에서 수년 전부터 인터넷을 매개로 하거나 포럼 등 형식으로 운영되어 오던 환경 NGO들 사이의 네트워크가 주도적인 역할을 하였던 것이다.[44]

중국에서 활동하고 있는 민간 환경 NGO는 설립 주체의 성격에 따라 다시 개인 NGO그룹과 학생운동그룹, 그리고 국제 NGO그룹으로 나누어 볼 수 있다. 개인 NGO그룹은 지도자 개인의 명망과 캐리어에 의존하는 바, 중국의 환경문제에 관한 영향력이 가장 큰 전형적인 민간환경조직의 유형이라 할 수 있다. 일부 헌신적이고 명성 있는 '조직적 기업가'[45]들이 자원을 동원하여 이러한 NGO를 결성하는 데 결정적인 역할을 수행한다. 학생운동조직은 중국의 대학생들에 의해 설립된 NGO들로서 주로 대학캠퍼스와 캠퍼스 주위의 마을, 지역을 중심으로 활동하는 NGO들이다. 청년 학생들과

---

44) '누강보위전'에 대해서는 전형권(2006), pp.261 - 283. 참조.

45) Paul J. DiMaggio는 이 같은 NGO 조직가를 '조직적 기업가'라 불러 유형별로 특성을 논한다. "Interest and agency in institutional theory", in L. Zucker(ed.), *Institutional Patterns and Organization*(Cambridge, MA: Ballinger Press, 1988), pp.3 - 21. 참고.

〈사진 10〉 민간 환경 NGO 自然之友 홈페이지
(http://www.fon.org.cn/)

같은 조직을 설립하는 이들은 사회적 경험이나 자기 충족적인 활동 추구 양상을 보여준다.[46] 국제 환경 NGO는 국제환경단체의 중국 지부 형태로 설립된 환경 NGO들을 말한다. 이들은 국제 NGO들과 공생적인 관계를 갖으며[47] 비교적 국제적 연계망과 경험이 풍부한 자들이 주도한다.

(1) 개인주도 환경 NGO

민간 환경 NGO 중 중국에서 지명도가 높은 대부분의 조직들은 개인 NGO에 해당한다. 이는 주로 교수, 언론인, 유학파 리더 등이 설립한 단체들로서 자연지우(自然之友), 지구촌(北京地球村環境文化中心),[48] 녹가원(綠家園志愿者)[49] 등이 대표적이다.

---

46) Guobin Yang(2005), p.48.

47) 박선영(2002).

48) 地球村 http://www.gvbchina.org/ 참조.

① 중국의 첫 번째 환경 NGO[50]라 할 수 있는 자연지우(自然之友)는 량총지에(梁從誡)가 설립했으며, 이후 설립자의 개인적 명성을 등에 입고 국내외에 많은 주목을 받아왔다.[51] 베이징에 기반을 둔 이 단체는 창립 이후 15년이 지난 오늘날, 중국 전역에 걸쳐 이미 1만 명의 발전회원을 갖고 있으며 그중 활동가들은 약 3천 명, 단체회원만도 30개에 달한다.[52] 량총지에가 다방면의 인사들과 맺고 있는 개인적인 연계망은 자연지우 성공에서 중요한 역할을 한다. 량총지에가 많은 개인적 관계를 가진 유명인사이면서 동시에 전국인민정치협상회의(정협) 상임위원회 위원이라는 사실은 자연지우를 정부관리의 잠재적으로 적대적인 비난으로부터 보호해 주는 보호막이 된다. 량의 지위는 또한 그가 설립한 조직을 성공적으로 국내적, 국제적인 신뢰를 확보하고 자금지원을 받을 수 있도록 하였다. 그는 자연지우의 아이디어를 정부의 정책결정자에게 직접적으로 전달할 수 있었고 비동조적일 수 있었을 많은 다른 관리들이 그의 아젠다를 고려할 수 있도록 압력을 가하였다.

이러한 맥락에서 서구학자들은 량의 존재가 없다면, 자연지우가 국제적이고 국내적인 인정과 지위를 누릴 가능성은 거의 없다고 주장한다.[53] 자연지우의 회원들은 량이 떠나면, 이 조직이 현재 누리고 있는 활동의 제한된 자유나마 제약되고, 그 조직의 존재 자체

---

49) 綠家園 http://www.chinagev.org 참조.

50) 그러나 중국정부는 自然之友를 중국의 첫 번째 NGO로 인정하지 않고 있다고 自然之友의 장리지엔 국장은 설명했다. 왜냐하면 自然之友가 설립되기 전 중국 전역에 이미 환경보호를 목적으로 하는 약 1,000여 개의 E-GONGOs가 있었으며 이들을 중국정부에서는 모두 NGO로 간주하기 때문이다. 박선영(2002), p.37.

51) 그는 전국인민정치협상회의 위원이기도 하다.

52) 自然之友, http://www.fon.org.cn 참조(검색일: 2008.12.11).

53) Jonathan Schwartz(2004), pp.28−49.

마저도 의문이 들 것이라고 관심을 표명한다. 자연지우 회원들은 여전히 정부에 비판적이거나 특정한 정책을 위해 로비를 할 수 없으며 자신들의 의견을 표출하고 완곡하게 비판을 하는 데 한계가 있다.

한편, 자금출처에 있어서 자연지우는 활동 초기에는 설립자들의 개인기부로 운영되었다. 량총지에 등 설립자들은 모두 직업을 가지고 있었으며 초기에는 이들의 급여로 운영자금을 마련했다. 현재 자연지우는 재정의 약 98%(거의 대부분)를 중국 내의 기금회, 국외 재단(미국, 일본, 유럽 등) 및 국외기업(Shell Company 등)의 후원에 의존하고 있다. 이 외에 회비, 도서판매수익금, 프로그램 참가비 등이 있으나 전체 재정에서 차지하는 비율은 극히 미미하다.[54]

자연지우는 아시아환경상(亞洲环境獎)과 지구상(地球獎) 등을 받기도 하면서 중국에서 공신력과 영향력 면에서 우수한 역량을 갖춘 민간환경보호조직으로 거듭나고 있다. 이와 동시에 친환경의 길에서 자연지우와 동행하는 자들도 갈수록 많아지고 있다.[55] 이 단체는 그 회원을 제한하고 지부 사무실이나 제휴요청을 거부하는데, 이는 만약 이 단체가 너무 많은 회원들을 끌어들이거나 심지어 어떤 지역적 집단과 밀접한 관계를 수립하게 되면, 이는 NGO 활동에 대한 정부의 제한을 무시하는 것으로 간주될 수 있기 때문이다.

활동 면에서, 자연지우는 '다양한 교육활동을 통해 중국인민의 환경의식을 강화하고 환경문제를 해결하기 위해 정부와 협력'하는 것을 사명으로 밝히고 주로 환경교육에 중점을 두고 있다. 자연지우

---

54) 박선영(2002), p.38.

55) 劉毅, "自然之友多起來我國环保民間組織力量逐步壯大", 人民網 ≪人民日報≫ (http://env.people.com.cn/GB/8372458.html, 2008.11.20).

<그림 5> 자연지우가 해마다 발간하는 ≪중국환경녹피서≫ 발표회 및
환경정책과 대중참여 토론회(출처: 自然之友 홈페이지
http://www.fon.org.cn/content.php?aid=10962)

의 조직구조를 보면, 회원소조와 주제별 회원조직으로 구성되어 있
고, 지도부로는 창립회장(梁從誠), 이사장(楊東平), 총간사(李波)를 두고
있다. 실무팀으로는 조사연구부(調研部), 발전협력부(發展合作部), 교육
활동부(敎育活動部), 홍보 및 섭외부(傳播与公關部), 행정재무부(行政財
務部)를 두고 있다. 이러한 조직을 통해 환경공공정책을 주창하고,
시민들의 환경의식과 행동을 선도하며, 지방의 풀뿌리 환경조직들과 협
력하며 그들을 지원하는 등의 역할을 주된 임무로 하고 있다.

특히 해마다 광범위한 조사활동을 통해 일종의 환경백서라 할수
있는 <중국환경녹피서>를 발간하여 환경공공정책을 주창하고 있
다. 그리고 시민들의 환경의식과 환경보호를 선도하기 위한 현장활
동으로는 조류탐사, 식수 및 양육, 장링양과 금빛 원숭이(金丝猴)
같은 멸종위기 동물 보호 활동이 있다. 이 외에 환경 관련 도서 출

판 및 정기뉴스레터인 <自然之友>를 발간하고 있으며 1995년부터 매년 중국 인민의 환경인식에 관한 정기적인 설문 조사를 실시하여 그 결과를 언론에 발표하고 있다. 지방의 환경조직과 협력 및 지원을 하기 위해 산하에 8개의 지부를 두어 현지의 환경조직들의 역량을 강화하고 있다. 또한 재난이 있을 경우 '5.12 재난구역 재건행동'을 조직해 지방조직들과 협력하여 구호활동을 하였으며, 초원지대의 보호를 위한 활동 프로젝트로서, ≪自然之友保護現存草原聯合項目≫을 추진하여 2007년에 'SEE·TNC生態奬(2007)'에서 우수상을 수상하기도 하였다.[56]

정부(중앙정부 또는 지방정부)와의 관계에서 자연지우의 근본적인 입장은 '협력'이다. 설립자이자 지도자인 량총지에는 중국의 현실에는 맞지 않는 그린피스와 같은 적대적인 활동전략보다는 '협력'이 오히려 더 현실적인 방법이라고 인식한다. 실제로 이 단체는는 각 학교에서 환경교육을 실시하는 데 있어 국가교육위원회의 협조 아래 보다 빠르게 환경교육을 보급할 수 있었다. 또한 베이징에서 이루어지는 활동들도 기층단위인 '주민위원회'와의 긴밀한 협조 아래 이루어진다. 그렇다고 자연지우의 활동에서 정부의 정책이나 행동에 대한 반대행동을 전혀 찾아볼 수 없는 것은 아니다. 예를 들어 이 단체는 윈난지방에서 강행되는 省 정부의 벌채작업으로 멸종위기에 놓여 있던 금빛 원숭이(진쓰훠)를 보호하기 위해 중국 정부 관계자들에게 항의편지보내기운동을 전개하기도 했다. 자연지우는 언론을 중국 인민의 환경인식증진을 위한 주요한 수단으로 보고 언론을 통해 자신들의 활동을 알리는 데도 노력해 왔

---

56) 自然之友 홈페이지. (http://www.fon.org.cn/channal.php?cid=40, 검색일: 2009.1.11).

다.57)

량총지에에 따르면, 자연지우 이후에 생겨난 중국 환경 NGO들 중에는 자연지우에서 분가(分家)한 단체가 많다. 자연지우는 지방에 환경 NGO가 설립되면 1,000달러씩 지원하면서 환경단체의 맏형 역할을 하기도 한다.58)

② 綠家園志愿者(약칭, 綠家園)는 1996년에 설립되었으며 중국의 대표적인 자원봉사자 조직이다. 전 언론인이었으며 자연지우에서 일했던 왕융천(汪永晨)이 환경문제 관련 기사 취재를 위해 중국 내륙을 여행하던 중 환경보호의 중요성에 대해 깨닫고 도농 학생 교류프로그램을 시작한 것이 단체의 출발점이 되었다. 이후 왕융천은 미국의 환경단체를 돌아보면서 단체 활동의 아이디어를 얻어 이 단체를 설립하게 된다. 녹가원은 설립 초기부터 전적으로 참가자들의 자발적인 기부로 운영되었다. 설립 초기 이는 설립자의 집을 사무실로 사용했으며 활동비는 전적으로 참가자들의 참가비로 충당되었다.59) 2000년에 국가환경보호총국은 왕융천에게 그 공로를 인정하여 '환경사절(环境使者)'이라는 칭호를 주기도 하였다.60)

---

57) 박선영(2002), pp.38 – 39.

58) 한삼희, "환경칼럼: 解振華와 梁從誠", <조선일보>, 2005.12.22 (http://news.chosun.com/ site/data/html_dir/2005/12/22/2005122270385.html)

59) 박선영(2002), pp.38 – 39.

60) http://old.fon.org.cn/index.php?id=2709

〈사진 11〉 綠家園이 운영하는 녹색기자살롱 홈페이지
(http://www.greensos.cn/ljy/html/main/)

하지만 아직까지 녹가원은 중국 정부에 민간단체로 등록되어 있지 않은 상태이다. 민정부에 등록하기 위해 여러 번 시도했으나 번번이 거절된 적이 있었다. 때문에 이 단체는 다만 법률적으로 문제가 있을 때 이를 해결하기 위해 중국환경보호기금회(中國環境保護基金會) 산하로 등록되어 있는 상태이나 이름만 올려놓았을 뿐 두 단체 사이에는 어떤 교류도 없다. 녹가원의 예는 중국에서 민간단체의 법적 등록의 어려움을 잘 보여주는 사례라고 할 수 있다.[61] 이처럼 법률적 지위가 결여됨으로 인해 공식적인 회원구조를 갖거나 회비는 받을 수도 없다. 현재 이 단체는 미국 포드재단과 애콜로지아(Ecologia)재단으로부터 소요경비(사무실 임대, 상근자 급여, 집기 구입, 웹사이트 제작, TV프로그램 제작 등)를 지원받고 있다. 그러나 여전히 활동비 및 사업비는 자원봉사자(volunteers)들의 참가

---

61) 박선영(2002), pp.38－39.

비로 운영되고 있다.

활동면에서 '자연으로 가서, 자연을 알고, 자연과 친구가 되자'를 사명으로 밝히고 있는 녹가원 역시 '환경교육'에 중점을 두고 있었다. 자연지우가 학생들과 직접적으로 교류할 수 있는 교육활동에 중점을 두고 있고 지구촌(地球村)이 직접적인 교육활동보다는 교육교재 개발, TV프로그램 제작, 타 단체와의 협력활동에 더 중점을 두고 있다면 녹가원은 교실에서 이루어지는 교육보다는 현장활동에 바탕을 둔 환경교육에 더 중점을 두고 있다. 주목을 끄는 것은 2000년부터 환경문제에 대한 언론인들의 이해를 높이고 정확한 보도를 위한 '녹색기자살롱(綠色記者沙龍)'을 월 1회 개최하고 있다는 점이다. 여기에는 주로 환경문제에 관한 강연을 열고 있으며 기자, 전문가, 학자, 정부 관료 등 매번 20-30명의 지식인층이 모이고 있다. 이 프로그램은 세계야생기금 중국지부(WWF China)의 지원을 받아 이루어지고 있다. 녹가원의 활동에는 다른 단체들에 비해 중국의 언론인들이 많이 참가하고 있었는데 이는 단체 대표인 왕용천이 전직 언론인이었던 점이 주효한 것으로 보인다.

녹가원은 미등록 단체이기 때문에 자연지우나 지구촌에 비해 정부 및 GONGO와 그다지 활발한 협력관계는 맺고 있지 않았다. 그러나 정식 등록이 되어 있지 않다 하더라도 이 단체의 모든 활동은 중국 정부의 인지와 동의 아래 이루어지고 있다. 단체 활동에 정부 관료가 참가한 적은 없지만 정부산하연구소의 연구원들은 많이 참가하고 있다. 그리고 조류 탐사 및 나무심기 활동 시 지방정부의 협조 아래 활동을 펼치고 있다. 기업과의 관계를 보면 음료수회사인 '루밍회사'에서 환경가이드북 출판을 위해 10만 元을 지원한 적이 있으며 중국 모토로라 회사원들이 단체 활동에 참여한 적이 있다. 그러나 이 단체 역시 기업과의 협력도 미미하며 아직 중국 기업을 적극적인 파트너로 생각하고 있지 않았다.[62)

2001년 들어 녹가원은 과거와 달리 보다 적극적인 환경세력으로 발전한다. 당시 3월, 베이징의 쿤위에(昆玉) 하천 용수로를 정돈할 당시 당국 결정이 생태계 파괴와 자연 경관 파괴를 초래한다며 환경단체 활동가, 환경 전문가, 그리고 베이징 부시장 등이 참석하는 공청회까지 여는 '세력'으로 발전한다. 이 공청회는 시민단체 활동을 인정하지 않는 중국에서 기대만큼 성과를 내지는 못했지만 이는 중국의 환경 변화를 실감케 한 주요 '사건'이 되었다. 2003년 10월 25일, 녹가원은 매우 영향력이 있는 행동을 한다. 중국환경문화촉진회 제2차 회원대표대회(中國环境文化促進會第二屆會員代表大會)에서 62명의 과학, 문화예술, 신문, 민간환경 인사들이 연합하여 누강댐에 대한 반대서명을 하도록 한 것이다. 이는 뒷장의 환경 거버넌스 사례에서 자세히 살필 것이다.

③ 北京地球村環境文化中心(약칭, 地球村)은 1996년 3월에 랴오샤오이(廖曉義)가 설립한 민간 환경운동단체이다. 1993년부터 1995년까지 3년간의 미국 유학생활 동안 각 나라에서 온 많은 NGO들의 활동을 보고 이에 고무된 그녀는 중국으로 돌아온 즉시 친구들과 함께 베이징에 독립적인 민간단체로서 지구촌을 설립하게 된다. 그녀는 활동의 일환으로 10년 동안 환경 전문테마의 영화를 100편 이상 촬영했다. 또한 '녹색사회', '녹색생활', '녹색천사', '녹색기차' 등 대중 캠페인을 펼쳤으며 '지속가능에너지기자포럼'을 조직하고, 18,667.6 아르에 달하는 산지에 환경교육센터를 세웠다.[63) 그녀는

62) 박선영(2002), pp.41－44 참조.
63) 李力, "北京地球村主任廖曉義提名2005CCTV中國經濟年度人物社會公益獎候選人",

〈사진 12〉 중국 환경NGO들이 공동으로 추진하는
<생태위생행동선언(生态卫生行动宣言)>에 서명하는 지구촌의 랴오샤오이
(출처: http://www.cleanwater.org.cn/page/default.asp?ID=143)

2005년 12월 한 인터뷰에서 그간의 활동이력을 'MNR(Media, NGO, Research)'로 축약한바 있다. 즉, 그녀의 활동은 주로 대중매체, NGO, 그리고 연구사업으로 이루어졌는데 환경NGO에서의 실천경험이 자신의 이론적 연구활동의 자양분이 되고, 대중매체와 합작하여 제작한 TV프로그램이 환경운동이념과 이론을 대중에게 전파하는 매개체가 된다는 것이다. 그리하여 이러한 활동은 '3위일체'가 되어 각 활동을 격려·보완하는 선순환의 구조를 갖고 있는 것이다.[64]

랴오샤오이는 환경 NGO단체의 유일한 여성대표로서 2005년 CCTV가 선정한 사회공익상 후보에 올랐다.[65] 이처럼 환경 NGO

环境亞洲·中國(Enviroasia China), 2005.12.14 (http://www.enviroasia.info/news/news_detail.php3/C05121401C).

64) "廖晓义;MNR,"≪商務周刊≫2005年12月9日 finance.sina.com.cn.

65) 李力, "北京地球村主任廖曉義提名2005CCTV中國經濟年度人物社會公益獎候選人",

의 지도자가 2005년 사회공익상의 대표로 선정된 점은 중국정부가 환경 NGO의 사회 공익적 기능을 공식적으로 인정함을 의미한다.

지구촌은 설립 당시 민정부에 사회단체로 등록하는 것이 어려워 베이징시 챠오양구 상공관리국(北京市 朝陽區 工商管理局)에 비영리기업으로 등록하는 방식을 택했다. 이처럼 '비영리기업'으로 상공관리국에 등록되어 있기 때문에 조직 내에 회장, 부회장 및 회계직을 반드시 두어야 하며 일정한 세금을 내도록 되어 있다. 개혁개방 정책 이후 중국 정부가 사영기업부문을 적극 육성하면서 사회단체로 등록하는 것보다 비영리기업으로 등록하는 것이 훨씬 용이하게 되었다. 이로 인해 중국에서는 많은 환경 NGO들이 표면적으로 '비영리기업' 형태의 단체를 만들고 있다.66)

활동면에서 '환경문제에 대한 공공인식 증진과 대중 참여를 강화함으로써 중국의 지속 가능한 발전을 성취하는 것'을 사명으로 밝히고 있는 지구촌은 환경교육에 중점을 두고 교재개발과 대중캠페인, 연대 활동 등을 활발히 주도하고 있다. 지구촌에서는 '녹색사구(綠色社區)' 건설을 위해 北京의 선우구정부(宣武區政府)와 함께 에너지 및 물 절약 활동, 재활용캠페인, 쓰레기 분리수거활동 등을 펼치기도 하였다.67) 2005년 11월 랴오샤오이는 가능한 겨울철 난방온도는 18도로 유지하자고 제안하는 등 대중운동을 주도한다. 최근 전국에서 추진 중인 '난방온도 26도 유지하기' 등 에너지 절약 캠페인은 랴오샤오이 대표가 최초로 제기한 캠페인으로서 정부는 물론 환경단체들부터 많은 호응을 받고 있다. 이에 고무된 원자바오(溫家寶) 총

环境亞洲 · 中國(Enviroasia China), 2005.12.14 (http://www.enviroasia.info/news/news_detail.php3/C05121401C).

66) 박선영(2002), p.40.
67) 박선영(2002), p.40.

리는 한 강연에서 '26도 난방 에너지 절약 운동'을 특별히 강조했다. 또한 이보다 앞선 2005년 9월 22일, 지구촌 환경교육센터 등 9개의 민간단체는 '자동차 없는 하루' 캠페인을 제의했다. 베이징 자가운전자들에게 '오늘하루 대중교통 또는 자전거로 출퇴근하기' 등 지속 가능한 소비와 에코라이프(Eco Life)의 방식의 도입으로 날로 심각해지는 국제 에너지 위기에 대처하기를 호소했다.

설립 초기부터 활발한 국제활동을 펼쳐 온 지구촌은 현재 지구환경기금(GEF)의 지역사무소를 맡고 있으며 2002년 8월, 남아프리카공화국에서 열리는 지속 가능한 발전 세계정상회의(WSSD)의 중국 NGO 참가단 코디네이터를 맡기도 했다. 또한 중앙정부 및 지방정부와도 활발한 협력관계를 맺으며 활동하여 왔다. 생태공동체라 할 수 있는 '녹색사구' 건설을 위해 區정부와 긴밀한 유대관계 아래에서 일해 왔으며 2008년 北京올림픽을 친환경적으로 치르기 위해 올림픽조직위원회와도 협력을 전개해 왔다.

뿐만 아니라 지구촌은 여타의 GONGO 및 중국의 다른 NGO들과도 밀접한 협력관계를 맺고 있다. 이 단체는 현재 중국소비자협회(中國消費者協會), 중화자선총회(中華慈善總會)와 같은 GONGO들과 함께 녹색소비운동, 환경그림전시회 개최, 교육프로그램 실시 등의 다양한 활동을 펼치고 있다. 지구촌은 이러한 협력관계를 바탕으로 적극적으로 중국 NGO의 연대활동을 이끌어 나가는 모습을 보이고 있다. 2000년 4월 지구촌은 北京의 다른 NGO(自然之友, 綠家園志願者, 그린피스베이징, WWF China 등)들과 함께 'Earthday 2000 China' 행사를 조직하여 중국 전역에서 약 10만여 명이 참가하는 성과를 이루어 냈다. 이를 통해 중국 NGO의 수평적 연대를 절실히 느끼게 된 이들은 '중국 환경 NGO Network'를 조직하고 이를 위한 코디네이터로 선출되었다. 이후 지구촌은 2001년부터 '중국 환경 NGO회의'를 개최하고 있다. 대중환경교육자료개발과 보급에도 앞장서고 있는 지구촌은 환경에 관한 영상물 제작을 위해 CCTV나 각 지방 언론들과도 밀접한 협력관계를 맺고 있다. 그러나 중국 기업과의 관계는 미미하다.[68]

한편, 지방의 풀뿌리 환경 NGO로서 성공적인 NGO도 대부분은 지도자의 개인적인 지위와 능력에 의존한다. 하나의 사례가 바로 '충칭녹색지원자(重慶綠色志願者)'인데, 이는 위더밍(Wu Deming)이 설립한 단체로 지구촌과 느슨히 제휴를 맺고 있다. 충칭녹색지원자가 처음 설립될 당시에는 지방의 학교 신설에 있어 식목 등 환경적 각성과 같은 중국 환경 NGO 공동체에 귀속되어 있는 활동들에 초점을 맞추었다. 이 단체는 벌목자들이 불법적인 벌목을 못 하도록 대중매체를 활용해 압력을 넣는 등 그 범위를 넓히면서 풀뿌리 조직으로서 상당한 영향력을 발휘하고 있다.

④ 개인주도환경NGO의 특성

이상에서 살펴보았듯이 환경 NGO들은 대체로 보아 새로운 영역의 활동으로 등장한 반면, 개별 조직의 발전은 한결같지 않다. 그 결정적 요인은 바로 지도력이다. 환경 NGO들은 타 영역(가령, 대중매체의 저널리스트)뿐만 아니라 그들 자신 영역 내에서 행위자들과 상호작용을 통해 자원들을 동원한다. 이 과정에서 자원력이 있는 리더를 가진 조직들은 이들 기업가들이 자신들의 문화적 명성, 사회적 네트워크, 경제적 자본, 정치적 지위와 인적 기술을 통해 조직의 발전을 지탱할 수 있다는 이점이 있다. 이러한 형태의 자본은 동등하게 분배되지 않는다. 일부 지도자들은 문화적인 자산

---

68) 박선영(2002), pp.42-44.

과 돈을 가진 반면, 일부 지도자들은 보다 정치적인 인맥과 연결고리를 가지고 있기 때문이다.[69]

양(Yang)에 따르면, 중국에서 NGO를 설립하는 '조직적 기업가'의 유형은 최소한 세 가지로 구분된다.[70] 첫째 유형은 정치적 자본과 문화적 명성을 조합한 것으로 자연지우 창립자 량총지에(梁從誠)가 대표적이다. 그는 역사학 교수로서 중국문화원의 부총재이며 전국 인민정치협상회의(정협)의 멤버이기도 하다. 그의 지위와 배경은 정치적 영향력뿐만 아니라 사회적 연결망, 문화적 명성으로 전환되었던 것이다. 그는 신속히 중국 환경운동의 대표주자가 되어, 1998년 중국을 방문한 클린턴 미국대통령과 영국의 토니 블레어 수상과의 회동에 선발되었으며, 많은 국제적인 상을 받기도 하였다. 이러한 그의 경력은 자신의 조직에 명성과 외부적 지원을 가져온 원동력이 되었다.

환경 NGO의 지도자 중 둘째 유형의 조직적 기업가는 직업적인 전문성과 국제적인 연계가 강한 사람이다. 지구촌(北京地球村)의 설립자 랴오사오이가 대표적인 인물로서 그녀는 철학 석사학위를 갖고 있으며, 1992년부터 1995년까지 미국 노스캐롤라이나 주립대학(North Carolina Sate University)에서 국제환경정치를 연구하였다. 1996년에 NGO의 등록이 어렵게 되자 그녀는 지구촌을 기업체로 등록하고 활동은 NGO방식으로 하였다. 그리고 지구촌의 성장은 대부분 외국 자금에 의한 것이었다. 랴오의 미국에서의 교육적 경험과 국제기구들과의 인적 연결망은 그녀의 자금모금 노력에 도움이 되었다. 랴오의 지도하에서 지구촌은 빠르게 명성을 얻어 갔고,

---

69) Guobin Yang(2005), p.60.

70) 이하 Guobin Yang(2005), p.60. 참고.

그녀 역시 량총지에와 함께 1998년 클린턴 대통령의 중국 방문 시 회동에 초대되었다.

셋째 유형의 지도자는 앞의 다른 유형과 같은 그러한 자금을 자랑 삼을 수 없는 열악한 조건을 가진 사람들이다. 대개는 젊은 세대들로서 이들은 개인적인 경험이나 환경적인 관심으로 인해 기존의 선도적인 NGO의 영향력 속에서 조직을 건설한다. 그들은 컴퓨터 활용과 같은 보다 기술적인 능력을 소유하는 경향이 있다. 뒤에서 살피게 될 인터넷 환경조직인 녹색북경(Greener Beijing)의 창립자가 대표적인 인물로서 인터넷과 환경문제에 동시에 열정을 갖고 있다. 또한 티베트장링양정보센터(Tibetan Antelope Information Centre)와 몇몇 다른 조직의 창립자들은 녹색캠프(Green Camp)의 퇴역 인사들로서 이 캠프에 대한 참여를 통해 조직을 건설하는 훈련과 경험을 획득하였던 것이다. 이처럼 개인주도 환경단체들은 다양한 조직적 배경 속에서 태동하였으며 이러한 특성은 향후 이들의 조직 특성과 활동주제 및 방법을 좌우하는 요인으로 작용하였다.

(2) 학생환경조직

학생환경조직은 중국의 대학생들에 의해 설립된 NGO들로서 주로 대학캠퍼스와 캠퍼스 주위의 마을, 지역을 중심으로 활동하는 NGO들이다. 이들은 대학캠퍼스 내의 녹색운동, 거리 캠페인, 현지방문, 지역환경교육 등을 주로 펼치고 있다. 특히 이들은 인터넷을 자유자재로 다루기 때문에 인터넷을 통한 정보체계를 구축하고 웹사이트를 이용한 환경보호운동 등에 중점을 두고 있다. 중국의 환경 NGO 중에서도 학생운동조직은 대학교 산하로 법적 등록을 마치기가 쉬우며 일상의 운영에 있어서도 중국 정부의 간섭을 거의 받고 있지 않아 자율성이 매우 높다고 할 수 있다. 또한 캠퍼스 내에서도 정치적으로 안전하다고 여겨지기 때문에 매우 광범위한 지역에서 학생들에게 호응을 얻고 있다.[71] 이런 점에서 중국 내의 대학들 또한 환경주의 활동의 온상이 되고 있다. 대학의 환경조직들은 꽤 번거로운 등록의 절차를 마쳤거나 혹은 등록하지 않은 상태이다. 2004년 지구의 날에는 대학 환경단체에 의해 조직된 약 10만 명의 중국 대학생들이 22개 省에서 환경보호 활동에 참가하기도 하였다.[72]

〈표 9〉 중국의 주요 학생환경운동 조직

단체명	설립연도	사이트
中國靑年應對氣候變化行動	2007	http://www.cycan.org/Item/582.aspx
北京工业大学自然爱好者协会	1998. 9	http://www.greengo.cn/news.php?id=3
湖南科技大学绿色家园环保协会	미확인	http://kdgreenhome.bokee.com/
西北农林科技大学义务环保协会	2001. 11	http://www.ywhb.ngo.cn/
云南财经大学绿风环保协会	2003	http://www.greengo.cn/news.php?id=375
浙江大学 "绿之源" 协会	1999. 10	http://www.greengo.cn/news.php?id=412
中國綠色學生論壇	1996	www.gsfchina.org
东北林业大学 绿色使者协会	1996. 4	http://www.greenangel.org/
厦门大学学生绿野协会	1999	http://www.greenwild.org/

(출처: 연구자가 각 단체들의 홈페이지를 참고로 작성)

① 대표적인 학생운동조직으로 중국청년기후변화대응행동(中國靑年應對氣候變化行動, China Youth Climate Action Network, CYCAN)이 있다. 2007년 여름에 설립된 이 조직은 7개의 청년 환경조직으로 구성되어 있으며 이들은 주로 기후변화 문제를 다루는 능력과 자원을 통합적으로 갖춘 사람들이다.[73] 이들은 항상 청년 학생들로

71) Wen, Bo, "Greening the Chinese Media", *China Environmental Series, Issue* 4(Washington: Woodrow Wilson Center for Scholars, 2001).

72) Elizabeth Economy(2005.2.7).

하여금 구체적인 문제에 상응하는 현실적인 수단들을 취하도록 유도할 것이라는 바람 속에서 지구온난화 쟁점 및 중국의 청년들이 수행하는 중요한 역할에 대해 주목하고 있다. 이 조직은 중국 청년들로 하여금 기후변화와 관련된 프로그램을 과학적으로 증진하고 이와 같은 종류의 프로그램을 수행하도록 새로운 방식을 찾기 위해 자신들의 네트워크 기반을 십분 활용하고 있다. 그리고 2012년 전까지 중국에서 선도(先導) 고등교육기관에서 온실가스 배출량의 20% 감축을 목표로 하고 있다. 그리하여 자원 절약형 캠퍼스의 건설을 촉진하고 에너지 절약과 배출량 감소라는 국가 목표를 현실화하기 위해 여러 가지 실천 활동을 전개하고 있다.

〈사진 13〉 학생환경운동조직인 中国青年応対气候変化行动의 기후변화대응 홍보
활동모습
(출처: http://www.cycan.org/Item/582.aspx)

---

73) 中國青年應對氣候變化行動网絡 사이트 참조. (http://www.cycan.org/Item/582.aspx, 검색일: 2008.11.20).

또한 이 단체는 이 같은 목표달성을 위해 단기 계획과 장기계획을 동시에 갖고 있는데, 단기계획으로는 기후변화문제 선도(先導) 고등교육기관 중의 CDM(청정개발기제)와 결합하는 전국적인 데이터 조사를 수행하는 것, 훈련코스뿐만 아니라 조사와 연구를 조직하기, 기후변화를 예방하기 위한 고등교육기관의 활동주창을 증진하는 것, 공동노력을 통해 중국 전역에 걸쳐 기후행동네트워크를 설립하고 공동의 노력 활동에 착수하는 것 등이 포함되어 있다.

한편, 청년대중의 환경의식을 고취시키고 고등교육기관에서 에너지 절약형 장비를 개선하는 것은 기후변화에 대한 지식을 유포시키려는 지속적인 노력을 통해 수행될 수 있다는 인식 하에 이 단체는 이러한 교육활동을 장기적인 계획으로 수립하고 있다. 이 단체는 2007년 7월, 중국청년기후변화행동선언을 작성하여, 유엔환경계획(UNEP)의 LIVE EARTH Global Climate Change Concert에 이를 송부했다. 2007년 8월에는 21개 각 지역의 23개 대학들로 선도 대학을 선정했고 그해 9월에는 웹사이트(www.cycan.org)를 개설하였다. 10월에는 기후변화를 다루는 훈련을 수행하고 Green Campus 훈련 프로젝트를 주도했다. 2007년 11월에는 격월로 발행되는 'GO COOLER' 게시판을 신설하여 관련 정보를 널리 공유하였다. 가장 최근인 2008년 7월에는 기후변화와 중국청년활동에 대한 제1회 CYCAN 연례회의를 개최하였다. 이 단체가 수행하는 프로그램 중에서 가장 핵심적인 사업은 바로 그린캠퍼스 프로그램(Green Campus Program)이다. 그린캠퍼스는 밀도 높은 조사와 연구에 기반을 둔 일종의 프로젝트로서 에너지절약형 장비사용과 대중인식, 그리고 관리패턴의 사용에 있어 동일한 평가를 가지고 강력한 데이터 조사에 의해 지원된다. 이러한 기획은 대학 내에서 최선의 에너지 절약형 해결책을 모색하는데 데이터들은 캠퍼스 에너지 소비에 대한 조사를 통해 수집되고 분석될 수 있다. 그리하여 이 기획은 근본적으로 에너지 소비모형의 개선에 있어 적절한 제안들을 제공할 것으로 기대된다.

② 또 다른 학생 환경조직으로는 중국녹색학생논단(中國綠色學生論壇)을 들 수 있다. 이 조직은 1996년에 설립되었고, 전국 각지에 분포된 약 130여 개 대학생환경단체의 네트워크이다. 북경에 기반을 둔 이 조직은 중국청년들의 단결을 증진하여 환경을 보호하는데 사명을 두고 있다.

〈사진 14〉 학생환경사단이 전개하는 대중활동
(http://kdgreenhome.bokee.com/photo/singlePhoto.b?ID=4549864)

주요 활동 프로그램을 보면, 전국적인 네트워크를 통해 각종 환경프로그램을 주창하고 환경쟁점을 둘러싼 다양한 워크숍과 세미나들을 개최한다. 2005년 이래, 이 조직의 회원들은 북경임업대학의 Green Fingers 및 북경기술산업대학(BTBU)의 Green Day와 함께 북경의 수질(특히 퉁후이 강)과 관련된 프로젝트를 개발하고 있다. 현재는 Pacific Environment와 같은 조직의 지원으로, 다년간의 북경 수질에 대한 조사결과를 활용하여 'River Culture of Beijing'이라는 배너 아래 학생과 공동체 주민(사구주민)들을 위한 환경 관련 교육과 행사를 주창하고 있다. 또한 'Green Travel' 브로셔와 'River Cultures of Beijing'이라는 지도를 제작하여 북경 하천의 중요한 역사, 문화 및 유용성에 대하여 기록하고 있다.

최근 이 단체는 수질오염에 대항해 신세대 환경 캠페인을 훈련하기 위한 전례 없는 기획에 착수했다. 이 프로젝트 참가자들은 수질환경쟁점에 대한 집중적인 학습을 받게 되며, 도시 내의 수질환경에 대한 이해를 위한 현지조사에도 참가한다. 또한 중국 내 NGO들의 활동을 통해 어떻게 자신들의 프로젝트를 이행할 것인가를 배우기 위해 학기 내내 NGO들과 파트너십을 체결해 인턴십을 하기도 한다.

③ 샤먼대학녹야협회(厦門大學學生綠野協會: 녹야협회)는 1999년과 2000년 전국대학녹색캠프(全國大學綠色營)에서 웨스트포인트(西点軍校)로 나온 회원단체로서, 새로운 외부 사업방식 및 새로운 녹색이념을 갖고 설립된 학생사단이다.

이 협회의 기구를 보면, 상무이사(常務理事), 분야별 활동소조와 항목조(各活動小組与項目組), 그리고 사무국(辦公室)을 두고 있다. 사무국에는 4명의 상근인원을 두고 조직을 관리하고 있으며, 분야별 활동소조와 항목조는, 环境保護宣傳教育小組, 野外探察, 動植物愛好小組, 紅樹林項目組, 綠色寝室項目組, 觀鳥護鳥項目組로서 각 조

〈사진 15〉 厦门大学学生绿野协会가 운영하는 웹사이트
(http://www.greenwild.org/)

에 4명씩을 배치하여 총 24명의 인원이 활동하고 있다. 또한 사무국은 2명의 주임과 2명의 재무부(회계, 출납), 그리고 인터넷홍보부(网絡宣傳), 장비조(裝備組) 등 총 8명의 인원이 활동하고 있다.

녹야협회는 1999년 창립 초기부터 샤먼시 임업국과 샤먼대학이 공동으로 주최하는 샤먼 해창 맹그로브(mangrove) 식목활동에 참가한 것을 시작으로 야생동물을 포함한 환경보호활동을 주기적으로 전개해 왔다. 또한 방학 동안 정기적으로 녹색캠프를 열어 봉사활동을 전개하고 있으며, 2008년 7월 27일부터 8월 18일까지, 녹야협회는 전국의 7개 고등학교 환경보호 학생사단과 연합하여 '2008샤먼대학생녹색캠프(2008厦門大學生綠色營)'를 개최하여 하계 사회봉사활동을 전개하였다.74)

---

74) 厦門大學學生綠野協會 웹사이트. (http://www.greenwild.org/lib2000.php, 검색일: 2008.

3) 국제 환경 NGO(NGO7, INGO)

〈사진 16〉 세계야생기금(WWF) 중국지부 웹사이트
(http://www.wwfchina.org/)

국제 환경 NGO는 국제환경단체의 중국 지부 형태로 설립된 환경 NGO들을 말한다. 중국에서 국제적인 NGO의 출현은 상대적으로 최근의 일이다. 1980년 세계야생기금(WWF)이 중국 정부와 '자이언트 팬더 보호 프로젝트'를 시작하면서 중국 프로그램을 시작한 것이 중국에서 활동하기 시작한 최초의 국제환경단체의 역사로 기록되고 있다.

비록 세계야생기금(WWF)과 국제두루미재단(ICF)이 1980년대 중반에 중국에 지부를 두고 활동을 개시했으나, 대부분의 국제 NGO들이 중국에서 활동을 시작한 것은 1990년대 후반부터이다. 2002년 당시 한 통계에 따르면, 중국에는 33개의 국제 NGO들이 91개

11.2).

의 환경 프로젝트에 관여하고 있다.75)

국제 NGO들은 일반적으로 지구적인 의제를 갖고 종종 각 지역 국가의 NGO들과 파트너십을 형성한다. 지역 국가의 NGO들이 국제 NGO들로부터 자금과 명성 그리고 전문가들을 지원받는 한편, 국제 NGO는 물적·비물질적 지원을 통해 그러한 파트너십을 형성한다. 중국의 환경 NGO들에게 국제 NGO는 회의, 워크숍, 세미나, 강연 등을 개최함으로써 전문가와 명성을 제공한다. 가령, 북경의 환경발전협회는 뉴욕에 본부를 두고 있는 국제훈련프로그램인 China Chapter of Leadership for Environment and Development의 지원을 받는다. 또한 '지구의 벗들(홍콩)'에 의해 설립된 'Earth Award'와 포드 자동차 회사에 의해 설립된 'Conservation and Environment Grants'라는 수상제도는 우수한 중국 환경운동가들에게 공식적으로

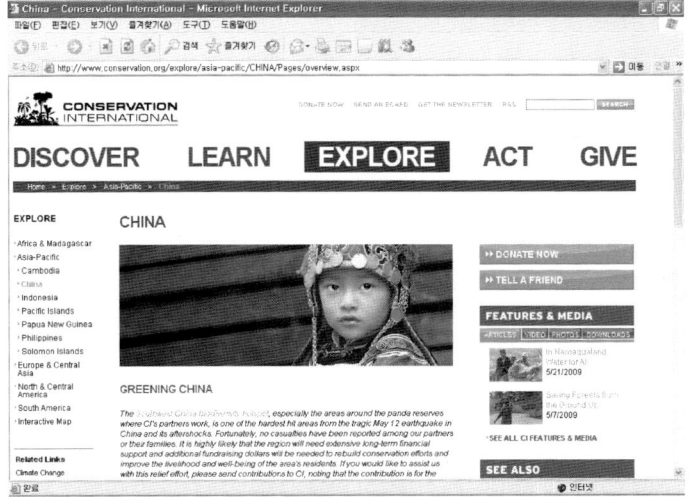

〈사진 17〉 INGO에 속하는 Conservation International 중국지부
웹사이트(http://www.conservation.org/)

75) *China Environmental Series*, Issue 5(2002).

영예를 줌으로써 폭넓은 영향력을 행사한다.[76]

중국에서 갈수록 그 활동이 증가하고 있는 국제 NGO의 사업은 중국의 시민과 환경활동가, 환경전문가뿐만 아니라 정부관리들의 환경인식을 제고하는 데도 초점을 두고 있다. 가령, 1994년에 세계 야생기금(WWF)은 중국의 자원 보존 시스템의 감사보고서 작성을 위해 중국 임업국과 합작하였는데, 이 과정에서 중국임업국과 WWF 팀은 그 제도안의 심각한 갭들을 지적하고, 정부행동에 대한 많은 권고들을 제안한 바 있다.[77]

10년 전인 1999년의 한 통계에 따르면, 중국이 INGO로부터 받은 금액은 매년 1억 달러에 달한다. 이는 IFAD, ILO, FAO, UNAIDS, UNDP, UNESCO, UNFPA, UNICEF, UNIDO, WFP, WHO 등에 대한 중국의 연간예산을 합한 수치와 대략 비슷하다.[78] 1996년부터 1999년까지, 지구촌(北京地球村)에 대한 자금의 85%는 국제 NGO와 외국정부에서 왔고, 국내 민간 부문이 차지하는 비율은 겨우 10%였다. 2002년에는 자연지우의 전체 세입의 52%인 250만 元이 외국으로부터 왔다. 쿤밍에 있는 생물다양성과 토착지식센터 (Centre of Biodiversity and Indigenous Knowledge)는 2002년의 프로젝트 자금의 대부분을(203,000달러) INGO로부터 받았다.[79] 심지어 많은 학생 환경운동조직들도 소규모의 국제적인 자금지원을 받았다.

또한 국제 NGO들이 중심이 되는 초국가적 옹호 네트워크

---

76) Guobin Yang(2005), p.56.

77) Xiaoying Ma and Leonard Ortolano, *Environmental Regulation in China*(Lanham, Boulder, New York, Oxford: Rowman & Littlefield Publishers, INC. 2000), p.73.

78) Nick Young, "Introduction to Directory of International NGOs Working in China"(Beijing: China Development Brief. 1999)(http://www.chinadevelopmentbrief.com/page.asp?sec=4&sub=4&pg=0).

79) Guobin Yang(2005), p.57.

〈사진 18〉 그린피스 중국지부 웹사이트
(http://www.greenpeace.org/china/ch/)

(transnational advocacy network)는 다양한 수준에서 영향력을 발휘한다.[80] 국내의 NGO들과 관련될 경우 이들 네트워크는 그들의 가치와 규범을 정당화하고, 그들의 능력과 자원을 증가시키는 데 도움을 줄 것이다. 국제 NGO들은 초국가적인 옹호 네트워크에서 핵심 행위자로서 다양한 정도에 걸쳐 이러한 역할을 행한다.

중국 내 국제 환경 NGO들의 초국가 거버넌스 현황을 개괄적으로 살펴보면 다음 <표 10>과 같다.

---

80) Keck and Sikkink, *Activist Beyond Borders: Advocacy Networks in International Politics*(Ithaca and London: Cornell University Press, 1997).

명칭	대표	소재지	설립	주요활동	국제연대
Conservation International China	Lu Zhi	북경대학 (www.conservati on.org)	2000 외국지원	자연생물서식처 및 생물 종다양성 보존	보호활동, 캠페인
中國排汚權交易 Environmental Defense China	미정	북경 중관촌 (www.cet.net.cn)	외국지원	물, 대기, 건강 및 식품 보호, 생물종다양성 문제 정부환경정책 계획 수립 과 보급	중국국가환경보호 총국, 미국 '환경보 호협회'와 연대
地球之友 홍콩 Friends of the Earth Hong Kong in China	陳英	홍콩 (www.foe.org.hk)	1992 국제환경 NGO지부	환경보호, 개선을 위한 교 육, 연구, 홍보활동	국제NGO와 연계
Global Green Grants Fund	Wen Bo	북경 (www.greengran ts.org)	1998 외국지원	풀뿌리 단체 지원	전 세계 자원봉사자 들과 연대활동
Greenpeace China	Lu Sicheng	홍콩, 베이징, 광둥, 윈는성	1997 국제환경N GO지부	범지구적 환경문제 고발과 해결	국제NGO와 연대
국제두루미재단 International Crane Foundation	Paul Mcvey	귀주, 장시, 지린성, 헤이룽성, 내몽고, 시베리아	1979 외국지원	두루미 및 습지보전	국제연대
중국자연자원보호위원회 Natural Resources Defense Council	Timothy Hui	양쯔강 등 전국	1997 외국지원	생태계보호, 환경기본권 함 양, 클린에너지 기술 채택	국제연대
야생동물보전협회 Wildlife Conservation Society	Endi Zhang	쿤밍 등 전국	1980 외국지원	팬더곰 등 동물보호	연구 활성화
세계야생기금 중국사무소 World Wide Fund for Nature China	Jim Harkness	전국	1980 WWF 지부	팬더보호, 환경교육, 재생 자원사업	국제연대
아시아동물재단중국사무 소 Animals Asia Foundation in China	Jill Robinson	전국	AAF지부 1998	곰 등 아시아지역 동물보호	지역연대
세계보존연합 The World Conservation Union	Qin Liyi	쓰촨성, 광시성, 베이부만 등 전국	1996	산림보호, 해안수질관리, 분지관리	국제연대
자연보존회 The Nature Conservancy	Yan Ping	윈난, 황소 등 전국	1998	지역환경 및 문화보호	보호활동
국제습지재단 Wetlands International China	Kelin Chen	전국	1996	습지보호	정책연구
미중환경기금 US - China Environmental Fund	Leon Chen	전국	1993	중국자연, 문화, 환경보호, 교육 및 지역환경감시활동	중국정부 교육, 자 원관리부서와 연대
중국환경국제기금 International Fund for China's Environment	Meng Liang	전국	1993	중국환경을 위한 국제협력, 공동연구	NGO 후원

(출처: 전봉근 외, 『동북아 NGO 백서』(통일연구원, 2005), pp.138 142 및 각 단체 홈페이지를 참고로 저자가 재 구성)

그런데 이들 국제 NGO들은 중국 내에 진출하거나 진출 이후 활동하는 데 생각보다 많은 제약들을 안고 있었다. 무엇보다 중국에서는 국제 NGO 활동과 관련한 제도들이 제대로 갖춰져 있지 못하다. 국제 NGO들이 중국의 국내법에 따른 절차를 밟아서 등록을 하기란 매우 복잡하고 어려운 일이며 중국은 국제 NGO와의 업무를 담당할 기구도 제대로 갖추고 있지 않다.[81] 국제 NGO가 중국 민정부에 등록하기 위해서는 정부기관의 보증도 필요하다. 국제 환경단체인 그린피스(Greenpeace)가 자신들을 보증해 줄 정부기관을 2년 동안 찾다가 결국 포기하기도 하였던 사실[82]은 중국에서 국제 NGO가 터를 잡는 과정이 얼마나 힘든 여정을 수반한 것인지를 시사하는 대목이다.

이처럼 중국은 국제 NGO 관련 제도를 제대로 갖추려고 하지 않기 때문에, 정부는 '승인도 없고 금지도 없는(no recognition, yet no prohibition)' 비공식적인 정책을 채택하고 있는 것이다.[83] 이러한 현실에서 국제NGO들은 중국에서 법적 지위를 갖기 위해 다양한 방식을 시도하게 되는데 이는 크게 세 가지 방식이 있다. 첫째, 지방정부와의 협상을 통한 양해각서 체결 방식, 둘째, 중국 NGO와의 협력방식, 셋째, 외국기업으로 등록하는 방식이다. 이 중에서 국제 NGO들이 가장 손쉽게 접근하는 방식이 중국 NGO와 협력관계

---

81) 중국에서 NGO를 포함한 모든 사회단체는 법적으로 민정부가 담당하도록 되어 있다. 이에 국제 NGO에 대한 관리도 중앙정부 차원에서는 민정부(Ministry of Civil Affairs: MoCA)가 책임을 맡고, 성(省) 차원에서는 지역민정국(local Civil Affairs Bureaus: CABs)이 책임을 맡는다. Yuen—Jan · Lynn Hsia and Lynn T. White, "Working Amid Corporatism and Confusion: Foreign NGOs in China", *Nonprofit and Voluntary Sector Quarterly*, Vol.31, No.3(September 2002), p.340.

82) Andreas Edele, "Non—governmental Organizations in China", *Report of Programme on NGOs & Civil Society*(May 2005, Geneva), p.17.

83) Yuen—Jan · Lynn Hsia and Lynn T. White(2002), p.338.

를 갖는 것이다. 국제 NGO는 중국 민정부에 사회단체로 등록된 중국 NGO의 법적 지위를 이용해서 자신들이 관심을 갖는 분야의 사업을 추진하게 된다. 이 경우 국제 NGO가 중국 NGO와의 관계를 어떠한 수준에서 가지려고 하느냐에 따라서 중국 NGO는 명실상부한 협력 주체일 수도 있고, 반대로 형식적인 명의만의 협력자로 남을 수도 있다.[84]

하지만 위의 두 방식으로 중국에서 활동하는 국제 NGO는 소수에 불과하며, 대부분의 국제 NGO들은 외국기업으로 등록을 해서 활동을 하게 된다. 현재 존재하는 대부분의 국제NGO 중국지부 조직들은 이러한 애매모호한 법적 지위를 갖고 활동하고 있다.

4) 준환경 NGO(대학·연구소 등)

준환경 NGO(semi-NGO)는 민간NGO, GONGO, 국제 NGO 등과 함께 중국에서 현존하는 또 다른 유형의 조직으로서 앞에서 언급한 재원과 설립주체별 변인에 따른 유형분류 중 어느 한 쪽에 위치 짓기가 애매한 복합적 특성을 갖는 조직이다. 굳이 앞의 환경 NGO 유형에 따라 분류한다면, 대학 조직의 설립자금이 비록 정부 재원에 의존하지만, 실질적인 환경 관련 연구재원은 국제적인 지원 등에 의존한다는 점에서 NGO4와 NGO5의 중간지점에 위치한다 하겠다.

준환경NGO는 민정국에 등록하지도 않고 SEPA와 직접적으로 연계되지도 않는다. 대신, 그들은 중국 대학 조직 내에 등록하는 대

---

84) 중국 NGO 예산의 70%가 외국 NGO들에 의해 충당되고 있다고 한다. 王名, "中國の 市民社會の 現狀과 特徵", p.31; 이종무 외, 『국제NGO의 원조정책과 활동』(통일연구원, 2008.12), p.118에서 재인용.

학조직으로서 이들은 전적으로 독립적인 것으로 간주될 수 없다. 준 NGO는 대개 정부와 직접적 유대를 갖지 않으며, 국제적인 자금지원(봉급이나 설비를 위한 것은 아님)에 의존하며, 비교적 폭넓은 자율성을 향유한다. 대학 부속기관으로서 이들 준 NGO들은 종종 교수와 연구원, 그리고 대학원생 등 전문적인 지식을 갖추거나 훈련된 사람들로 충원되며 지도된다. 그 결과, 이들의 연구는 대개 NGO가 양산하는 것보다 수준 높은 것이며, 잠재적으로 GONGO가 양산한 것들보다 보다 독립적이며 일종의 '지식공동체(epistemic community)'의 역할을 한다. 이들의 중심목표는 각종 워크숍과 세미나의 연구결과물들을 통해, 환경보호정책을 이행하는 데 반대가 되는 기득권에 집착하는 정부관리들의 환경보호 의지를 증가시키고 이들의 친환경적인 인식을 향상시키는 것이다.

이러한 조직의 2가지 사례는 북경환경발전연구회와 중국정법대학 오염피해자 법률지원센터이다.

① 북경환경발전연구회(北京环境與發展研究会)는 1995년 마종(馬中) 교수가 인민대학교의 후원하에 설립한 법률지원 단체이다. 마종 교수는 정부관리들의 능력과 인식을 성공적으로 향상시키는 것은 광범위한 훈련이 필요함을 역설하고 이 단체를 이끌고 있다. 그러나 중국정부당국의 규모의 경제성장에 대한 집착을 고려할 때 훈련 그 자체는 사실상 불가능한 것이다. 대부분의 환경관련 정책결정이 중앙정부 수준에서 벌어지므로, 환경적으로 건전한 프로젝트의 경제적 이득을 관련된 지도자들에게 설명하는 수단들을 구체화하는 것이 중요한 역할이다. 북경환경발전연구회는 발전계획과 환경보호의 영역에서 정부에 대한 정책권고로 귀결되는 실용적인 연구프로젝트에 초점을 맞춤으로써 이러한 역할요구를 처리한다.[85]

② 오염피해자 법률지원센터(이하, 법률지원센터)는 중국정법대학 환경자원센터(中國政法大學環境資源法研究和服務中心) 왕찬파(王燦發) 교수가 주도하고 있다. 1998년 10월 설립된 이 단체는 핫라인과 최근에는 인터넷 웹사이트를 통해 전국 각지로부터 환경오염과 그 피해를 접수받아 법률 소송을 도와주고 있다. 이 단체는 조직의 성격상 순수 민간 환경 NGO와 정부주도의 NGO의 중간에 위치한 환경 NGO라 할 수 있는데, 여기에는 정법대학에서 환경자원 연구에 종사하거나 교편을 잡고 있는 교수・조교수・강사들을 중심으로 북경대학, 칭화대학, 인민대학, 중앙민족대학, 중국사회과학연구소 등의 고등학술기관 및 연구기관의 환경보호사업에 적극적인 법률전문가나 학자 등 100여 명이 회원으로 참여하고 있다.[86]

정법대학 내에 있는 법률지원센터에 설치된 전화 무료 법률 상담은 각 대학의 환경법 연구생이나 일부 법률 사무소의 변호사 등으로 구성된 자원봉사자들의 몫이다. 법률지원센터는 환경보호 공익사업에 적극적인 법률전문가・학자・변호사・환경관리 및 기술의 전문가를 조직화하여 중국의 환경 피해자들에게 무상으로 법률적인 지원을 하고 있다. 한 보도에 따르면, 이 센터에 들어오는 피해 사례 중 가장 두드러진 것은 소음피해로, 전체 신고건수의 50% 정도를 차지하고 있다.[87] 법률지원센터는 환경오염 피해자의 재판 지원 등 경제적 문제를 포함한 소송 비용이나 변호사 비용을 부분적으로 지원하고 있다. 이들 센터에 참여하는 변호사들은 원고의 대리인이 되고, 또한 형사사건으로 제기된 피고의 변호인을 담당하

---

85) Jonathan Schwartz(2004), pp.28−49.

86) 中國政法大學环境資源法研究和服務中心 홈페이지 http://www.clapv.org/

87) [중국환경 심층르포] <11> 중국 환경지킴이를 찾아(下)(2004.11.1), 프레시안 (http://www.pressian.com, 최근 검색일: 2005.12.12).

〈사진 19〉 환경피해자 법률지원 활동을 하는
中国政法大学环境资源法研究和服务中心 (http://www.clapv.org/)

는 경우도 있다. 2002년부터 3년 동안 센터는 67건의 환경소송을
지원하였다. 법률지원센터는 독일정부에 의해 주로 자금지원이 되고
있다.

법률지원센터는 '전국변호사협회 환경자원전문가위원회'를 결성
해 활동하고 있으며, 변호사 환경법률실무 세미나를 열어서 환경변
호사를 육성하고 있다. 이미 환경전문 변호사 1백80명과 법관 1백
명을 양성해 내기도 했으며 지난 3년 동안 법관들에게 환경지식을
전수해 주고 있다.

이 단체의 특이한 것은 <중국환경보(中國環境報)>, <중국청년
보(中國靑年報)> 등의 '변호사 상담코너'를 적극 활용한다는 점이
다. 이들 신문의 상담코너는 환경피해자의 질문이나 환경법 집행기
관의 법규 집행 과정에서 맞부딪친 문제에 대하여 묻고 답하는 형

식으로 이루어지고 있다. 이러한 코너는 일반시민들의 환경의식을 높이고, 환경피해를 최소화하기 위한 실질적인 역할을 하고 있다. 왕찬파 교수는 "중앙정부는 많이 개선되고 있지만, 지방정부는 여전히 경제발전밖에 모른다. 지방정부의 관료들에게 중요한 것은 GDP(국내총생산량)이지, 환경보전은 아니다. 특히 환경오염이 일어나도 GDP만 높아진다면 별로 문제 삼지 않는다."라며 지방정부의 개발 중심 행정을 비판하기도 한다.[88]

한 가지 사례로서 법률지원센터가 지원한 '하북성(河北省) 낙정현(樂亭縣) 낙풍(樂豊)강철유한공사 제철소 오염 피해사건'도 이 센터의 역할을 잘 보여주는 대목이다. 낙정현의 한 마을 인근에 있는 이 제철공장은 오염방지시설을 설치하지 않아 이산화황 등의 분진과 매연이 다량으로 발생했다. 이 오염으로 인해 마을 주민 가운데 호흡기 계통의 장애를 가진 사람들이 생겨났다. 하지만 낙정현(樂亭縣) 정부는 이 공사가 고액의 세금을 낸다는 이유로 공장을 폐쇄하라는 중앙정부의 명령을 따르지 않았다. 심지어 '중점보호' 지정의 혜택을 주기도 했다. 이렇게 마을 주민들의 공장조업 정지 요구에 전혀 귀를 기울이지 않던 현 정부는 오히려 항의하는 마을 주민들을 경찰을 동원해 구속하기도 했다. 이에 주민들의 요청에 따라 법률지원센터는 변호사를 현지에 파견해, 사건을 세밀하게 분석하고, 마을 주민들에게 현정부를 상대로 중급인민법원(고등법원)에 소송을 제기해, 공장의 조업중지와 오염기업의 법적 책임을 추구하도록 하였다. 결국 현정부는 마을 주민들을 석방시켰고 가동 기간의 손해배상금을 지불하게 된다.[89] 이와 같이 법률센터는 피해자의 편

---

88) 위의 글.

89) 위의 글.

에서 오염유발 기업이나 정부를 상대로 소송을 제기하도록 전문적인 지식과 정보를 제공함으로써 오염피해자들의 환경권을 점차 신장시키는 데 큰 역할을 발휘하고 있다.

어떤 점에서 이들 준 NGO는 NGO와 GONGO에 비해 실질적인 일부 이점을 누릴 수 있다. 그들은 대학 부속산하에서 보호의 혜택을 누릴 수 있다. 또한 잘 훈련되고 교육받은 사람들로 충원되고, 대학 본부로부터(설비, 기본 급료 등) 혹은 국제사회로부터 재정지원을 받는다. 그리고 각각의 영역에서 전문가들 못지 않게 정부 관리에 대한 접근성도 열려 있다. 이들 이점들은 제약된 NGO와 GONGO와 비교할 때 상당한 것이다.

이처럼 준 NGO들은 순수한 민간 NGO들처럼 '순전히' 비국가적이지는 않지만, 회원들의 훈련과 교육에서 사실상의 이점을 누리고 있어 정부와 국제적 자원에 대한 보다 접근이 가능하며 아젠다를 증진시키는 능력에 있어 보다 영향력이 크다. 이러한 맥락에서 슈바르쯔는 중국의 준 NGO 공동체가 현재 중국환경 NGO부문에서의 변화에 가장 큰 잠재력을 부여하고, 따라서 더 큰 관심을 받을 가치가 있다고 주장한다.[90]

5) 인터넷 환경조직(Web based NGOs)

1998년 중국에서 첫 번째 인터넷 연결망을 가진 민간환보조직인 綠色北京(Green Beijing)의 설립 이후, 환경보호 NGO는 급속히 증가하기 시작한다. 정보화의 확산에 따라 최근까지 중국에는 인터넷에 기반을 둔 자발조직들이 점차 등장하고 있는데, 이는 중국에서

---

90) Jonathan Schwartz(2004), pp.28-49.

시민들의 국가정치에 대한 점진적인 변화의 조짐을 보여준다.91)

전통적인 중국의 정치가 상명하달의(top-down) 방식이라면, 환경운동은 상향적인 풀뿌리 정치의 등장을 의미한다. 풀뿌리 정치는 직접 참여하는 자주적인 조직과 공동체 활동을 특징으로 한다. 이러한 맥락에서 인터넷의 보급과 확산은 자주적인 환경단체의 등장과 활동에 매우 고무적인 조건을 제공한다. 중국에서 최초의 그리고 가장 명성 있는 환경단체인 자연지우는 1994년에 설립되었는데, 흥미롭게도 이 시기는 중국이 인터넷과 최초로 연결된 해이기도 하다.92)

환경 운동이 증가함에 따라, 환경쟁점에 전념하는 웹사이트들 또한 확산되었다는 사실은 놀라운 사실이 아니라 할 수 있다. 지금까지 중국의 환경운동에 대한 연구들이 자발적인 환경단체의 등장과 활동에 대해서는 크게 주목해 왔으나, 환경운동에서 인터넷이 차지하는 역할에 대해서는 간과해 왔다. 중국에서 환경 웹사이트들은 환경 NGO들에 의해서만 설립된 것이 아니라 정부당국과 연구소 등에서도 운영되어 왔다. 게다가 녹색 생활양식에서부터 멸종 동식물의 보호에 이르기까지 환경주제들을 다룬 개인적인 홈페이지들이 우후죽순처럼 생겨나고 있다. 환경에 대한 대중적 관심의 증가에 따라 심지어 'Netease.com'이라는 상업적인 포털사이트조차도 온라인 포럼을 통해 '환경'문제를 다루고 있다. 환경 웹사이트들은 또한 느슨한 자원조직들 중에서도 증가하기 시작했다. 대개 미등록

---

91) Guogin Yang, "Weaving a Green Web: The Internet and Environmental Activism in China", *CHINA ENVIRONMENT SERIES · ISSUE* 6(2003), p.89.

92) China Internet Network Information Center Web site 참조. (http://www.cnnic.net.cn/) evolution.shtml, Guogin Yang, "Weaving a Green Web: The Internet and Environmental Activism in China", *CHINA ENVIRONMENT SERIES · ISSUE* 6(2003), p.89 재인용.

이고 상근 직원이 없는 상태에서, 이러한 웹기반 환경자원단체들은 중국의 환경운동에 대한 새로운 경향과 잠재력을 보여주고 있다. 하지만 이러한 인터넷 환경조직들의 숫자를 파악하기란 쉽지 않다. 왜냐하면 많은 조직들이 대학의 환경조직과 제휴하고 있고, 기존 NGO들의 부산물이거나 단지 몇몇 고도로 선도적인 개인들의 주도 하에서 만들어졌기 때문이다.

인터넷 환경조직들이 환경문제 해결에서 행하는 역할은 크게 환경의식 제고와 대중동원으로 나누어 살펴볼 수 있다.[93]

첫째, 환경의식의 제고(raising environmental consciousness)이다. 웹사이트, 전자 소식지, 포럼, 그리고 온라인 기획(청원과 공개캠페인) 등을 통해, 웹기반 조직들은 환경 운동을 대중화시키고 중국의 환경문제에 대한 심각성을 널리 알린다. 인터넷 환경 토론이 어떻게 생산되는지는 또한 주목할 만하다. 전통적인 대중매체에 비해, 인터넷은 대중들의 참여와 상호작용에 보다 개방적이다. 따라서 이들 조직의 웹사이트가 보통의 시민들에게 정보를 공유하거나 여론을 높이기 위한 공간을 제공한다는 점은 주지의 사실이다.

둘째, 대중동원(public mobilization)이다. 웹기반 조직들은 또한 환경문제해결을 위해 공동체의 노력과 자원을 동원하고 조직한다. 모든 조직들은 공동체 기반의 기획들을 수행함으로써 환경문제를 처리하기 위해 '사이버' 세계와 '실제' 세계 사이에서 움직인다. 인터넷의 활용은 이들 조직들로 하여금 대중교육과 정책옹호를 위해 잠재적인 자원가들을 동원할 수 있는 기회를 확대시켜 주고 있다.

아래에서는 몇 가지 대표적인 인터넷 환경조직의 활동을 살펴보

---

93) Guogin Yang(2003), p.89.

기로 한다.

① 중국환보망(中國環保网)

중국에서 운영 중인 대표적인 인터넷 환경조직인 '중국환보망 (www.chinaenvironment.com)'은 1999년에 설립되었는데 이는 중국 내 최초의 환경 관련 웹사이트로 자리매김해 왔으며 세계에서 가 장 주목받는 중국어로 된 환경사이트라 할 수 있다.

〈사진 20〉 中国环保网(http://www.chinaenvironment.com/)

중국환보망은 환경 영역의 자문, 통계, 연구와 해결방안을 쌍방 간에 소통할 수 있는 공간을 통해 제공해 주고 있다. 2002年, 중국 국가환보총국 직속 중국환보산업협회(中國环保产業協會)와 중국환 보망은 상호 협의하여 공동으로 중국국제환보전(中國國際环保展)을 추진한 이래 상호 홍보 등의 광범위한 합작사업을 전개해오고 있다. 2006년에 중국환보망은 운영 중심지를 상해에서 북경으로 이동하였다. 중국환보망은 다음과 같은 지지 조직들을 가지고 있으며 이들 조직들과 공동으로 연구와 자료공유 및 홍보사업을 추진하고 있다.

〈표 11〉 中国环保网의 지지 조직들

国家发展与改革委员会	中华人民共和国水利部	中国科学技术协会
中国国际经济技术交流中心	住房和城乡建设部政策研究中心	中华环境保护基金会
中华环保联合会	中国市长协会	中国环境保护产业协会
中国生态学学会	全国工商联环境服务业商会	北京市科学技术委员会
北京市可持续发展促进会	清华大学	北京大学
中国农业大学	北京林业大学	加利福尼亚大学河滨分校

(출처: http://www.chinaenvironment.com/view/zcjg/index.html)

② 그린웹(Green – Web)

〈사진 21〉 중국의 인터넷 환경사이트인 Green – Web
(http://www.green – web.org/)

그린웹(www.green－web.org)은 1999년 12월에 설립되었다. 이 조직의 주요 설립자는 까오티엔(Gao Tian)으로 그는 이전에 영향력 있는 포털사이트인 Netease.com.의 'Green Forum'의 자발적인 웹마스터로 2년간 활동한 적이 있는 사람이다. 이 독립적인 환경 웹사이트 창설의 아이디어는 처음에 'Green Forum'의 토론에서 제기되었다. 이 웹사이트는 현재 환경문제에 대한 온라인토론 및 환경쟁점의 교류 공간으로 활용되나, 장차 중국에서 환경보호에 대한 포털사이트로 발전할 목표를 갖고 있다. 녹색북경과 마찬가지로 Green－Web 자원봉사자들은 공동체 환경활동을 조직하기 시작하였는데 하나의 활동이 바로 'Green Summer Night'라는 공동체 교육의 주창이다. 대개는 임대한 장비들을 통해 이 조직 자원봉사자들은 환경 전시회를 개최하거나 환경 다큐멘터리를 보여주기 위해 베이징의 공원에 진출하기도 한다. Green－Web은 또한 조류보호, 재활용, 그리고 식수와 같은 활동을 조직한다. 이 조직의 가장 과감한 활동 중의 하나는 바로 2002년 2월에 많은 조류들의 서식지가 있는 베이징 근교의 습지보존을 위한 온라인 청원캠페인이었다. 2001년 가을, 지방 정부당국은 습지근처에 조류들의 서식지를 파괴할 위험이 있는 위락시설과 골프장을 건설할 계획을 세운 바 있다. 이 계획이 2001년 10월 언론매체를 통해 공개된 이후, 이 계획에 대한 반대 캠페인이 합동으로 전개되면서 Green－Web은 온라인 청원활동을 2002년 2월부터 4월까지 전개하였다. Green－Web이 캠페인은 수백 명의 온라인 서명자들을 모집하였고, 이 청원서는 지방정부로 보내졌으며 이는 다시 언론에 보도되었다. Green－Web의 요약 보고서에 따른 반대운동이 거세어지자 지방정부는 결국 그 개발계획을 취소하고 만다.

Green-Web은 규모가 작지만 영향력은 큰 조직이다. 이는 등록되지도 않았으며 또한 사무실조차도 없지만 이는 약 4천 명의 등록된 인터넷 이용자들을 갖고 있다. 이 단체가 전개한 온라인 캠페인은 인터넷을 효율적으로 활용하고 있는 한 사례이다. 캠페인에 사용된 활동 레퍼토리는 비대결적이지만, 서명자 모집과 청원서 제출과 같은 전통적인 방법과 공개발표회, 현장여행(체험), 온라인 청원과 정보 선전을 위한 웹사이트 구축 등 보다 새로운 전략을 포함하여 다양한 활동을 보여주고 있다.

③ 綠色北京(Greener Beijing)

'녹색북경'은 1998년 11월에 설립되었다. 이 단체는 지원자인 쑹깡(宋剛) 개인의 적립금(저축)으로 중국에 첫 번째 민간 환경보호 사이트를 구축하여 광범한 지원자들의 교류활동을 위해 플랫폼 역

〈사진 22〉 녹색북경이 운영하는 웹사이트
(http://www.grchina.org/greenerbj.htm)

할을 하고 있다.

이 단체는 자발적인 지원자들과 사회 인사들의 지지를 받아 'N
분의 1의 원칙'을 적용하는 형식으로 장링양 구출하기, 사막화 방
지, 쓰레기분류, 폐건전지 회수활동, '녹색 북경 건설과 녹색 올림
픽 맞이하기' 활동 등 여러 가지 환경보호 활동을 전개해 왔다. 녹
색북경은 현재 쑹깡의 형 쑹신저우가 자원봉사자들의 도움을 받아
운영하고 있는데 2009년 현재 중문판(http://www.grchina.org/greenerbj.
htm)과 영문판(http://www.greenbeijing.net/)을 동시에 운영하고 있다. 웹
사이트의 '환경논단(Environmental Forum)' 게시판은 수천 명의 회원들
이 가입하여 활발히 움직이고 있다. 이 조직의 회원들은 환경 문화
를 증진하기 위해 주로 세 가지 종류의 활동에 종사하고 있다. 첫
째는 웹사이트 운영, 둘째는 환경보호 기획의 수행, 그리고 셋째는
자원봉사들의 환경의식 활동을 조직하는 것이다. 녹색북경은 현장
활동을 수행하지만, 그 중심적인 활동은 웹사이트를 유지하고 확장
하는 데 있다. 이러한 활동에는 '환경포커스', '법과 규제', '환경포
럼' 등 12가지의 정보 섹션으로 구성된다. 녹색북경의 온라인 토론
활동은 오프라인상의 환경운동의 촉매제가 되기도 하는데 자신의
웹사이트를 활용하여 멸종위기에 처한 생물종을 보호하기 위한 캠
페인도 전개하고 있다.94) 또한 2003년부터 사막화방지를 위한 노
력의 일환으로 전문가와 정부당국자 등을 초청한 심포지엄을 개최하
는 등, 온라인은 물론 오프라인상의 활동도 폭넓게 전개하고 있다.

---

94) http://www.grchina.org/greenerbj.htm

제6장

환경 거버넌스의 등장 사례

2000년 들어 중국의 환경보호운동은 새로운 양상을 보이고 있다. 정부와 국민들 사이에서 환경문제를 중시하는 정도는 역사상 유례가 없을 정도로 높아졌으며 과거와 달리 환경오염사건은 이제 한 목소리로 전국적인 질타를 받고 있다. 또한 환경보호와 관련된 법률법규는 대량으로 나오고 있으며 각급 정부, 기업, 민간조직과 개인 등은 환경문제에서 점차적으로 협력관계를 형성하고 있다.[1] 이러한 협력은 과거와 달리 일회적이고 우발적인 양상이 아니라 점차 지속적이고 체계적인 협력기제를 동원하며 진행되고 있다.

이 장에서는 앞서 살펴본 환경 NGO들의 활동에 초점을 두고, 국내적·국제적 차원에서 중국 환경문제를 해결하기 위해 등장한 거버넌스 사례를 살핀다. 이를 위해 먼저 환경 거버넌스의 틀을 마련하고, 이러한 틀에 입각해 환경당국-NGO, NGO 상호 간, NGO-대중매체-지식공동체(연구소) 간에 이루어진 협력사례들을 분석할 것이다. 환경 거버넌스 사례로 살필 주요 기제들은 ① 의제

---

1) "中國政府和民間环保力量逐步形成合力", 人民日報 人民网 (http://env.people.com.cn/GB/1072, 검색일: 2009.2.13).

형성(정책수립), ② 집행감시, ③ 대중사업(동원/선전홍보/교육), ④ 정책주창 및 옹호(애드보커시), ⑤ 세력지원(동맹), 그리고 ⑥ 초국가적 연대활동이다.

1. 환경 거버넌스의 틀

중국에서 NGO의 탄생과 양적 성장에 영향을 끼친 또 하나의 배경으로는 정부기구의 개혁과 정부직능의 전환 노력을 들 수 있다. 정부가 정치뿐만 아니라 경제, 사회, 문화 등 모든 영역에서 직접 관리하고 통제하는 계획경제체제의 비용이 지나치게 크고 비효율적이라는 인식 하에 시장경제의 도입에 따라 정부의 관리방식과 수단은 직접관리에서 간접관리로, 부문관리에서 업종관리로, 관리 위주에서 서비스 감독 위주로 전환되었다.[2] 이러한 정부직능의 전환은 중앙에 집중된 권력을 지방 및 하위부문으로 이전하는 '권력하방(下放)'과 정부와 기업의 분리에 중점을 두었고, 이는 결과적으로 집중적이고 수직적인 통치방식의 비중을 줄이고 분산적이고 수평적인 협치(協治), 즉 거버넌스가 탄생하게 된 배경으로 작용하였다.

일반적으로 거버넌스는 거버먼트(government)와 달리 '기존에 정부가 독점했던 권력의 행사를 대치하는 정책행위자 간 상호작용의 네트워크'라고 볼 수 있다.[3] 특히 환경 영역에서는 이러한 거버넌스가 강조될 수밖에 없다.[4] 블리엣(Van Vliet)은 거버넌스가 적용되

---

[2] 조한범 외, 『동북아 NGO연구총서』(서울: 통일연구원, 2005), p.63.

[3] 김정렬, "정부의 미래와 거버넌스 — 신공공관리와 정책네트워크 — ", 『한국행정학보』 34(1)(2000), pp.23 – 24.

[4] 이미홍, "환경거버넌스 비교 분석: 일본 녹색구매네트워크(JGPN)와 한국 녹색구매네트

어야 할 사회문제의 특징을 다음과 같이 제시하였다.5) 첫째, 취급되어야 할 문제가 복잡성(complexity)을 띠고 있어 인과관계가 명확하지 않거나 해결책이 명확히 제시되지 않은 것으로, 대표적으로 환경문제가 이러한 속성에 해당된다. 환경문제 해결을 위해서는 자연계에 대한 이해, 인간활동에 대한 탐구, 사회적 이해관계에 대한 연구가 총체적으로 이루어져야 하는데 이러한 속성이 복잡성을 극도로 증가시킨다. 둘째, 문제해결에 관여하고 있는 행위자들 간의 상호의존성(interdependence)이 명확해야 한다. 특히 공공부문의 행위자와 민간부문의 행위자 간의 상호의존성이 거버넌스 형성에 중요한 요인이 된다. 환경문제는 민간부문이 오염원인자이고 정부가 규제자이기는 하지만 효과적인 환경문제 해결을 위해서는 기업의 지식과 정부의 규칙이 서로 결합해야 실질적인 효과를 발휘할 수 있다. 셋째, 행위자들 간의 상호의존성이 중요하므로, 네트워크 내에서의 행위는 협상(negotiation) 또는 '게임'의 특성을 띠고 있다. 이는 환경문제 해결을 위한 거버넌스를 포함해서 행위자가 많은 네트워크 상황에서 보편적으로 발생하는 특징이다. 넷째, 관여한 행위자들 간에 학습과정(learning process)이 발생한다. 즉 행위자들 간의 협상은 정보의 교환을 가능하게 하며, 이에 따라 신뢰관계가 형성되고 상호학습이 일어날 수 있다. 실제로 환경문제는 법이 없어서 심각해진 것은 아니다. 오히려 기존에 존재하는 많은 사회의 공식적 규칙(국제적 규약, NGO 선언, 공공윤리, 기업의 윤리선언, 종교 등)에 대해 사회구성원들이 학습되어 있지 않기 때문이다.6)

워크(KGPN)을 대상으로", 『행정논총』 제41권 제4호(2003. 12), pp.163－165.

5) Van Vliet Martijn(1993), "Environmental Regulation of Business: Options and Constraints for Communicative Governance", Kooiman Jan(eds.), *Modern Governance－New Government －Society Interactions*(London: SAGE. 1993), pp.106－108.

환경 거버넌스는 1992년 리우회의에서 제기된 지속 가능한 개발의 핵심 개념 중에 하나로 지난 십여 년 동안 계속 논의되어 왔다.7) 환경 거버넌스에 대한 국내외 학자들의 정의는 다양하지만, 여기서는 '환경정책 관련 문제 해결을 위한 다자간 관계형성'8)이라는 관계적 측면을 위주로 접근하고자 한다. 환경문제의 해결과정에서 환경당국과 환경시민사회를 대표하는 NGO가 국내적, 국제적 수준에서 수평적인 네트워크를 구축한 협력기제를 환경 거버넌스의 구축형태로 볼 수 있을 것이다.9) 이는 환경문제의 해결에 있어 정부의 명령과 권위도 존재하고 바람직한 정부역할 수행을 위한 관리자와 관료도 존재하지만 그 대상은 환경문제의 전부가 아니라 오히려 일부만이 정부의 일이며 나머지 분야는 정부 이외의 다른 부문과 긴밀한 협조가 필요하다는 인식에서10) 주목을 받고 있다.

일반적으로 환경 거버넌스의 주체는 정부, 기업, NGO로 볼 수 있으며, 이들의 상호관계와 협력네트워크가 거버넌스의 중심축이 된다. 그리고 환경 거버넌스의 기제로는 정책옹호, 집행감시, 동맹, 공동관리, 대중동원, 정책홍보, 의제설정 등을 생각해 볼 수 있다. 중국에서 사실상 기업이 참여하는 환경네트워크는 드물다. 현재 중

---

6) Sampford Charles, "Environmental Governance for Biodiversity", *Environmental Science and Policy* 5(2002), pp.84 − 85.

7) Hassan P., "Elements of Good Environmental Governance", *Asia Pacific Journal of Environmental Law* 6(1), (2001), pp.1 − 11; 이미홍, "환경거버넌스 비교 분석: 일본 녹색구매네트워크 (JGPN)와 한국 녹색구매네트워크(KGPN)를 대상으로", 『행정논총』 제41권 제4호(2003. 12), p.163에서 재인용.

8) 배태영 외(2001), p.256.

9) 환경 거버넌스라는 용어 대신 파트너십(partnership), 협력(cooperation)이라는 단어를 통해 사실상 환경 거버넌스가 실행된 사례들도 있다.

10) 이태종, 김영종, 이재호, "일본의 환경 거버넌스 분석", 『한국정책과학학회보』5(2), (2001), p.78.

국환경운동 과정에서도 NGO와 기업 및 시장 간의 관계에 관한 협력이나 미시적인 거버넌스 사례도 결핍한 실정이다. 이는 간접적으로 중국의 NGO-기업과의 협력이 빈약함을 반증한다.[11] 따라서 중국에서 나타나는 환경 거버넌스는 주로 정부와 NGO 행위자 간의 연계를 중심으로 이루어진다고 할 수 있는 바, 그 실행 모형은 다음 <그림 6>과 같이 나타낼 수 있다.

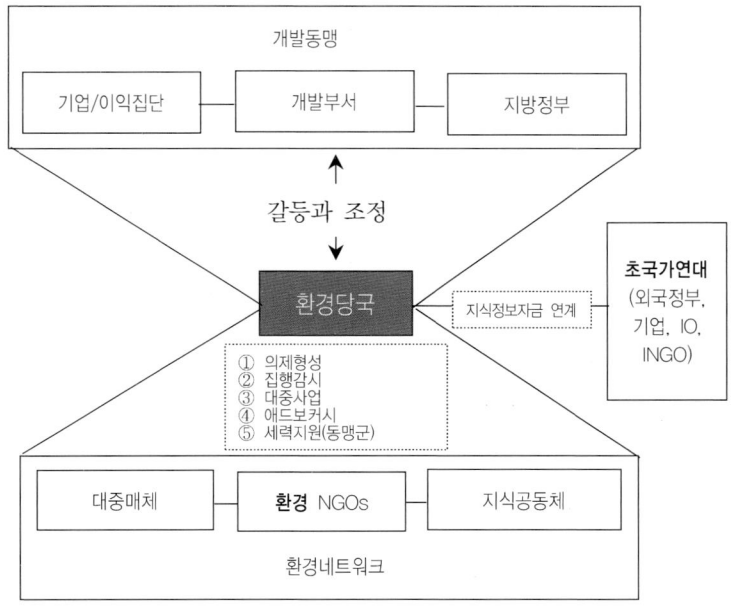

(출처: 저자가 작성)

〈그림 6〉 중국의 환경 거버넌스 실행 개념도

<그림 6>에서 보듯이, 환경 NGO들은 대중매체, 각급 연구소 등 지식공동체 등 비정부부문의 환경세력들과 사안별로 연계망을

---

11) 佚名, "近年來國內NGO研究述評", 互聯网(2006.7.06).

구축하면서 환경분쟁 국면에서 정부의 개발부서 및 반환경적인 지방정부 등에 비해 상대적으로 열세에 처한 중앙 및 지방의 환경당국과 의제형성(정책형성), 수립된 정책의 집행에 대한 공동감시와 환경오염 모니터링, 대중동원·홍보·교육 등 대중사업, 정부에 대한 정책주창 및 권리옹호(advocacy), 그리고 환경분쟁 시 환경세력에 대한 지원과 동맹형성 등의 활동 과정에서 직접적인 협력관계를 맺고 있다. 이러한 협력관계를 거버넌스의 기제라 할 수 있는데, 과거처럼 중앙집중화된 권력을 정점으로 위로부터 아래로의 일방적인 포섭과 동원의 관계가 아닌, 광범위한 행위 주체들 간의 네트워크에 기반을 두고 상호 동의에 기초한 쌍방향의 포섭과 자발적 참여의 관계 속에서 작동한다는 점이 특징이다. 또한 이들 환경세력은 UNDP 등의 국제기구를 비롯해 국제환경 NGO, 그리고 국제 환경기금 등과 연계(linkages)를 통해 지식과 정보를 공유하며 중국 환경운동에 특히 필요한 재정 지원 등을 유도하면서 국제적 수준의 네트워크를 구축하고 있다. 그러면 이제부터 중국에서 나타난 환경 거버넌스의 사례를 살펴보기로 하겠다.

2. 환경 거버넌스 사례

1) 의제형성(agenda setting)

환경 관련 정책수립 및 입법과정에 있어서 중국 시민들의 참여 추세는 갈수록 뚜렷하고 열정도 높아지고 있다. 중요한 국가적 의제나 환경정책의 입안 단계에서 환경시민사회의 광범위한 의견을 수렴하는 절차를 '의제형성(agenda setting)'이라 할 수 있는데, 이는 환경 거버넌스의 목표와 방향을 설정하는 출발점이라 할 수 있다.

이 같은 의제형성 과정은 이후 환경시민사회와 공동의 정책 집행과 이행, 감시와 평가 등의 사업을 전개하는 데 있어 협력의 근거이자 방향을 제시하는 매우 중요한 기제라 할 수 있다. 정부와 환경NGO들간에 공동 의제형성을 위해서 흔히 정책 공모활동, 입법공청회, 정보공유 등의 방식이 활용되고 있음을 발견할 수 있다.

① 우선, 환경당국과 NGO 간에는 중요한 환경정책 및 그 기틀이라 할 수 있는 국가의제 수립 과정에서 상호 긴밀한 협조양상을 보인다. 그 일례로서, 2004년 11월에는 국가의제와 정책수립 과정에서 대중의견 및 건의서 공모활동이 전개되었다. 당시 중국 국가발전개혁위원회는 <에너지절약 중장기계획>을 발표하여 산업부문에서의 에너지절약과 환경보호에 대한 정부의 적극적 의지를 보여준다. 또한 대표적인 GONGO라 할 수 있는 중화환보연합회는 국가환경보호총국을 대신하여 국가가 실행하는 타당성 있는 '국가 11차 5개년 환경보호계획'을 제정하여 투명성과 민주적인 참여를 제고하고 사회 각 계층의 광범위한 지혜를 모으기 위해, 2004년 12월부터 2005년 6월까지 전국적 범위에서 "중국공민 국가 '11차 5개년' 환경보호계획에 관한 의견 및 건의서(中國公衆對編制國家'十一五' 環保規劃意見建議書)" 공모활동을 전개한다. 이러한 활동은 광범위하고 심도 있는 중국 최초의 활동으로 주로 다음과 같은 몇 가지 특징을 갖고 있다.

첫째, 4백여만 명의 국민들이 활동에 참여하여 참여인원수는 역대 최대에 달한다. 그중 '전국 국민이 가장 관심 있는 환경문제'에 관한 메시지(주로 핸드폰) 조사에 41,044,120명이 참가했고, 전 국민 대상 설문조사에는 14,061명이 참여했으며 전국 전문가 설문조사에는 2,336명이 참여한 것으로 나타났다. 둘째, 광범위한 참여도와 호응도, 그리고 적극적인 참여도를 보여주었다. 여기에는 31개의 성, 자치구, 직할시가 참여하였고, 홍콩 및 해외 중국유학생들도 참여하였다. 셋째, 홈페이지, 휴대폰, 전화 등 여러 가지 방식을 통한 의견 수렴을 하였으며 이 과정에는 대학교, 전문기관, 기업, 당정국가기관, NGO 단체 등 전문가와 관리전문직 간부, 환경보호전문일꾼들이 대대적으로 참여하였다. 넷째, 조사결과의 객관성, 과학성, 정확성으로서 중화환경보호연합회는 <중국청년보> 사회조사센터와 중국인민대학 통계학 대학원생들을 통해 수집된 데이터에 대한 통계분석 처리를 거쳐 수차례 전문가 토론회를 거쳐 최종 확정하였다.

중국정부는 이러한 과정을 거쳐 대중 및 NGO의 의견을 반영하여 '국가 11차 5개년 계획' 기간 환경보호정책의 틀을 짜는 진전된 모습을 보여주었다.[12] 과거 중국의 환경정책 연구나 수립이 중앙 및 지방정부, 그리고 연구기관에 의해 이루어지고 민간 영역의 참여가 원천적으로 금지되어 왔던 것과 비교할 때, 국가급 의제인 '국가 11차 5개년 계획'을 짜는 과정에서 환경 NGO 등의 의견을 반영한 것은 이례적인 현상이라 할 수 있다.

② 다음으로, 입법 공청회의 개최이다. 중국 정부는 과거와 달리 환경 관련 법안을 제정하기 전에 환경단체를 비롯한 시민들의 의견을 수렴하기 위해 공청회 등을 개최하였다. 몇 가지 사례를 들어보자면 다음과 같다.

---

12) <中國環境報>, 2005.8.16. (http://www.cenews.com.cn/news/2, 검색일: 2007.10.24).

2004년 9월, 중국 국가환경보호총국은 '오염제거허가증조례(초안)(排汚許可証條例(草案))'을 둘러싸고 입법 공청회를 거행한다. 이는 '환경보호행정허가공청회실행방안(环境保護行政許可听証暫行辦法)'이 효력을 발생한 후 환경기구가 거행한 최초의 환경행정 입법 공청회이다. 뿐만 아니라 '환경영향평가법'이 실행된 이후, 국가환경보호총국은 2005년 4월 13일, 사회의 보편적인 이슈가 되었던 원명원 환경 치리공정(圓明園环境整治工程)에 대한 환경영향 문제를 둘러싸고 공청회를 거행하기도 하였다. 이후 정부는 대중의 의견에 근거하여 행정결정을 내리게 된다.[13] 같은 달 국가 환경보호총국은 화이허(淮河)와 타이후(太湖, 이하 '태호') 오염문제를 두고 대중으로부터 오염 처리 작업에 대한 광범위한 의견과 건의를 청취하였다. 이후, 중앙정부는 제기된 대중들의 의견과 건의를 관련 기구와 지방정부에게 피드백 함으로써 오염의 예방과 처리정책의 수정 및 제정, 그리고 지역의 수질환경오염처리와 개선 등의 영역에서 지지기반을 조성해 나갔다.

또한 2007년 가을, '수질오염방치법(水汚染防治法)'의 개정 과정에서 전인대상무위원회는 '개정초안(修訂草案)'을 공개하여 환경단체 등의 의견을 구한다는 결정을 내림으로써 사회의 광범한 주목을 받았다. 전인대상무위원회는 발표 이후 한 달 동안 NGO를 포함한 사회 각계각층으로부터 2,400여 건의 의견을 받았고 우편물 67건을 받았다.[14] 이로써 시민들이 환경보호법률 규정에 참여하는 길도 보다 개방적이게 되었다.

---

13) "公衆參与环保大事記", <中國环境報>, 2007.6.5(http://www.cenews.com.cn)

14) 이에 신화사 통신은 2007년 9월 18일자에서, 정부가 '수질오염방치법' 개정초안에 대해 공개적으로 의견을 구하고 이에 군중이 적극적으로 참여하였다고 보도를 하였다. 新華网 (http://www.xinhua.org/, 2007.9.18).

환경 NGO와 정부환경당국은 이제 공공연히 네트워크망을 활용하여 환경 거버넌스 프로젝트의 일환으로 워크숍을 개최하여, 환경보호를 위한 정책을 공동으로 논의하고 공동의 행동을 조직해 내기도 한다. 예를 들어, 2007년 1월 30일부터 양일간, 중국 베이징에서 '환경보호를 위한 NGO - 각 부문 간의 동맹형성 방안'이라는 주제로 열린 워크숍에는 전국에서 총 42개의 NGO, 언론, 정부 유관기관이 참석하여 공동의 실천의제들을 논의하였다.15) 중국국제민간조직합작촉진회(CANGO)16)가 보다 많은 중국의 NGO들의 관심을 얻어내기 위해 <중국의 시민사회와 환경 거버넌스(Civil Society and Environmental Governance in China)> 프로젝트의 일환으로 개최한 이 워크숍에서 정부와 환경단체들은 전국 각지의 NGO와 각 영역들 간의 공동의 행동을 조직하고 동맹을 창출하기 위해 실질적인 전략들을 논의하고 NGO 간의 협력사례들을 공유하였다.

한편, 중국 환경 NGO들이 중심이 되어 심포지엄을 개최함으로써 정부의 참여를 유도하고 공동으로 법과 제도 및 정책을 수립하는 사례들도 종종 발견된다. 예를 들어, 2003년부터 사막화 방지 노력을 대대적으로 전개하고 있는 녹색북경(綠色北京)은 북경에서 '내몽고 초원의 보호, 이용 및 공업발전과 동오기 천연초원의 보호'라는 주제의 심포지엄을 열었다. 녹색북경이 주최하고 중국생태경제학회, 중국계통공정학회 초업위원회(中國系統工程學會草業委員會)가 후원한 이 심포지엄에는 중국 내 저명한 초원문제 전문가, 정부의 관련 부처 책임자, 언론사 기자와 초원파괴로 인한 피해 목축민

---

15) "Civil Society and Environmental Governance in China", Workshop Report: Forging alliances for environmental protection between NGOs in different regions and sectors, (http://www.chathamhouse.org.uk/files/10225_300107workshop.pdf)

16) http://www.cango.org/newweb/index.asp 참조.

들이 참여하였다. 이러한 과정을 거쳐 초원의 생태가치, 초원파괴가 목축지역 사회에 미치는 경제적 손실, 초원생태환경 보호를 위한 법적 제도적 대비책과 정부의 초원관리 강화책 등 다양한 의제를 논의하였다.[17) 그런가 하면 환경 NGO의 주도로 전문가, 학자, 정부관계자들이 공동으로 ≪내몽고 초원보호와 합리적인 이용에 관한 제안서≫에 서명을 이끌어내는 등 사회 각 부문과 정부부문 간의 상호연계를 통한 지지와 이해의 노력들이 적극적으로 전개되어 왔다.

③ 하지만 환경 거버넌스 초기단계에 해당하는 이러한 의제형성과 정책수립 과정에서 시민들의 참여를 이끌어 내기 위해서는 단순히 시민들의 열정에만 호소해서는 한계가 있기 마련이다. 이 같은 의제형성 과정에 시민들의 참여를 효율적으로 유도하려면, 환경과 정책에 대한 시민들의 **알권리**를 보장해 주는 조치가 수반되어야 한다. 이러한 인식에 의거하여 국가환경보호총국은 <정부 정보공개조례>의 반포에 따라 <환경정보공개방안(시행)(環境信息公開辦法)>을 선포하여 환경정보공개의 주체, 범위, 순서, 책임 등에 대한 규정을 진행하였다. 신화사(新華社)의 보도에 따르면, 이는 <정부 정보공개조례>가 선포된 후 최초로 도입되는 유관 환경정보 공개에 관한 종합적 규정이며, 국가환경보호총국이 2006년 3월에 발표한 <대중의 환경영향평가 참여 경과조치> 후의 환경보호에서의 또 하나의 중요한 조치라 하겠다. 이에 따라 시민들의 알권리(知情權)는 법률규정으로 명문화되었고 공중의 환경참여권과 감독권도 견고한 기초를 갖추게 되었다.[18)

---

17) 임윤정, "환경문제 해결을 위한 환경NGO의 초국적 협력", 경희대학교 NGO대학원 석사학위논문(2005.8), pp.85－86.

환경문제에 대한 시민의 참여를 유도하기 위한 정부의 노력은 여기서 끝나지 않는다. 정부는 시민들의 알권리 보장 및 참여를 위한 법제적인 틀과 새로운 조치들을 잇달아 발표하면서 제도적으로 뒷받침하고 있다. 2006년 1월 중국 최초의 환경지수인 '2005년 중국 대중환경보호 민생지수(2005年度 中國公衆环保民生指數)'가 정식으로 발표되었다. 이 민생지수에 의하면, 2005년 중국 대중의 환경보호지수는 68.05점으로 평가되었다. 분석에 의하면, 이 수치는 현대 중국 대중들이 환경보호에 대한 인지도와 관심도가 날로 높아지고 대중의 관심도 날로 넓어지는 사실을 보여주고 있다.[19]

뿐만 아니라 대중들이 참여한 중요한 제도들도 잇따라 수립되었다. 2006년 2월 국가 환경보호총국은 <대중의 환경영향평가 참여 실행방안>(环境影響評价公衆參与暫行辦法)을 발표하여, 환경보호부처가 실행하는 건설항목의 환경영향보고서에 대한 심사 혹은 재심 과정에서 대중들의 의견을 청취하도록 법적으로 규정하였다. 2007년 4월 중국정부는 <환경정보공개실행방안>을 공표하여 환경보호기구와 오염기업이 사회에 대해 중요한 환경정보를 공개하도록 강제적으로 규정함으로써, 일반 대중들이 환경보호운동에 참여할 수 있는 채널을 제공하였다.[20] 국가환경보호총국은 <대중의 환경영향평가 참여 실행 방안> 실행 이후, 2007년 4월까지 1,600억 元 규모에 달하는 43개 환경보호 평가문서를 접수하지 않았다. 그 이유로는 대중들의 정보이해도가 충분하지 않았다는 점, 대중들의 참여가 제한되었다는 점, 대중들의 참여 대표성이 보장받지 못

---

18) 新華网 (http://www.xinhua.org, 2007.9.18).

19) "公衆參与环保大事記", <中國环境報>, 2007.6.5(http://www.cenews.com.cn)

20) "公衆參与环保大事記", <中國环境報>, 2007.6.5(http://www.cenews.com.cn)

했다는 점 등이었다. 이러한 조치를 통해서 환경보호총국은 대중들의 환경평가 참여를 현실화시키고자 했던 것이다.

이처럼 중국정부가 환경정보공개(環境信息公開)를 법제화함으로써 환경단체를 비롯한 시민사회와 공조를 같이하려는 이유는 다음과 같은 이유로 보인다. 즉 대중은 환경의 최대 이익의 이해관계자인데, 대중 참여의 장애가 생기는 가장 큰 이유는 참여의식의 결핍이 아니라 제때에 정확한 정보를 얻지 못했기 때문이라는 것이다. 중국정부는 따라서 <정부정보공개조례>(이하 '조례'), <환경정보공개방안(시행)>(이하 '방안')의 반포를 계기로 대중 참여와 환경보호가 촉진될 것으로 보고 다음과 같은 원칙에 입각하여 추진하였다.[21]

첫째, 공개성의 원칙으로, '조례' 및 '방안'은 정부정보의 '비공개관례'라는 기본원칙을 변화시켜 정부 관리를 더욱 투명한 방식으로 진행한다. 둘째, 확대성의 원칙으로, '조례'는 정부의 정보만 규정하고, '방안'은 정부의 환경정보에 대한 규정뿐만 아니라 기업의 환경정보의 공개에 대해서까지도 확대하여 규정한다. 셋째, 알권리의 원칙으로, 국민은 환경보호 부문이 법에 따라 정부의 환경정보공개 의무를 이행하지 않으면 상급환경보호 부문에 고발할 수 있다고 간주한다. 고발을 받은 환경보호 부문은 하급 환경보호 부문을 독촉하여 법에 따라 정부의 환경정보공개의무를 이행해야 한다. 이에 따라 국민은 환경보호 부문이 정부의 환경정보공개사업 과정의 구체적인 행정 행위가 합법적인 권익을 침해했다면, 법에 따라 행정 재검토를 하거나 행정적 소송을 제기할 수 있는 길이 원칙적

---

21) 周漢華, "在所有國家,政府是最大的信息所有者和控制者", ≪政府信息公開條例專家建議稿≫(中國法制出版社, 2003), p.19.

으로 열린 것이다.

2) 집행감시(monitoring)

주지하다시피 중국에서 환경법 집행의 문제는 줄곧 환경보호에 있어 난점의 하나로 정부를 괴롭혀 왔다. 비록 최근 들어 환경법의 집행은 과거에 비해 진전을 가져온 것은 사실이지만 여전히 몇 가지 문제가 존재한다.

2007년 상반기 환경보호 사업과 관련된 통계수치에서 보듯이, 2007년 6월 30일까지 전국적으로 법집행에 동원된 인원이 50여만 명이었고, 이들은 기업 22만여 개를 점검하여 8,000여 개의 위법기업을 입건 처리하였으며, 1,600여 개의 전형적인 위법안건에 대해 공개적으로 감독하였고 유관 책임자 170명을 추궁하였다.[22]

국가환경보호총국의 이러한 강력한 법집행 감독 활동은 중국의 환경법 집행역량을 크게 강화시켰으며 그 효과도 선명하다. 그러나 이런 '운동식 법집행'은 즉시 효과를 볼 수 있지만 지속적인 유지가 힘들다는 한계가 있다. 환경문제의 해결은 한두 장소의 소위 '폭풍식' 해결에만 의존할 것이 아니라 하나의 과학적이고 장기적인 효과를 볼 수 있는 환경법제기제를 수립하여 엄격히 법집행이 작동되도록 해야 하는 것이다.

또 다른 문제는 지방의 환경보호국이 법 집행활동에서 문제를 제대로 발견하지 못한다는 점이다. 이미 앞서 논한 바 있지만, 그 주요한 원인은 환경법집행 인원의 자질 부족 외에도 주로 지방정부의 간섭으로 환경법 집행부문의 독립성의 결핍 및 집법 권한의

---

22) "环保總局再度出擊: 八家环境違法企業 挂牌督辦", <人民日報>, 人民网, 2007.7.12 (http://env.people.com.cn/)

약화 때문이다. 환경부문은 공상 세무부문과 같이 동결·차압·압수·강제이체·몰수 등의 권한이 없으며, 기껏해야 법원에 강제집행을 요구할 수 있을 뿐이고 필요한 강제집행권과 정해진 기한에 처리토록 하는 권한은 상대적으로 취약하다. 이는 여러모로 환경법의 집행기관으로서 환경보호당국의 적극성과 법집행의 효율성을 저하시키는 결과를 초래한다.

따라서 환경정책 및 입법의 집행감시를 비롯한 환경오염 모니터링을 위해 환경 NGO들의 협조는 필수적으로 요청된다 하겠다. 이러한 맥락에서 2005년 12월 중국 국무원은 '과학적 발전관 실현을 위한 환경보호강화 결정'(國務院關于落實科學發展觀加强環境保護的決定)을 공포하여 각급 지방정부의 환경보호 책임제를 강화하고 환경보호 임무와 실행목표를 설정해 이를 정기적으로 심사하여 공개하기로 하였으며, 환경 관련 NGO들과 연대해 전국 규모의 감시 네트워크를 구성할 수 있도록 규정하였다.[23]

이렇듯 감시네트워크를 활용해 오염행위에 대한 공동대처 및 환경감시를 이룬 사례로는 장쑤(江蘇)성 '태호(太湖)사건'이 있다. 중국 3대 담수호로 불리는 태호(太湖)[24]의 수질은 1980년대부터 시작해 10년을 주기로 한 등급씩 낮아지고 있다. 특히 2000년부터 전체

<hr/>

23) <人民日報> 人民網, 2005.12.14. (http://www.people.com.cn, 검색일: 2007.11.11).

24) 장쑤성과 저장(浙江)성 사이에 걸쳐 있는 태호는 전체 면적이 2,425㎢에 달하는 중국에서 세 번째로 큰 호수다. 태호는 과거에는 바다였으나 양쯔강 어귀의 삼각주가 발달하면서 담수호가 되었다. 태호 주변 지역은 중국 국내총생산(GDP)의 10%, 재정수입의 16%를 차지할 정도로 발전했지만, 호수를 에워싼 공장이나 농장에서 배출되는 공업폐수와 오염물질, 비료 등 때문에 몸살을 앓아왔다. 2005년 중국 국가환경총국이 27개 호수를 조사한 결과에 따르면, 환경오염으로 수질이 5급 이하로 판정된 곳은 10개에 달했다. 5급 이하는 공업용수로도 쓰지 못하는 전혀 쓸모없는 물이다. 당시 조사에서도 태호는 안후이(安徽)성 차오후(巢湖), 윈난(雲南)성 뎬츠(滇池)와 더불어 부영양화가 가장 심각한 것으로 지적됐다. <人民日報> 人民網, 2007.5.31. (http://www.people.com.cn, 검색일: 2008.10.23).

태호 수역이 부영양화 단계에 도달했으며 남조식물에 의한 부영양화가 가중되었다. 수질이 5급수 이하로 떨어져 인근 주민 500만 명에게 수돗물 공급이 2주간 중단된 사건('우시물위기')이 발생한다.[25]

사실 태호 유역의 오염문제를 둘러싸고 오래전부터 '태호위병(太湖衛士)'으로 불리는 환경보호 활동가 오립홍(吳立洪) 및 그의 부인 허길화(許潔華) 등을 중심으로 피해의 심각성이 제기되어 보호운동이 전개되었다.[26] 또한 국가환경보호총국은 태호 주변 공업오염기업에 대하여 단호하게 비판하고 지방정부로 하여금 대책을 수립하도록 지시하였다. 하지만 중국의 환경관리 구조가 지니고 있는 모순점이 이곳에서도 재현되어 태호 주변에 대한 오염규제 활동이 제대로 집행되지 못함으로써 급기야 도저히 식용수로 쓸 수 없는 5급수 이하의 수질로 변해 버린 것이다.

이로써 시민들의 생활용수 및 신체건강에 영향을 미치게 되었는데 이런 현상에 대해 태호 소관인 우시(无錫)[27]

〈사진 23〉 녹조로 뒤덮인 태호(太湖)의 모습
(출처: http://www.wuriten.com/entry/Trans-Yazhouzhoukan-Hubosiwang)

---

25) 당시 중국공산당 기관지 <인민일보>는 "최근 들어 태호의 수위가 2.97m로 50년 이래 가장 낮아지고 기온마저 최고치를 갱신하면서 4월부터 태호의 부영양화가 심해져 호수 연안에 심각한 녹조 현상이 발생했다."고 보도했다. <人民日報> 人民网, 2007.5. 31 (http://www.people.com.cn, 검색일: 2008.10.23).

26) "太湖衛士"妻承夫業, 2007.6.9 (http://www.dw-world.de/dw/article/0,,2582960,00.html, 검색일: 2009.2.13).

정부는 '하늘'에 책임을 돌려 자연재해라고 지적하였다. 이에 대해 중국의 10여 개 민간환경 NGO들은 즉시 연합성명 발표하여 태호 수질 오염의 진정한 원인은 연안 300여 개 공장이 배출한 오염물질 때문이지 자연재해가 아니라고 발표하였다.

환경단체들은 성명을 통해 우시(无錫)정부에 대하여 추궁하였으며, 지금까지 환보부문이 공포한 태호 유역 오염기업은 300개가 넘었는데 그중에는 대량의 화공, 염색, 적기도금, 제약 등 위험성이 큰 기업이 있었음에도 불구하고 당지 유관 정부부문에서는 이들 오염기업에 대하여 어떠한 조치를 취했는지 되물었다. 이 성명은 또한 중국 환경보호활동은 장기간 이래 위로부터 아래로의 정부추진형 관리모델을 추진하였을 뿐 공중역량의 참여를 홀시하였기 때문에 실패했다고 지적하고, "하향식 일제단속에만 의해서는 태호오염을 철저하게 해결할 수 없다. 정부는 보다 적극적인 조치가 필요하며 수질오염의 영향을 받고 있는 공중들을 격려하여 오염방지활동에 참여하도록 하여야 하며 위험성이 높은 프로젝트에 대해 환경영향평가에 참여하도록 시민들을 격려하며 오염기업을 신고하도록 고무하고 오염배출을 많이 하는 기업에 대하여 공익적인 소송을 걸도록 유도해야 한다.[28]"고 주장했다.

시민단체들의 가세로 우시 물위기가 수습된 이후, 환경보호는 당국은 물론 우시 시민의 중시를 받게 되었다. 더 많은 시민들이 환보사업에 뛰어들어 환보지원행동이 사회 전반에 걸쳐 광범위하게 추진되도록 우시시위 홍보부, 우시 문명판, 우시지원자총회 등은

---

27) 우시는 중국 15대 경제도시 중 하나로, 4,650㎢ 면적에 450여만 명이 거주하고 있다. '태호를 빼고 우시를 논하지 말라'는 말이 있듯이 우시는 태호를 생명줄로 하여 발전해 왔다.

28) http://www.dw-world.de/dw/article/0,,2582960,00.html(검색일: 2009.2.13).

합동으로 '우시환보위병' 표창식 및 환보지원행동 발대식을 공식적으로 거행하기도 하였다. 여기서 태호보호활동에 모범을 보인 오수흠 등 개인 및 단체를 포함한 9개의 '우시환보위병'을 표창하고 10개 환보지원복무기지를 명명하였다.29) 이를 계기로 우시시위서기 양위택은 '태호보호, 고향사랑' 환보지원행동30)의 개시를 정식으로 선포하고 '너도나도 환경보호대사'라는 도덕적 실천 활동을 주창하였다. 시급기관당공위, 시지원자총회가 주도한 이 활동은 기관 간부, 당원, 각지의 각급학교 학생 및 '즐거운 자원봉사자' 등 특색지원복무단체 등을 조직하여 실천하도록 하였다. 그리하여 려호주변지구, 원두저공원 등 덩승지와 체육공원 등의 유원지에서 정기적으로 생활 쓰레기와 불법 홍보물을 제거하는 등 실천활동이 대대적으로 전개되었다.31) 태호사건을 계기로 중국 정부는 전례 없이 강력한 환경보호책을 내놓았는데, 여기에는 태호 호수 주변의 공장 2,150개를 2008년 말까지 폐쇄하고 호수 주변에서 일절 화학비료 사용을 금지한다는 내용이 들어 있다.

또다른 사례로서, 1998년 초, 환경 NGO들은 밀렵 반대를 위한 대중적 지원을 확보하기 위한 활동을 전개하기 시작한다. 위험에 처한 칭하이―티베트 고원지대의 장링양을 보호하기 위한 캠페인이 그것이다. 불법적인 밀렵이 증가함에 따라 지방정부는 밀렵 감사활동을 1992년에 조직하기 시작하였지만 그들의 노력은 반복되는 좌절을 겪어야 했다. 이에 따라 1998년 9월, 자연지우는 <중국

---

29) 中國政法大學汚染受害者法律帮助中心(http://www.clapv.org, 검색일: 2009.2.13).

30) 이 행동은 '환경보호, 책임강화'의 주제홍보, '엄마호 보호'의 청소년지원복무, '너도나도 환보사자'의 도덕적 실천, '고향사랑'의 식수녹화, '녹색생활'의 과학 보급 홍보, '환보 딱딱구리'의 시민순방감독 등 6대 활동으로 구성되었다.

31) http://www.dw―world.de/dw/article/0,,2582960,00.html(검색일: 2009.2.13).

임업보(中國林業報)>와 함께 지방의 밀렵감시팀의 지도자를 북경에 초대해 대중 발표회를 가졌다. 그런데 1998년 11월, 지방 밀렵감시팀의 지도자가 의문사 함으로써 중국 환경 NGO의 활동은 더욱 거세게 확산되었다. 그로부터 약 1개월 이내에 자연지우와 국제동물복지기금(IFAW)은 밀렵 감시 순찰을 위해 48,437달러를 모았다. 인터넷 기반의 Tibetan Antelope Information Centre은 티베트 영양(장링양)을 보호하기 위한 홍보활동을 전개하였는데 이 조직의 그 임무는 국제동물복지기금, 세계야생기금, 그리고 Global Greengrants 등으로부터 보조금 지원을 받는 것이었다. 1999년 4월, 자연지우의 권고에 따라, 티베트와 칭하이 그리고 신장 지역의 경찰은 省 간의 밀렵감시활동을 전개하였다.[32]

중국정부는 이러한 공동의 순찰과 감시활동 등의 경험을 통해 대중들의 환경 감시 역량에 점차 눈을 뜨게 되고 급기야 일반 대중이 환경보호에 참여하는 것을 장려하기 위해 2006년 2월 <환경영향평가 대중참여방안>을 발표하여 대중이 환경영향평가에 참여하는 범위, 절차, 조직형태 등을 규정하였다. 이는 환경 NGO를 중심으로 한 시민들과 정부 간의 환경 거버넌스의 제도적인 장치로 이해될 수 있다. 실제로 국무원은 민간조직과 환경보호 자원자 등 시민들이야말로 환경보호에 참여하는 중요한 원동력으로 간주하기 시작했다.[33] 그러나 여전히 대규모 건설공정에서 지방 개발 당국이나 경제관료들의 방해에 따라 이러한 대중들의 참여는 무시되기 일쑤여서 항의서명이나 청원 등이 이어지고 있는 실정이다.

---

32) Guobin Yang(2005), p.63.

33) http://www.gvbchina.org/ (검색일: 2009.1.11); 중국의 환경보호(1996-2005)(중국 국무원 신문판공실, 2006.6).

3) 대중사업(교육, 홍보, 시위)

중국에서 자연지우와 지구촌 등은 일반인, 환경운동가, 학생, 교사를 위한 현장 체험과 방문을 통한 환경교육 강연, 세미나 및 각종 사업을 정기적으로 전개함으로써 대중들의 환경인식을 촉진하는 사업을 지속적으로 전개하고 있다.

또한 사막화 방지를 위한 활동사례의 일환으로, 지방의 한 농촌 여성단체인 '산시성어머니환경보호자원협회(陝西媽媽環境保護志願者協會)'는 2001년부터 친환경적 농업을 도입하고, 축산폐수와 인분을 이용한 가정용 연료 기술을 보급하여 지역 주민들이 연료목 벌채를 줄이고 사막화 방지 운동에 참여할 수 있도록 돕고 있다. 사막화방지 활동에 있어 중국NGO의 대중인식제고 활동은 지방에만 국한되지 않고 도시에 있는 사람들 특히 젊은 대학생들을 대상으로 전면적으로 실시되고 있다. 가령, 녹색북경(綠色北京)은 북경 18개 대학에서 '초원의 뒷모습'이라는 대형 순회전시회를 열어 초원의 파괴상황에 관해 대중에게 공개함으로써 초원보호에 대한 대중들의 관심을 호소하고, 전시 기간 중에는 전문가 좌담, 강연 등 다양한 행사를 함께 가져 초원 및 사막화에 대한 이해를 높였다. 아울러 각 언론사, 예능계 인사들과도 협력하여 사막화 방지를 위한 초원보호운동을 대대적으로 홍보해 왔다. 중국 NGO들의 대중인식 제고 프로그램은 초반에는 다큐멘터리 제작, 사진전 개최 등 주로 일반인들에게 사막화에 대한 정보를 제공하는 방식에 초점이 맞추어지다가 차차 시민참여형 프로그램으로 전환되어 대중들이 몸소 사막화 방지운동을 실천할 수 있도록 돕는데 초점을 두고 있다.[34]

---

34) 임윤정(2005), pp.85 - 86.

한편, 국가의 환경영향평가[35]에 관한 입법과 집행 과정에서 정부와 NGO의 협력의 성공경험은 이후 중국의 환경문제에 대해 거버넌스 기제를 도입해 해결하는 데 매우 중요한 실천적 준거가 되고 있다. 가령, 2005년 국가환경보호총국은 계획환경평가를 시행할 때 빠른 시일 내에 상응한 입법 준비와 정책 준비를 전개한다고 선포하였고 시급히 계획환경평가를 법규절차에 넣도록 하였다. 이러한 입법 준비는 <계획환경평가조례(規划环評條例)>로 구체화되었는데 국가환경보호총국은 2007년 이 조례를 내놓았다. 그러나 국가환경보호총국 부국장 판웨(潘岳)가 2007년 11월 3일 북경에서 개최한 '중국의 환경평가전략'이라는 국제학술회의에서 이례적으로 폭로한 내막에 따르면, 이 <계획환경평가조례>는 사실 2005년부터 시작하여 초안을 작성한 입법이다. 그런데 각 부문 관련기관들의 업무가 중첩되고 일부 지방의 조급한 실적주의로 인해 당장 빠른 시일 내에 이 조례를 선포할 수가 없었다는 것이다. 이러한 배경에서 판웨는 시민사회에 호소를 하지 않으면 안 되었고 각계에서 이 조례의 빠른 선포를 지지하도록 유도하였던 것이다. 이는 정부 환경당국이 조례의 입안과 공포 과정에서조차 시민사회의 협력을 유도할 수밖에 없는 절박한 상황을 보여주는 대목이다.

한편, 2007년 들어서는 환경영향평가의 집행을 둘러싸고 두 개의 부정적인 사건이 큰 센세이션을 일으켰다. 샤먼시 해창 PX(크실레놀) 공장(厦門 海滄PX 項目)과 북경 육리둔(六里屯) 폐기물소각장 건설공정을 둘러싼 분쟁이 그것이다. 이들 사건은 정부가 정한 계

---

35) 2003년 9월 1일에 발표한 <중화인민공화국 환경영향평가법>의 규정에 의하면('환경평가법'), 지역, 유역, 해역개발계획과 국가에서 정한 10가지의 건설공정은 모두 환경영향평가를 진행해야 한다. http://www.gvbchina.org/ (검색일: 2009.1.11); "中國的環境保護(1996-2005)" (中國國務院 新聞辦公室, 2006.6).

획환경평가를 이해하지 않은 채 진행하였다가 국민의 강렬한 반대에 직면하여 심각한 집단적 분쟁을 초래하였으며 이로 인해 또 한 번의 대논쟁(風波)을 촉발시킨 사례들이다.

샤먼시 해창 PX(크실레놀)사건은 중국의 남부 푸젠성(福建省) 샤먼(廈門)에 대만계 투자회사인 크실레놀(PX)화학공장 건설을 추진하던 성정부와 시당국이 결국 시민들의 힘에 굴복하여 건설을 중단하게 되는 사건이다. 화이트칼라 근로자, 노인과 가정주부까지 포함된 이들 반대자들은 학자들의 편지쓰기에서부터 가두 행진에 이르기까지 문자메시지 캠페인, 온라인 저항, 시위, 공청회 등 다양한 반대의 표현방식들을 구사하였다. 이 건설 공정은 현재 남부 푸젠성의 장저우시(漳州市)로 이전하기로 되어 있다. 이 과정에서 정부(국가환경보호총국)와 지식공동체인 연구소(중국환경과학원), 해당 지방정부(샤먼시), 그리고 시민과 환경 NGO 간에 이루어진 협력과 동맹은 급기야 이 공정의 건설 철회(이전)라는 성공을 거둔 동인으로 평가된다.

이 사례는 '누강보위전'에 이은 또 하나의 대형 환경분쟁 중에서 환경세력이 동맹을 통한 조직적인 저항운동을 전개해 이룬 승리의 성과로서 기록된다. 하지만 여기서는 이 연구의 분석틀이 제시하는 또 하나의 거버넌스 기제, 즉 대중사업의 측면에서 이 사례를 분석해 본다. 대중사업으로 분류한 대중동원과 시민참여, 홍보, 교육 등은 이러한 환경이슈를 둘러싼 분쟁 과정에서 흔히 보이는 기제들로서 각 기제들이 독립적으로 작동한다기보다는, 환경분쟁의 해결 전 과정에서 상호보완적으로 결합되는 현상들이므로 여기서는 개별 사례를 중심으로 하여 이들 기제가 어떻게 발현되었는지를 살피겠다.

(1) 샤먼 PX(크실레놀)공정저지 사례

샤먼 PX공정(廈門 海滄PX 項目)은 2006년 샤먼시 역사 이래 최대의 투자항목으로서 대만계 등룽망경(騰龍芒燃) 유한회사가 추진한 총 108억 위안 규모의 대규모 화학공장 건설 프로젝트이다. 이 업계 측의 구상에 의하면 이 공장의 건설로 인해 샤먼시에 800억 위안의 공업생산액을 증가시킨다는 것이었다. 그러나 발암물질로 간주되는 크실레놀 공장부지가 처한 위치는 주민들에게 민감할 뿐만 아니라 높은 사고 위험성이 존재한 것으로 밝혀져 전국정치협상위원 등을 비롯한 여러 단체들과 샤먼 시민들의 격렬한 반대에 봉착하게 된다.

사실 샤먼PX공정은 2005년 2월 이미 환경영향평가를 통해 심사비준됨으로써 일개 항목으로 볼 때 환경보호라는 요구에 위배되지 않는 것이었다. 애당초 국가발전개혁위원회는 이 건설프로젝트를 11차 5개년계획에 포함시켰으므로 예정대로라면 2006년 7월에 비준이 끝나 2007년 여름에 공사가 착공되어야 했다. 그러나 사후, 국가환경보호총국은 해창 공업구의 발전과 해창 신도시 건설 간의 모순이 점차 현저하게 나타남을 발견한다. 즉 PX공장을 건설할 해창구 숭서(嵩嶼)지역은 이미 석유화학공업 시설이 집중된 대형 공업구역이나 동시에 이 지역은 거주를 주요 기능으로 하는 해창 신도시이기도 하다. 이러한 모순적인 건설계획은 일면 환경보호기준 항목에는 부합되지만 장기적으로는 높은 위험 요소가 도사리고 있는 공정으로 인식되었던 것이다. 이에 따라 국가환경보호총국은 샤먼시 당국에 해창 신도시 구역과 남부공업구에 대한 계획단계 환경평가를 진행할 것을 요구하였지만 해당 정부의 처리가 늦어짐에 따라 국가환경보호총국은 이 지역의 모든 석유화학 건설항목에 대

〈사진 24〉 샤먼 PX공정의 위성 조감도
(출처: http://www.wurifen.com/entry/Trans-Yazhouzhoukan-Hubosiwang)

해 심사비준을 늦출 수밖에 없었던 것이다.

2007년 3월의 전국정치협상회의에서 문제의 심각성을 인식한 중국과학원 원사이자 샤먼대학 의대교수인 자오위펀(趙玉芬) 등 105명의 정협위원들은 <샤먼해창 PX프로젝트 이전에 관한 건의서(關于厦門海滄PX 項目遷址建議的議案)>에 연명으로 서명하여 PX공장 사고 발생시 샤먼시 전체 시민이 위험에 처할 수 있으므로 건설을 중지하고 다른 곳으로 이전해야 함을 공식적으로 제기한다. 이것을 '2007년 첫 번째 중점의안'이라고 하는데 이 의안의 자료에 따르면, '샤먼PX공정'은 폭발의 위험이 존재하는 프로젝트로서 이 공장은 샤먼시 중심과 국가급 풍경유람구인 고랑서(鼓浪嶼)와 7㎞, 그리고 5,000여 명의 학생이 다니는 샤먼외국어학교와 북사대 샤먼해창부속학교와 불과 4㎞ 떨어져 있다. 뿐만 아니라 항목 5㎞ 반경 범위 내에 해창구 인구가 10만 명 넘게 살고 있으며 주민구역과 공장구역의 거리는 1.5㎞밖에 안 된다. 10㎞ 반경범위 내에 구룡강 하구구역(九龍江河口區)이 전체 샤먼 서해역 및 샤먼 본도의 1/5을 덮고 있다. 이 공장의 전용부두는 샤먼 국가급 해양 희귀종 자연보호구에 설치될 예정인데, 만약 누출 등 극단적 사고나 자연적 사고가 발생하면(태풍, 지진, 해일 위협 및 그 항목안전 등) 샤먼의 백만 인구가 위험에 직면할뿐더러 자연보호구의 희귀종들에게 치명적인 결과를 초래하게 될 것으로 지적되었다.[36]

이러한 심각성에 대한 전문가공동체의 지적은 언론을 통해 보도되면서 환경단체를 비롯한 시민들의 반대운동에 불을 지폈고, 수만 명의 샤먼시민들이 거리시위를 통해 PX공정에 대한 반대운동을 펼친다. 시민들의 자발적인 시위에 놀란 샤먼시 정부는 2007년 5월 30일, 샤먼PX공장의 건설을 미룬다고 정식으로 선포하였다.[37] 하지만 며칠 후 샤먼시 당국은 이러한 결정을 번복하게 됨으로써 사건은 새로운 국면에 접어들게 된다. 한편, 6월 7일, 국가환경보호총국은 정부 홈페이지를 통해 샤먼시는 마땅히 전 구역에 대해 계획환경평가를 진행해야 한다고 통보하였다. 통보에서 국가환경보호총국 부국장 판웨(潘岳)는 "중국이 현재 직면한 환경오염문제는 크게는 국지적이고 구조적인 문제이고, 이는 당시 급속한 공업화와 도시화의 발전으로 초래된 것이며 거시적인 정책과 전체적인 계획에서 환경과 자원의 요인을 고려해야 한다."라고 지적하였다. 국가환경보호총국은 관련 전문가들을 조직하여 샤먼시 전 지역의 계획

---

36) "厦門百亿化工項目安危爭議105 委員提案要求遷址", 東方网, 2007.3.16.
37) "厦門百亿化工項目安危爭議105 委員提案要求遷址", 東方网, 2007.3.16.

환경평가를 추진하고 샤먼시의 환경적재능력·도시발전방위·공간 배치·생태기능구분 등에 대해 치밀한 조사 연구를 진행하여 종합적인 건의를 제기할 것을 주문했다. 그리고 계획환경평가의 요구에 부합되지 않는 PX건설공정을 포함한 중공업항목 건설도 재고해야 한다고 지적하였다.

이에 2007년 7월, 중국환경과학원은 샤먼시 정부의 위탁을 받고 '샤먼시 도시 전체계획 환경영향평가' 사업을 담당하였다. 12월 5일 '샤먼시 도시 전체계획 환경영향평가' 사업의 결과 특별 주제보고가 완성되었고, 이후 10일간의 '국민참여(公衆參与)' 단계에 들어선다. 12월 13일부터 양일간, 샤먼시에서 열린 PX건설공정에 대한 두 차례의 국민참여 좌담회(공청회)에 99명의 시민대표가 참석하였는데, 그 중 85% 이상이 PX건설공정을 계속 추진하는 것에 대해 반대하였다. 이러한 과정을 거쳐 현지 정부는 결국 주민들의 의사에 따라 PX건설공정 부지를 다른 지역으로 이전하기로 결정하게 된다.

그러면 이렇듯 지방정부와 개발당국의 PX건설공정 저지싸움을 승리로 이끈 과정에서 환경단체와 시민들은 어떤 방식으로 운동에 참여했는가? PX사건의 전개 과정별로 선보인 시민참여의 방식들로는 주로 전문가 제의, 가두행진, 좌담회와 공청회 등의 방식으로 이루어졌다.[38]

① 전문가 제안: 먼저, '지식공동체'라 할 수 있는 중국 내 학자 및 중국과학원원사(院士), 정협위원, 그리고 대학교수 등이 연대 건의서를 제안하는 것에서부터 이 사건은 시작된다. 이는 전문가 제안 단계로서 공장이 들어설 경우, 화학물질인 크실레놀이 인체에 미칠

38) 舒旻, "公民抗命－懸在頭頂的達摩克利斯劍", ≪世界环境≫, 2008年 第6期 (http://blog. dwnews.com/?p=52685, 검색일: 2009.4.20).

악영향에 대해 과학적인 문제를 제기하는 단계이다. 건의서에는 맹독성 크실레놀의 누출로 특히 호흡기 및 중추신경 파괴와 심지어 기형아 출산의 위험까지 보고되었다. 이에 2006年 11月부터 12月 사이에 샤먼출신 6명의 원사(院士)들이 공동으로 혹은 독자적 방식으로 샤먼시위원회와 시정부에 PX건설공정을 중단하고 다른 곳으로 이전시킬 것을 건의한다. 그리고 이 공장이 미칠 환경영향에 대해 국제적인 전문가를 초청해 보다 정확한 환경영향평가에 참여하도록 요구하였다.

2007年 1月 6日 원사들은 시당국과 면담을 진행한다. 하지만 면담에도 불구하고 건의 내용에 대한 관련자 측의 해답을 얻지 못하게 된다. 그러자 2007년 3월 북경에서 열린 전국정치협상회의(全國政協會議)에서 원사 자오위펀(趙玉芬)을 비롯하여 북경항공항천대학 총장(北京航空航天大學校長)인 션스투안(沈土團), 그리고 원사 티엔종췬(田中群) 등 105명의 정협위원(政協委員)들이 연명으로 <샤먼해창PX프로젝트 이전에 관한 건의서(關于廈門海滄PX項目遷址建議的提案)>를 발표하게 된다.[39] 이 제안에는 "PX(크실레놀)은 위험한 화학물질이자 발암물질에 속하며, 샤먼시 해창구 반경 5㎞ 범위 내에 이미 10만 명이 넘은 주민들이 살고 있다. 만약 자연재해 및 사고가 나면 전쟁과 공포의 도가니로 몰아갈 수 있는 상상을 초월한 피해가 예상된다."는 내용이 들어 있다. 이로서 이 프로젝트는 전국적인 주목을 받게 되었고 정부환경부문과 민간환경세력이 광범위하게 참여하는 환경운동의 기폭제가 되었다.

② 시민 가두시위(市民散步): 2007년 5월 말, PX공장 건설에 반

---

39) 馬天南, "廈門PX事件: 公衆參与對环境保護的積极作用", 2007.10.19 (http://www.fon.org.cn/content.php?aid=9233, 검색일: 2008.11.20).

〈사진 25〉 PX 건설공정에 항의하는
샤먼시민들의 가두시위 모습
(출처: 厦门网 http://www.xmnn.cn)

〈사진 26〉 샤먼시 정부와 전문가공동체,
언론 등이 참여한 PX건설공정 환경영향평가
공청회 모습
(출처: 南方网, 2007-12-20, http://news.163.com/
07/1220/11/405CM K2I00011SM9.html)

대를 호소하는 핸드폰 문자메시지가 샤먼 시민들 사이에 퍼지기
시작하고 급기야 가두시위로 확산된다. 사태가 확대되자 5월 30일,
샤먼시 정부는 기자회견을 통해 건설연기를 정식으로 선포한다. 하
지만 지방정부의 건설 연기 방침에도 불구하고 사건은 곧바로 수
그러들지 않았다. 2007年 6月 1日 오전 8시, 삼삼오오의 시민들이
자발적으로 도로에 모여 손에 황색 띠를 두른 채, 향후 1년 동안
시민들이 잊어버리지 않도록 집단적인 '가두시위(散步)'를 다시 시
작한다. 당일 오후에 시정부는 긴급 기자회견을 개최하여, PX사건
은 이미 전면 중지상태에 있으며 동시에 재차 새로운 구역을 조직
하여 환경영향평가를 실시할 것임을 밝히고 그동안 시민들의 건의
가 있을 경우, 정상적인 절차를 통해 반영할 수 있으며, 정부를 통
해 관련 전문가에게 전달할 것임을 밝혔다. 이후 6월 2일 오후에
군중들은 해산하였는데, 당일 시정부는 가두행진 금지령을 내리고,
길거리에서 일체의 PX공정과 관련된 보도와 인터넷상에 관련된 정
보를 철저히 삭제할 것을 요구하였다.

③ 좌담회(公衆座談) 및 공청회: 사건이 확대되자 지방정부 내 전문가 공동체(과학자협회), 언론, 文明 등 부문조직이 연합하여 대중좌담회를 개최하게 된다. 2007년 6月 7일부터 양일간 샤먼시 과학자협회와 <厦門日報>가 시민홍보책자인 ≪PX知多少≫를 공동으로 발행했다. 동시에 샤먼시위원회(厦門市委)와 시과학자협회(科協) 등 부문조직에서 이를 샤먼시 직속기관 각 단위, 행정구, 각급 학교, 주요 여행지, 호텔, 공공장소와 터미널, 항만, 공항 등에 배포했다.

2007년 12월 5일 샤먼시 정부는 또다시 기자회견을 갖고 해창남부지역(海滄南部地區)의 기능배치(功能定位)와 공간배치에 대한 환경영향평가를 완성했음을 선포하였다. 보고는 결론짓기를, 해창남부지역의 공간이 협소하고 지역 공간배치에 충돌요소가 존재하여 부적합하므로, 이 건설공정은 '석유화학공업구(石化工業區)'와 '도시준중심지역(城市次中心)' 간에 확정하는 것이 필요함을 주장했다.

12월 13日부터 이틀간, 시정부는 PX공정 구역의 환경영향평가에 관한 공청회를 주관 개최하였는데 여기에는 시민대표, 인대대표와 정협위원을 포함해 200명이 넘게 참가했다. 공청회 기간 동안 시정부당국의 홈페이지에 PX공정의 이전문제에 대한 인터넷투표가 실시되어, 하루 동안 계속된 투표에서 절대다수의 누리꾼들이 건설에 대한 반대표를 던졌다.

결국 2007年 12月 하순, 푸젠성정부와 샤먼시정부는 PX공정의 이전을 결정하였고, 투자기업이 초기 이 항목 건설을 준비하는 과정에서 입은 경제적 손실에 대해 정부가 부담할 것임을 밝혔다. 이후 푸젠성정부는 PX공장의 이전 후보지로 장저우시(漳州市)를 사전 결정하였다. 그러자 2008년 2월, 이번에는 둥산통링촌(東山銅陵村) 주민들이 이에 반대하는 가두행진을 시작했다. 하지만 2008년

5월 25일에는 장저우시와 샹루그룹(翔鷺集團)산하 등롱망경회사가 정식으로 투자협의서에 서명한다. 2008年 9月 11日에 PX공정에 대한 환경영향평가가 제1차로 공시되고, 2009年 1月 9日 환경보호부 상임위원회에서 PX공정은 '원칙통과'를 획득함으로써 이 문제는 일단락된다.[40]

(2) 북경 육리둔 폐기물 소각발전공장 건설(北京緩建六里屯垃圾发电項目) 저지 사례

2007년 4월, 북경시는 북경 최대 규모의 폐기물 소각발전공장 항목인 해정구 육리둔 폐기물소각발전공장(海淀區六里屯垃圾焚燒發電厂) 공사를 시작한다. 이 폐기물 소각공장은 육리둔 쓰레기 매립장과 매우 가까운 곳에 있는 관계로, 그동안 가스 오염을 심히 받고 있던 주변 주민들은 또다시 쓰레기소각공장에서 배출될 유해물질의 위협에 직면했다. 이렇게 되자 환경단체와 주변 주민들은 이 발전공장 건설항목의 환경영향평가보고에 대해 질의를 하였고 또한 수차례 상소를 하는 등 강렬한 반대를 제기하였다. 3월 14일 육리둔 주민 127명은 연합하여 북경시 환경보호국에 <행정복의서(行政夏議書)>를 제출하였으며 육리둔 폐기물소각발전공장의 환경영향보고서에 대한 결재를 철회할 것을 요구하였다.[41]

---

40) "PX項目遷址小史", 人民网·天津視窗(2009.2.5) (http://www.022net.com/2009/2-5/514130152365666.html, 검색일: 2009.2.12).

41) 일찍이 1995년 북경시 환경보호국에서는 쓰레기매립장에 대해 환경평가를 심사 비준할 때 다음과 같이 제기하였다: "환경보호의 입장에서 고찰할 때 이곳에 쓰레기 매립장을 건설하는 것은 합당하지 않고 오염방치조치를 적절하게 취하지 않고 직접 쓰레기를 매장하는 것은 더욱 허락할 수 없는 일이다.", "쓰레기 매립장 밖의 500m 이내에 영구거주시설을 건설하는 것은 적합하지 않으며 기존의 시설을 응당 옮겨야 한다." 그러나 10년 동안 현지 정부에서는 이러한 요구를 적극 실행하지 않았으며 오히려 부근에 연달아 새로운 중해풍련산장, 추로원, 백왕말리원(中海楓蓮山庄, 秋露園, 百旺茉莉園) 등 아파트 단지를 건설하였으며 공장주위의 환경기능에 커다란 변화를 일으키

이 질의서에는 육리둔 폐기물소각 발전항목이 환경이 민감한 구역에 위치해 있고 위생방호거리가 정확한지 아니한지, 주변환경 용량이 수요를 만족시킬 수 있는지, 공정지질이 조건에 부합되는지 등등의 핵심적인 문제에 대해서 북경시 환경보호국에서 더 큰 범위 내에서 전문가를 조직하여 심도 있는 논증을 전개하고 대중의 의견을 청취하고 법에 따라 민주적이고 과학적으로 결정해야 한다고 주장했다. 이 같은 요구에 화답하듯이, 2007년 6월 7일 국가환경보호총국은 북경 육리둔 항목의 행정복의에 대한 결정을 반포하여 시민들의 손을 들어준다. 즉 이 항목은 보다 심도 있는 논증이 필요하므로 건설이 연기되어야 한다는 것이다.

위와 같은 두 가지 사례는 최근 중국 환경운동에서 대중참여의 승리로 간주될 수 있는 대표적인 사건들이다. 사건의 전개과정에서 중앙정부는 환경적 관심을 순수하게 청취했고, 환경단체 등의 주장을 받아들여 당국은 주민과 도시를 보호하기 위해 활동했다. 더욱 중요하게는 이러한 사건은 새로운 유형의 행동주의를 수립했다는 점이다. 즉 환경세력들은 그동안의 방식을 탈피하여 정부의 관행과 법률을 변화시키기 위해 단일 쟁점에 초점을 맞추는 방식을 도입한 것이다.[42] 정부 관료로서 이는 어떻게 그들이 행동해야 하는가에 대한 새로운 규칙을 의미하는 것이기도 하다. 이러한 단일쟁점 속에서 정당간부들 역시 환경을 고려하기 위해 최소한 보다 신중하게 행동했던 것이다.

게 하였다. "PX項目遷址小史", 人民网·天津視窗(2009.2.5) (http://www.022net.com/2009/2-5/514130152365666.html, 검색일: 2009.2.12).

42) Tang Hao, "Xiamen PX: a turning point?", <中外對話> January 16, 2008 (http://www.chinadialogue.net/article/show/single/en/1626).

4) 애드보커시(정책주창, 옹호)

2000년대 중반 들어 몇 차례의 큰 환경쟁점들에 직면한 환경세력들이 이른바 '환경동맹'을 통해 승리를 확인하게 되자, 2005년 이후 환경 NGO들은 행동 과정에서는 정부 등 공공부문과 협력을 더욱 강화함으로써 자신들의 정책과 프로그램을 주창하는 등 보다 적극적인 모습을 보여주었다. 환경 NGO가 중심이 되어 공공부문의 참여 내지는 승낙을 유도하는 주창형(advocacy) 활동들은 크게 친환경 실천운동, 청원서명, 친환경정책 주창 등을 통해 전개된다.

우선, ① 환경 NGO들은 정부와 보조를 맞추어 크게는 환경정책에서부터 작게는 일상의 환경권 보호와 에너지절약 홍보 등 구체적인 행동요강을 담은 친환경적인 실천운동을 주창하여 공동을 환경보호활동을 전개한다. 그러한 사례로서 에너지절약 시민운동을 들 수 있다.

2004년 6월 지구촌, 자연지우 등 6개 환경보호조직연합회는 북경에서 공동으로 '에어컨 26도 행동(26度空調節能行動)'을 제창하였다. 제창된 내용은 다음과 같다. 첫째, 실내 에어컨 온도를 여름철 26도, 겨울철 20도로 맞추어 설정하고 도심 공공건물에 대한 실내 온도를 모니터링하여 이를 인터넷사이트 등을 통해 발표함으로써 국무원의 「실온 26도」 규정의 철저한 이행을 정부부문 및 사회 전체에 호소한다. 둘째, 소비자에게 중점적으로 에너지 효율 수준이 높은 가전제품의 사용을 권장하며 세미나와 각종 언론매체의 보도를 통해 보다 많은 소비자에게 에너지 소비량 표시사항 부착의 의의를 알린다. 그 외에도 「에너지 절약 서약」으로서, 네트워크 또는 인터넷을 통해 에너지 절약행동을 서약하고 에너지 절약목표를 게재하는 것 등이다.

처음 3개월 동안 이 행동은 10개 기업과 2개 대사관으로부터 가입 승인을 얻어냈다. 그러다가 2005년에 이 행동은 전국 51개 환경보호민간조직의 호응과 지지를 얻었고, 2006년, 각급 정부부문도 가입을 시작하였다. 이 운동의 성과로서 2007년 6월, 국무원판공실에서는 <공공건축 에어컨온도공제표준의 엄격한 실시에 관한 통지>를 반포하여 모든 공공건축물의 여름철 실내 에어컨온도가 26도 이하로 낮춰져서는 안 됨을 통지함으로써[43] 민간단체가 주창한 이 실천프로그램은 결국 정부기관의 규정으로 산출되는 성과를 거두게 된다.

이 같은 에너지절약 시민운동은 더욱 확산되어 2007년 7월 28일, 북경지구촌, 중화환경보호연합회 등 50여 개의 환경보호민간조직[44]이 주도하는 에너지저소모형 생활방식과 소비방식을 핵심으로 하는 '에너지 20% 절약 시민행동(節能20%公民行動)'으로 제창된다. 이 캠페인은 '에어컨 26도 행동'과 '자동차 없는 날(No Car Day)'의 활동에 참여하고 있는 NGO환경단체들이 공동으로 발족한 것으로, 전국의 NGO들이 이 캠페인에 동참하였다. 이들은 서로 의견을 제시하고 경험을 공유하고자 하였으며 '에너지 20% 절약 시민행동'에 참여하는 기관에 대하여는 가능한 한 지원한다고 결의하였다. 활동에는 베이징, 톈진, 허베이(河北), 랴오닝, 네이멍구, 산시(陝西), 산둥, 허난, 안후이, 장쑤, 후베이, 저장, 푸지엔, 충칭, 윈

---

43) ≪中國經濟周刊≫m "环保NGO新行動"綱領": 做政府同盟軍", 2007.12.5, 人民日報 人民网 (http://env.people.com.cn/GB/6617028.html, 검색일: 2008.11.20).

44) 이 활동의 공동 발기단체로는 북경지구촌 환경교육센터, 중국환경문화촉진회, WWF, 중국국제민간조직합작촉진회(CANGO), 자연지우, 베이징 부평학교환경·발전 연구소, 녹가원지원자, 홍콩 지구의 벗, 콘서베이션 인터내셔널(Conservation International), 에너지기금 등 각지의 환경보호 단체들이다.

난, 홍콩 등 16개의 성(省)과 시(市)에서 온 참가자들이 테마별로 캠페인에 참가하였다. 이러한 연합 캠페인은 1회적인 행사로 그치지 않고 회원들의 독창성과 네트워크 조직기반을 활용하며 중국 각지로 실천운동을 확산되었으며 에너지 절약과 배출량 감소 및 기후변화 등의 문제를 해결하기 위한 생활운동으로 발전해 나가고 있다.

정부와 유엔환경계획(UNEP)에도 제출된 이 활동은 구체적으로 다음과 같은 내용으로 구성되었다. 첫째, 에너지 절약량 보고서 작성이다. 에너지 절약 캠페인에 의해 나타난 총 에너지 절약량은 측량 가능한 실제의 에너지이며, 기후변화의 주범인 이산화탄소를 삭감할 수 있는 범위라 할 수 있다. 둘째, 정책건의로서, 시민의 에너지 절약형 생활양식 및 소비양식 개선에 관한 정책조치를 당국에 건의한다. 셋째, 유엔환경계획에 대한 의견 제출로서, 다른 나라의 환경 NGO들에게 지구의 기온저하를 위한 캠페인을 벌이도록 호소하고, 26도 캠페인과 같은 중국의 성공 경험을 세계에 널리 알리는 것이다.

이 같은 사례는 시민사회에서 주도한 행동이 국가의 규정으로 채택되어 모든 사회에 영향을 주었다는 점에서 의미 있는 환경 거버넌스 사례로 평가된다. 환경NGO들은 이처럼 주민의 환경권 보호 및 일상의 에너지절약 문제 외에도 지구적 차원의 환경문제 해결을 위한 새로운 길을 모색하고 있으며, 정부에 대한 정책조언과 제언을 주도하면서 정부의 환경정책을 측면 지지하고 있다. '26도 행동'을 대표적 사례로 하여, 이후 환경보호민간조직은 단독행동으로부터 연합행동에로 나아갔고 개별적 지역행동에서 많은 도시연합행동으로 확대되었다.[45]

또 하나의 다른 사례로서, 녹색통근(Green Commuting) 운동이 있다. 중국의 대기오염이 날로 심각해지자 환경 NGO와 정부환경 당국은 대대적으로 자동차를 대체할 친환경적인 통근방식을 모색한다. 특히 환경 NGO들은 공동 캠페인과 네트워크를 통해 각 지역에서 전개된 녹색통근 운동에 대한 사례들을 공유(Case Sharing)하기 시작한다. 이 운동은 NGO뿐만 아니라 정부환경당국도 적극적으로 주창하고 있다. 2007년 1월 30일, 환경보호기금(EDF) 소속 장링거가 한 워크숍에서 '녹색통근' 운동을 소개하는데 그녀는 이 운동이 환경보호기금(EDF)이 주도하는 대기청결운동의 일환으로서, 도시의 대기는 자동차 배출과 밀접히 관련이 있다는 사실에 기초하여, 도보 및 자전거타기, 그리고 대중교통 이용의 증진을 통해 교통오염을 줄이는 데 목적을 두고 있음을 밝혔다.[46] 이 운동은 기업들의 「에너지 절약 서약」 옹호, 자전거 타기 혹은 도보 장려 등을 포함해 공기질 향상을 도모할 수 있는 일련의 활동으로 구성되어 있다. 이 운동은 또한 다른 조직들이 행하는 일부 친환경 실천 활동들과도 통합되었는데, 가령 2005년 5월 말, 북경환보국은 '자동차 없는 날' 캠페인을 전개한다. 이에 자연지우(自然之友) 등 15개 환경보호민간조직 연합자동차클럽이 북경에서 "한 달에 하루 적게 자동차를 몰자(每月少開一天車)"라는 캠페인을 개시하였고 환경보호기금(EDF)은 북경환보국과 즉각 협력을 전개하였다. 이와 비슷한 협력 활동들은 샤먼, 청두, 상하이 등 다른 지역에서도 전개되었다.[47] 또한 2007년에는 이러한 캠페인이 선전(深圳)·우한(武

---

45) ≪中國經濟周刊≫, "环保NGO新行動"綱領": 做政府同盟軍", 2007.12.5, 人民日報 人民网 (http://env.people.com.cn/GB/6617028.html, 검색일: 2008.11.20).

46) 2007년 1월 30일부터 양일간, 중국 베이징에서 열린 워크숍(Civil Society and Environmental Governance in China)에서 발표문 (http://www.chathamhouse.org.uk/files/10225_300107 workshop.pdf, 검색일: 2008.11.23).

〈사진 27〉 누강댐 건설반대를 위한 시민들의 서명운동 모습
(출처: Enviroasia China, 2005 09 16,
http://www.enviroasia.info/news/news_detail.php3/C05091601C)

漢) 등 20여 개 도시로 확산되었으며 선전시(深圳市)는 이 내용을
≪시민생태공약(市民生態公約)≫'에 포함시키기도 하였다.[48]

다음으로 ② 청원서명운동은 가장 흔한 대중참여의 수단으로서
정책옹호나 주창을 위한 지지자료 확보를 위해 최근 들어 중국의
환경단체들이 많이 활용하는 수단 중의 하나이다. 그 대표적인 사
례가 누강댐 건설저지 과정에서 나타난 서명운동이다.

중국 윈난성 누강유역에 대규모의 수력발전댐 건설이 추진되자,
2005년 8월, 이에 반대하여 <법에 의한 누강(怒江)수력발전 환경
평가보고서 공개를 요구한다.>라는 제목의 서명지가 사람들에게
전해진다. 갈수록 이를 지지하는 시민들의 서명이 증가하기 시작했
고 급기야 이 운동은 '누강보위전'이라는 중국 초유의 환경운동의
물줄기와 합류하게 된다.[49]

---

47) 위의 자료.

48) ≪中國經濟周刊≫, "环保NGO新行動"綱領": 做政府同盟軍", 2007.12.5, 人民日報
人民网 (http://env.people.com.cn/GB/6617028.html, 검색일: 2008.11.20).

일찍이 2003년부터 누강 수력발전 개발문제는 사회 각계의 지대한 관심을 불러일으켰는데, 이 논쟁에서는 누강에 댐을 건설해야 하는가의 문제에서부터 댐 건설이 초래할 환경과 사회적 영향을 어떻게 피할 수 있을 것인가에 대한 논의 등으로 점차 확산되었다.

이 서명에서 제기된 주장의 하나는, 당대와 후대의 이익에 관련되고, 사회 전반에 걸친 관심을 불러일으키며, 잠재적 영향력이 큰 프로젝트는 반드시 관련 법률 규정과 국무원의 법에 근거한 행정 원칙요건에 따라야 하며, 사회에 환경영향평가보고서를 공개하여 충분히 그 내용을 국민에게 알리고 서로 논의한 후 정책결정이 행해져야 한다는 것이다. 그리하여 심사·허가 기관이 정책결정을 내리기 전에 계획된 사안의 환경영향보고서를 공개할 것을 주장한다. 이들은 대중들의 알권리(知情權)는 모든 환경참여의 전제조건이기 때문에 사전 공개를 요구하고 있는 것이다.

환경영향평가 결과의 사전 공개 사례로서, 원명원(圓明園)의 '침수 방지' 공사 관련 환경영향평가가 있는데 이 과정에서 국가환경보호총국은 인터넷을 통해 환경영향평가보고서의 초안전문을 공개하여 사회 각계의 호평을 받은 바 있다. 누강 개발을 둘러싸고 서명운동을 전개한 시민들은 누강개발에 대한 환경영향평가 역시 원명원의 선례에 따라 반드시 계획환경평가 보고서를 공표하여 대중들에게 그 내용을 충분히 인지시키는 전제하에 공청회 등을 통해 공개적으로 의견을 교환해야 한다고 주장했다. 이러한 방식만이 법에 의거한 행정과 정보공개의 요구에 부합되며 대중의 알권리, 참여권과 감독권도 보장받을 수 있다는 것이다. 이와 같은 절차를 통

49) 康雪, "中國民間征集簽名呼吁依法公示怒江水電环誶報告", 环境亞洲·中國(Enviroasia China), 2005.9.16 (http://www.enviroasia.info/news/news_detail.php3/C05091601C).

해 중국에서 수력발전계획을 둘러싼 민주적이고 과학적인 정책결정이 실현되고, 수력발전으로 초래될 수 있는 치명적인 환경손실을 최대한 피할 수 있게 되어 이민(移民)의 권리와 국유자산의 투자안전도 보장받게 된다는 주장을 하는 것이다.

이 서명에는 자연지우(自然之友)를 포함하여 글로벌환경연구소(全球环境研究所), 북경지구촌(北京地球村), 중국정법대학 환경법연구소(中國政法大學环境法研究所), 중국정법대학 오염피해자 법률지원센터(中國政法大學污染受害者法律援助中心), 중국인류생태학회(中國人類生態學會), 상해Greenroots−power(上海綠根力量), 홍콩 지구의 벗(香港地球之友), 그린피스(綠色和平), 녹색북경(綠色北京), 사회참여행동(社區參与行動), 태평양행동조직(太平洋环境組織), 티베트자연보호기금(新疆自然保育基金), 운남생태네트워크(云南生態网絡), 요녕 조류보호협회(遼宁盤錦黑嘴鷗保護協會), 회하위사(淮河衛士), 적봉사막녹색공정연구소(峰沙漠綠色工程研究所等) 등을 포함한 중국 61개 단체가 서명에 참여하였다. 이들 단체는 중국 10여 개의 성에 상주하고 있으며, 일부 국제기구도 포함되어 있다. 그 밖에 11개의 인터넷기구도 서명에 동참하여 지지를 표명했다.[50] 또한 중국 공정원원사 조우더츠(鄒德慈), 북경대학교수 예원후(叶文虎), 남개대학교수 주탄(朱坦), 중국과학원 지속가능발전전력팀 팀장 겸 수석과학자 니우원웬(牛文元), 칭화대학인문학원 원장 리치앙(李强) 등 유명학자와 작가, 기자, 출판인, 변호사, NGO인사, 기업가, 학교학생 등 백여명이 서명에 참여하는 등 개인적 서명과 인터넷을 통한 서명에 이르기까지 다양한 방식으로 서명운동을 전개한다.[51]

---

50) 康雪(2005).
51) 康雪(2005).

한편, 정부에 대한 공동서한 보내기를 통해 환경법률과 정책을 위반하는 행위자의 제재를 요청하는 활동도 일종의 권리옹호 내지는 정책주창활동에 포함될 수 있다.

그 사례로서 2008년 8월 12일, 중국 내 여러 환경보호단체들이 국가 환경보호부에 공동으로 서한을 보내 인도네시아 제지업체인 금광그룹 APP 계열사인 금동지업(金東紙業, 강소성 소재)과 관련 기업의 최근 몇 년 동안 환경에 관한 법률 위반 기록을 폭로한 사건이 있다.[52]

자연지우(自然之友), 지구촌(地球村), 녹가원(綠家園), 녹색유역(綠色流域), 수망가원(守望家園), 그린피스 등 환경보호단체들은 금동지업 계열의 7개 기업들이 2005년 8월부터 총 8건의 오염사고를 일으켰다고 밝혔다.[53] 이들의 폭로에 따르면, 모기업인 금광그룹이 2005년 국가 임업국에 "국가 관련 법률 법규와 정책에 따라 합법적으로 경영하고 일을 처리하겠다."고 약속했지만 계열기업의 하나인 금해장지공사(海南金海漿紙)가 하이난성(海南省) 성급 자연보호구역인 앵가령 지역의 천연림을 벌목하고 그 대신 제지원료인 유칼립투스(Eucalyptus) 나무를 심어 놓았다. 이에 환경보호단체들은 금동지업과 일부 계열사들이 여러 차례 환경 관련 법률을 위반함으로써 환경보호 분야, 특히 산림보호에 심각한 문제를 끼쳤고 현재까지 개선의 기미를 보이고 있지 않다고 주장하며, 환경부에 이런 기록을 검토하고 금동지업의 상장 허가를 신중하게 처리해 달

---

52) 관련 기업인 금화성지업(金華盛紙業)은 배출 총량 기준을 초과 배출해 2008년 6월 10일 소주(蘇州) 환경보호국에 의해 황색기업으로 평가되었고 해남금해장지공사(海南金海漿紙公司)는 2008년 7월 4일 펄프 제조 시 발생되는 폐수 누출로 공기와 해역을 오염시켜 기소된 바 있다. 康雪, "多家环保NGO聯名致函國家環境保護部,呼吁慎重對待金東紙業的上市申請", 自然之友 웹사이트 참조. (http://www.fon.org.cn/, 2008.8.27).

53) 康雪(2008).

라고 호소했다. 환경보호단체들은 또한 금동지업에 서한을 보내, 정부의 <환경정보공개방안(环境信息公開辦法)> 규정에 따라 8월 14일 환경심사 마감일 전에 이번 환경 심사와 관련된 구체적인 정보를 공개할 것을 촉구했다.[54]

이에 환경보호부는 <상장 신청 기업과 재융자를 신청한 상장 기업에 대한 환경보호 심사에 관한 통지(환경부[2003]101호>와 <오염배출이 심한 업종의 상장과 재융자 신청 시 환경보호심사 작업 강화에 관한 통지(환경부[2007]105호>에 따라 금동지업 계열의 7개 기업에 대해 환경심사를 진행했다. 그 결과 금동제지는 기본적으로 상장회사의 환경심사 항목에는 적합한 것으로 나타났다고 밝혔다. 또한 환경부는 이 환경 심의서를 8월 5일부터 열흘 동안 공시하여 시민들의 전화, 우편, 방문을 받아 제기된 문제를 조사하고 심의, 처리했다.

정책주창 차원에서 전개되는 또 하나의 활동은 바로 온라인 청원활동(Online-petition)이다. 2002년 2월, 대표적인 인터넷 환경조직인 그린웹(Green-Web)은 북경 근교에 있는 순이(順義)향 지방정부가 인근 습지와 조류서식지를 파괴할 위협이 있는 위락단지 건설을 하지 못하도록 온라인 청원활동을 전개하였다.[55] 이 건설계획은 2001년 10월에 이미 대중매체에 공표되었는데 Green-Web은 이에 반대해 2002년 2월 2일부터 4월 12일까지 온라인 청원활동을 조직하였던 것이다. 이 캠페인은 수백 명의 온라인 서명자들을 모집하여 약 10개의 정브당국에 청원서를 전달했다. 이러한 압력하에서, 지방정부는 그 계획을 중단하기에 이른다.[56]

---

54) 康雪(2008) 참조.

55) Guobin Yang(2005), p.63.

또한 綠色江河(Green River)에 의한 정책주창 사례 역시 성공적이었다. 2002년 6월, 칭하이-티베트고원에 있는 녹색강하의 생태감시소 자원활동가들은 수천 마리의 이주 영양(장링양)들이 칭하이-티베트 간 철도 건설로 인해 방해를 받고 있음을 발견한다. 이들 자원활동가들은 영양들의 이주 패턴을 연구한 끝에 이들이 언제 어디서 철도를 건널 가능성이 가장 높은지를 조사했다. 그들은 통과하는 자동차 대수를 세어 매 시간 100대가 넘는 차량들이 통과할 것임을 발견했다. 이러한 연구에 기초하여, 자원활동가들은 2002년 8월 8일부터 18일까지 매일 아침 6시 30분부터 7시 30분까지 그리고 7시 30분부터 8시 30분까지 모든 자동차들은 이동하는 영양들에게 통로를 열어주기 위해 약 120㎞에 달하는 지정 구역의 양 끝에 정지해야 함을 권고하는 정책초안을 제출하였다. 이 정책은 건설 본부에 의해 채택되어 이행되었다.[57]

환경 NGO가 참여하는 주창형 활동의 세 번째 유형은 ③ 친환경 정책을 위한 공조로서 '녹색대출(綠色信貸)'의 사례를 들 수 있다.

2007년 7월 말, 국가환경보호총국은 중국인민은행과 합작하여 환경오염기업의 은행대출을 억제함으로써 금융위험을 예방한다고 선포하였다. 사람들은 이를 흔히 '녹색대출(綠色信貸)'이라 하는데 이는 중국환경보호 사업에 중대한 의미가 있는 사례로서 정부가 정책을 주창하고 은행과 기업, 그리고 NGO가 공명을 이루어 내는 환경 거버넌스 기제로 평가할 수 있다.

주지하다시피 오늘날 중국의 건설항목 배치와 분포구조는 불합

---

56) http://www.green-web.org/zt/wetland/ 참조.

57) Friends of Nature, *Promoting Sustainable Development: What Can We Do*, pp.56-57.

리하고 기술도 낙후된 탓에 환경문제와 사회문제가 날로 심각하여 큰 경제적 손실을 초래하고 있다. 특히 대규모 오염기업들이 유발하는 환경문제는 물론 환경영향평가에 통과하지 못하는 공정 취소에 따르는 국가적 재정손실은 이루 말할 수 없었다.

예를 들어 1990년대, 중국 정부는 회하 유역의 건설공정의 중복 문제가 심각하고 에너지 소모도 크며 오염유발이 큰 15개의 기업을 철폐시킨다고 선포하였다. 이는 농업 금융기구로 하여금 십여억 元의 대출을 환수하지 못하는 경제손실을 초래하였다. 또한 2005년 1월 환경영향평가 문서가 승인되지 않아 국가환경보호총국은 총투자가 1,180억 元에 달하는 30개의 위법 항목을 정지시킨 바 있다('환보폭풍'). 그 중 진사강(金沙江) 시뤄뚜(溪洛渡) 수력발전소의 총투자만 해도 446억 元으로서 삼협공사에 이어 전국에서 두 번째로 가는 큰 공사였다. 이런 대형 혹은 대규모 항목이 취소된다는 것은 은행대출에 지대한 영향을 미치는 사안임에 틀림없다.

하지만 부정적인 영향이 비교적 빨리 발견되고 필요한 조치를 취하여 손실을 감소한 항목도 있다. 예를 들면, 세계은행(WB)이 충칭지역에 지원한 급수, 오수처리, 쓰레기 매립장, 교통, 홍수방지공사 등 20여 개의 대출 항목의 총 액수는 수억 달러에 달한다. 세계은행은 이를 '적도원칙(赤道原則)'에 따라 중국에서 처음으로 적용하였다. '적도원칙58)'의 관련 요구에 따르자면, 세계은행은 충칭에

---

58) 적도원칙(Equator Principles)이란, 세계은행 그룹에서 수립한 환경 및 사회적 정책기준에 따라 프로젝트 금융을 공여하기로 하는 금융회사들의 자발적인 행동원칙을 말한다. 이는 한마디로 환경 및 사회문제를 야기할 수 있는 프로젝트에는 돈을 빌려주지 않겠다는 금융회사들의 행동원칙을 의미한다. "A financial industry benchmark for determining, assessing and managing social & environmental risk in project financing", http://www.equator-principles.com/index.shtml

민간조직, 학자, 회계사, 교사, 촌 간부, 퇴직인원 등으로 구성된 항목감독자문위원회를 설립하여 항목을 감독하고 검측하며 자문역할을 담당하도록 되어있다. 당시 충칭시 환경보호봉사자 연합회 책임자가 주석을 담당하고 위원회는 국제공사자문회사의 지도를 받았다. 감독자문위원회는 시공현장을 조사하고 공중이 참가한 자문회의를 주최한 결과, 공사항목품질이 기준에 부합되지 않고, 삼림을 파괴하며 공룡자연보호 유적을 파괴할 뿐만 아니라 주민을 강제적으로 이주시키고, 마음대로 우물을 메우고 식수용 수원을 차단시키는 등의 문제가 있음을 발견하였다. 위원회는 이러한 문제를 즉시 해당지방 정부와 세계은행에 통보하여 철회되도록 하는 등 부정적인 영향을 효과적으로 감소시켰다.

세계은행의 '적도원칙'을 집행하기 위하여 중국의 화치그룹(花旗集團)은 전면적인 환경보호 정책을 수립하여 새로운 투자기준을 제정하였으며 직원이나 업무파트너에 대해 수차례의 능력배양 교육을 시켜 은행들의 환경과 사회정책을 지속적으로 개선해 왔다. 실제로 2005년 화치그룹은 21개 항목 중에서 3개만 확정하였고 또한 '적도원칙'과 환경사회위험관리 정책에 따라 엄격히 집행하였다.

반환경적인 공정에 참여하는 기업들의 투자항목에 대한 감시는 NGO차원에서도 전개되었다. 1990년대부터 중국 NGO들은 이미 금융업 투자항목에 대한 참여와 감독을 시작하였다. 예를 들어, 쓰촨 이탄전력소(四川二灘電站) 건설에 대한 투자결정 시 환경보호봉사자와 중국 건설은행 이탄(二灘) 지점의 전력소에 대한 조사를 근거로, 국가 관련 부서는 매년 80만 평방미터에 달하는 삼림개발계획을 정지시켜 3억 元에 달하는 투자를 절약하였다. 또한 2001년 충칭시 녹색자원봉사연합회(重慶市綠色志願者聯合會)는 공상은행에

서한을 보내 생태를 파괴하는 진푸산(金佛山) 케이블카건설 항목에 대한 대출을 중지시킬 것을 건의하였다. 2003년 6월, 충칭시 녹색 자원봉사 연합회는 시정부에게 지우롱포(九龍坡)발전소 건설을 취소하여 도시의 대기를 보호하자고 호소하였다. 그 결과 이 공사는 국가환경보호총국의 승인을 받지 못해 결국 취소되었다.

국내 NGO로 하여금 더욱 많은 성공사례를 습득하게 하기 위하여 2004년 환경NGO인 '녹색유역(綠色流域)'은 <일본 국제 협력 은행 새로운 환경과 사회 해독 수첩>을 정식 출판하였고 그 후 일부 NGO회의와 교육에서 NGO들이 금융 분야에 주목하도록 호소하였다. 2006년 10월 중국환경연합회가 주최한 NGO대회에서 녹색유역은 국내 환경 NGO에게 녹색대출 개념과 NGO 역할을 소개하였다. 2006년 12월 초, 자연지우(自然之友), 녹색유역, 미공하 관찰(湄公河觀察), 홍콩악시회(香港樂施會) 등이 북경에서 연합하여 주최한 "중국 금융, 환경 및 조화로운 사회" 국제회의는 중국 녹색 신용대출을 주제로 진행한 국제 세미나로서 이는 중국 정부 부서 및 NGO와 학술계에 녹색 신용대출을 이해하는 학습기회를 제공하였다.

환경 NGO들은 회의에서 녹색신용대출은 여러 방면에서 진행해야 하고 국내 정책성 은행과 상업은행, 국내의 외자 상업 은행 및 개발은행을 포함해야 한다고 제의하였다. 왜냐하면 이런 은행들의 투자항목의 영향은 바로 중국 시민들의 신변에서 발생하기에 감독과 관리하기가 편리하기 때문이다. 또한 중국자금 은행의 국외에서의 투자활동도 녹색신용대출 대상에 포함시켜야 한다고 주장한다. 이는 중국 NGO와 국제 NGO 및 투자대상 국가의 NGO들이 소통 루트를 구축하여 공동으로 중국의 대외투자를 감독할 것을 요구하는 것이다. 이로써 환경단체들은 중국이 추진하는 '해외진출(走出去)' 전략이 더 지속적으로 발전하고 조화로운 사회를 건설하는 데 공헌할 것이라고 기대하고 있다.

이러한 녹색대출(綠色信貸) 정책은 NGO들의 환경보호 사업에 새로운 방향을 제시한 것으로 평가된다. 녹색대출정책은 대중의 감독이 필요한 정책으로서 무엇보다도 돈을 쥐고 있는 정부부문과 돈을 빌려 쓰는 기업부문의 양자 사이에 감시역할을 하는 NGO야말로 객관적인 작용을 발휘할 수 있기 때문이다. 이러한 맥락에서 중국의 환경운동가들은 녹색대출이 성공하려면 정부와 은행은 환경과 사회영향에 관계되는 정보를 공개하고 정보를 공개하는데 필요한 비용과 평등한 대화의 채널을 제공해야 한다고 주장한다.[59] 그린피스 중국지부의 산림 프로젝트 담당 류빙(劉兵)주임은 "최근 중국정부가 도입한 '녹색대출'과 '녹색증권' 등 일련의 정책들은 환경부가 시장과 금융을 이용해 환경문제를 관리하려는 결심을 보여주는 것"으로 평가한 바 있다. 2008년 2월 중국 환경보호부 판웨(潘岳)의 보고에 따르면, 제1단계 녹색대출제도의 시행으로 10대 오염기업의 상장이 저지되거나 연기되는 성과를 거두었다.[60]

5) 세력지원(동맹군)

(1) 누강댐 건설 반대 환경동맹

일반적으로 댐 반대를 둘러싼 NGO들의 활동은 단순한 환경보존이나 문화유적지 보존과 같은 환경쟁점을 벗어나 점차 사회정의와 이주민들의 생존권 보장 등에 관한 정치사회적인 쟁점으로 발

---

59) 中國网 (http://www.china.com.cn/2008/05/04/).

60) 康雪(2008) 참조.

전한다는 점에서[61] 정부의 과민한 대응을 불러일으키므로 중국에서는 2000년대 초반까지만 하더라도 보기 힘든 현상이었다. 하지만 2003년부터 본격적으로 전개된 댐반대 운동사례는 환경보호 세력 간에 일종의 세력지원을 통한 '동맹'을 맺음으로써 반대운동을 성공적으로 전개하였다는 점에서 정치적으로 상징성이 크다 하겠다.

여기서는 윈난 지방의 누강(怒江) 유역에 건설 예정인 후타오샤(虎跳峽)[62]댐(이하 '누강댐') 등을 둘러싸고 후보지로 선정된 지방에서 전개된 주민과 NGO들의 격렬한 반대운동 과정에서 주민들과 NGO, 그리고 정부환경당국, 지식공동체, 언론, 그리고 국제사회가 어떻게 협조하였는지 과정을 살펴보기로 한다.

누강댐 건설을 가장 적극적으로 추동한 측은 현지 지방정부로서 지방 재정의 확충을 위해 누강 유역에 대규모의 수력발전을 계획하였다. 일찍이 1970년대부터 이미 누강 개발에 대해 일련의 준비를 해놓고 있었던 윈난성(云南省) 정부는 2003년 봄 화전그룹(華電集團)과 공동으로 <윈난성전력발전합작의향서>를 체결하면서 수력발전을 위한 누강댐 건설을 본격화한다. 그 무렵 동시에 누강을 포함한 '삼강병류(三江并流)'[63] 지역은 UNESCO에 의해 세계자연유산으로 등록된다. 댐 건설로 생활터전을 상실할 것을 우려하던 주민들은 이를 계기로 일단 마음을 놓게 된다. 그러나 생각 밖으로 사태가 급변하여 한 달 뒤인 2003년 8월 26일 중국 국가발전개혁

61) Elizabeth Economy(2005).

62) 2003년 유네스코로부터 '세계자연유산'으로 등재된 자연경관이 빼어난 곳임.

63) 삼강병류는 누강(怒江), 란창강(瀾滄江), 진사강(金沙江) 3개의 강이 400km를 흐르며 협곡을 이루는 곳으로 2003년 세계자연유산으로 지정된 대협곡이다. 누강 유역 댐 건설 사업은 현재 일단 중국 환경단체와 지역주민, 그리고 국제사회의 여론에 밀려 중단하였지만 정부는 규모를 축소해서 진행할 예정이다.

위원회(발개위)가 개최한 '누강유역수력발전계획보고(怒江中下游水電規劃報告)' 심사회의에서 누강댐 건설에 대한 상이한 목소리가 흘러나오기 시작하면서 '누강보위전'[64]의 서막이 열리게 된다.

발개위는 누강의 중하류 2개 저수지, 13개 단계로 구성된 계단식 개발방안을 제시한다.[65] 현지 지방정부로서는 이 사업이 경제성과 효율성을 동시에 지닌 사업이었으므로 누강댐 건설에 매우 적극적이었다. 하지만 주민들과 환경단체의 입장에서는 이 같은 계획을 건설하게 되면 세계자연유산과 같은 환경의 파괴는 물론 수만 명의 이주민들의 생활보장과 앞길이 문제가 되었다. 누강주는 소수민족이 총인구수의 92%에 차지하고 있고 다양한 종교들도 존재하며 독특한 민족문화가 유지되고 있다. 때문에 만약 이곳에 댐을 건설하여 대규모의 이주가 불가피한 상황이 되면 다양한 문화유산들이 손실을 입을 것으로 우려되었다. 뿐만 아니라 이 지역은 지진, 산사태 등의 다발지역이라서 높은 댐을 건설하면 댐의 안전성 문제와 경제 합리성의 문제도 고려하지 않으면 안 되는 처지였다.

지방정부에 의한 누강댐 건설 계획이 수면 위로 드러남에 따라, 윈난성의 민간환경단체인 윈난대중유역(云南大衆流域)을 비롯해 녹가원, 자연지우 등 환경보호 NGO들은 현지 주민들과 함께 긴박히 움직였고 특강과 논단 등의 형식으로 적극적으로 누강댐에 관한 부당성을 선전해 갔다.

댐 건설이 이뤄지면 10만 명에 달하는 주민들이 고향을 잃고 이

---

64) 누강보위전에 관한 자세한 내용은 전형권(2006), pp.261 - 283 참조.

65) 이 공정은 경제학적인 관점에서 추진되던 것으로서 세계 최대의 수력댐인 산샤(三峽)공정규모(總裝机容量 1,820만kW)보다 더 큰 것으로 발전량이 무려 2,132만kW로 나타났다. 연간 발전량은 1,029.6억kW톤으로 산샤(三峽)공정의 1.2배에 달하는 것이었다. 그러나 투자비용은 오히려 산샤공정에 비해 적게 추산되어 경제적으로 개발의 명분이 컸다.

주를 해야 하는 상황에서, 해당 주민들은 NGO와 연대하여 조직적인 항의를 시작한다. 이들은 높은 망루를 만들어 거기서 먹고 자면서 집회를 벌이는가 하면 NGO가 제작한 다큐멘터리 비디오를 돌려보면서 투쟁 의지를 다지기도 하였다. 이들은 NGO와 함께 세계은행 행사장을 기습하여 댐 건설의 부당성을 촉구하기도 하였다.[66]

중앙정부의 국가환경보호총국 관련자들 역시 누강은 중국의 얼마 되지 않은 천연 생태강의 하나라는 이유로 댐 건설을 강력히 반대했다. 환보총국은 이 프로젝트는 환경영향에 관한 심사가 진행되지 않아 ≪환경영향평가법≫에 부합되지 않는다는 점을 이유로 당시 보고서에 서명하는 것을 완강히 거부한다.[67] 그리고 환보총국은 보다 많은 지지를 얻기 위하여 대표적인 환경운동 단체였던 녹가원 책임자인 왕용천(汪永晨) 등에 협조를 요청한다.[68] 중국정부 내에서 상대적으로 열세에 있던 환보총국은 민간 환경조직의 힘을 활용함으로써 보다 적극적인 반격을 가하고자 한 것이다. 환보총국의 지원요청에 따라 왕용천이 이끄는 녹가원을 비롯해 윈난대중유역, 자연지우 등 민간 환경 NGO들의 적극적인 호응이 이어졌다.

개발을 둘러싼 공방이 치열하던 2003년 9월 3일과 10월 10~21일 국가환경보호총국과 윈난성 환보국은 베이징[69]과 쿤밍(昆明)에

---

66) <亞洲週刊>, 2005/05/01 (http://blog.hankooki.com/jseok/14245에서 재인용).

67) 그러나 이때는 바로 ≪환경영향평가법 环境影響評估法≫이 그해 9월 1일 정식 가동되기까지 아직 5일을 남겨둔 상황이었으므로 받아들여지기가 힘든 상황이었다.

68) 훗날 왕용천은 이를 회고하면서 "나의 친구는, 국가개혁발전위원회의 회의를 하는 과정에 고군분투하면서 '환경총국은 꼭 지켜야 한다'고 말하고 나서 '시급히 누강에 익숙한 전문가와 학자들의 도움이 필요하다고 하면서 이를 기반으로 반격을 가하겠다'고 나한테 부탁을 했다."고 말했다. <現狀> (http://www.3n3n.net/xiangxi.asp?id=824, 검색일: 2005.11.20).

69) 중국의 환경 NGO 인사들과 환경당국에 따르면 北京에서 열린 회의는 '누강보위전의 첫 번째 전투(怒江保衛戰的第一槍)'로 불린다.

서 누강 수력발전개발문제에 관한 전문가 포럼을 두 차례 가진다. 두 차례 대회는 이례적으로 격렬한 논쟁이 진행되었는데, 윈난성 현지 전문가들로 구성된 '건설지지파'와 환경전문가와 NGO를 위주로 한 '건설반대파'의 격돌로 발전하게 된다. 지지자들은 수력발전소 건설은 지방경제 발전에 유리하며 현지 주민들의 생활수준 제고에 필요하다고 주장하였고, 반대자들은 국내외 많은 사례들이 증명하다시피 "수력발전으로 빈곤을 없애는 것"은 "한 가닥 꿈에 지나지 않는다."고 주장했다. 특히 베이징에 열린 회의에서는 중앙의 NGO뿐만 아니라 지방에서 활동하던 NGO도 큰 역할을 하였다. 당시 반대운동을 주도하던 민간역량의 핵심조직과 인물로는 누강댐 건설에 큰 관심을 가지고 있는 환보 NGO인 윈난 대중유역 책임자인 위샤오강(于曉剛)과 녹가원의 왕융천(汪永晨), 그리고 자연지우의 량총지에(梁從誡) 등이었다.

대중유역의 위샤오강은 누강댐 건설이 폐해에 관한 정보가 날로 명확해 짐에 따라 홍콩에서 열린 한 회의와 아시아개발은행(ABD) 회의 등에서 누강이 생태강으로서 보호되어야 함을 수차례 제기하기도 하였다.[70] 위샤오강은 10월 1일부터 댐 건설에 관한 사실정보를 획득하고 NGO의 명의로 현지 정부를 설득시키기 위해 누강 유역에 대한 본격적인 검토를 시작한다. 그는 과거 만완(漫灣)발전소 건설로 인해 현지 주민들이 입은 피해를 해당 정부에 상기시키면서 ≪세계수력댐위원회 시민가이드라인(世界水壩委員會公民指南)≫을 정부당국자들에게 증정하며 설득작업을 벌인다. 특히 누강 주변 각 현급 책임자들에게도 댐이 건설된 후 나타나게 되는 이민, 산사태, 생태에

---

70) ≪經濟≫, 2004. 05. 24.

미치는 악영향 등을 감지할 수 있도록 설득작업을 병행한다.[71]

녹가원도 2003년 10월 25일 열린 '중국환경문화촉진회 제2차 회원대표대회(中國环境文化促進會第二屆會員代表大會)'에서 62명의 과학, 문화예술, 신문, 민간 환경인사들이 연합하여 누강댐 건설에 대한 반대서명을 함으로써 영향력 있는 행동을 한다. 또한 많은 학자들과 언론매체도 건설 반대운동에 참여하였다. 댐 건설에 관한 윈난성의 유일한 전문가라 할 수 있는 허따밍(何大明)[72] 또한 누강에서 수력발전소건설에 강력히 반대하였다.

이러한 과정에 국가임업국 고급공정사(高級工程師)인 썬샤오후이(沈孝輝)가 2003년 전인대의 '양회(兩會)' 기간에 전국 정협위원과 전국인대대표에게 반대 제의[73]를 송부하는 데 성공한다. 이에 도움을 준 사람은 바로 전국 정협위원이자 자연지우 책임자인 량총지에(梁從誠)였다. 환경 NGO와 중국 정치협상위원회 간의 연대활동에는 NGO지도자의 개인적 배경과 역량이 크게 작용했음을 보여주는 대목이다. 이 문제는 국제사회에도 알려지는데 11월에 '제3차 중미환경세미나(中美环境論壇)'가 북경에서 개최되어 누강에 관한 문제도 논의했는데, 200여 명의 참석자들 전부가 녹가원, 자연지우, 지구촌 등 민간 환경 NGO 소속으로 국내에서 비교적 활동적이던 NGO는 대부분 참석했다.[74]

---

71) 위샤오강에 따르면, "당시 많은 정부관리 담당자들이 전혀 이런 영역에 대한 문제를 생각해 보지 못했다고 하면서 의아해하고 놀라워했다." 曹海東 張朋, "怒江保衛戰幕后的民間力量", ≪經濟≫, 2004.5.24 참조. (中國能源网(http://www.china5e.com, 검색일: 2007.11.2).

72) 윈난대학교 교수, 강하천 전문가로서 윈난대학교 아시아국제강하센터 주임.

73) 썬샤오후이의 2편의 제안은 바로 ≪保護天然大河怒江,停止水電梯級開發≫와 ≪關于分類規划江河流域,協調生態保護与經濟開發的提案≫였다. 첫 번째 제안에서 그는 <중화인민공화국환경영양평가법>과 <中華人民共和國水法>을 필히 집행해야 하고 <누강중하류수전발전계획>을 반대해야 한다고 주장했다.

환경단체의 반대로 시작된 이 운동에는 중국정부 환경당국뿐만 아니라 전문가공동체와 국제환경단체 등도 개입하였다. <亞洲週間> 은 이를 두고 샨샤댐 논란 10여 년 만에 '제2라운드'가 개시된 것으로 본다.[75] 일부에서는 댐 보호에 관여하는 NGO들에 대해 '과격화(radicalization)'라는 표현이 등장할 정도로 이들은 적극적으로 활동을 전개하였는데 여기에는 국제하천네트워크(International Rivers Network)와 같은 국제 환경 NGO들의 지원도 큰 몫을 하였다.

주민과 환경단체들의 이러한 격렬한 투쟁 과정에서 NGO 지도 자들의 신변에 위험도 존재했다. 개인적인 위험에 처한 윈난 대중 유역의 위샤오강은 누강의 후타오샤(虎跳峽) 댐 건설지역에서 이주를 요구하는 주민들을 위해 여행을 조직했고 이주가 성공적이지 못했던 다른 댐 지역에서 온 주민들과 함께 대화를 하였다. 지방의 윈난성 정부뿐만 아니라 정부에 제출한 그의 댐 보고서로 인해 NGO가 폐쇄되고 자신도 체포되었다. 하지만 민정국, 사회과학원, 그리고 녹색유역(綠色流域)의 후원자인 윈난과학기술협회(云南科學技術協會) 등은 위샤오강의 연구가 그의 NGO 경력의 범위 내에서 행해진 것이라고 옹호하였다.

이 밖에도 북경과 지방에서는 소규모 토론회, 강연회가 연달아 개최된다. 충칭에서는 10여 개 대학이 '누강 개발반대' 서명운동을 벌이기도 했고, 심지어 중국 환경단체 대표들은 2003년 11월 태국에서 열린 세계댐위원회(World Commission on Dams)에 대거 참석

---

74) 녹가원의 왕융천(汪永晨)은 당시의 활동에 대해, "생각나는 방법들은 다 사용했다. 심지어 自然之友에서는 유네스코 주 북경사무실 전화번호를 찾아와 윤번으로 돌아가며 전화를 하여 그들을 '시끄럽게' 굴어서라도 누강에 주의를 돌리도록 하는 방법까지 고안했었다."고 말했다. 曹海東　張朋, "怒江保衛戰幕后的民間力量", 《經濟》 2004.5.24, 中國能源網 참조. (http://www.china5e.com, 검색일: 2007.11.2).

75) <亞洲週間>, 2005/05/01 (http://blog.hankooki.com/jseok/14245에서 재인용).

하여 누강댐 건설 반대를 위한 홍보전과 서명운동을 벌여 60개 국가 80여 환경단체로부터 지지서명을 받기도 하는 등 국제적 연대도 추진한다.[76] 댐을 저지하기 위한 각계의 분산적인 싸움에서도 중국의 활동가들은 인터넷을 통해 1만 5천 명의 서명을 받기도 하였다.

이러는 동안 2004년 2월 13일 윈난성 정치협상회의 제9기 2차 회의에서 윈난성 정치협상위원이자 중국민주동맹(민맹) 윈난성위 부주임인 따이캉(戴抗)은 민주당파－무당파계 연석회의에서 누강 유역의 개발에 항의를 제기한다. 그는 수력발전소 개발은 전체 유역의 지속 가능한 발전과 연계되어야 하며 전체적인 고려가 없는 개발은 누강 유역의 생태와 사회에 거대한 영향을 미칠 것이라고 주장한다. 이러한 발언은 윈난성 지방정부 내에서 사상 최초로 나타나는 다른 목소리로 평가되는데 실제로 따이캉은 누강댐 건설에 반대하는 민간조직에서 많은 영향을 받은 것으로 알려졌다.[77] 윈난성 지역 환경단체인 윈난대중유역 내부에는 민주연맹 인사들이 적지 않게 포진되어 있는 바, 이처럼 민간환경조직은 정치세력과도 연계를 맺으면서 세력을 규합한 것이다.

환경 세력의 격렬한 반발 속에서 2004년 2월 18일, 댐 건설을 주장하던 국가발전개혁위원회가 국무원에 제출한 <누강유역수력발전계획보고서: 怒江中下游水電規划報告>가 결국 무산된다. 당시 민간 환경세력의 강경한 반대운동을 의식한 원쟈바오(溫家宝) 총리는 이 건설계획에 대해 "사회의 깊은 관심을 일으키고 또한 환경보호부문의 반대의견이 있는 대형수력발전공정은 보다 심도 있는 연

---

76) 이 공동서명은 유네스코에 전해졌는데 유네스코는 전문 회신을 하여 '누강에 대한 관심'의 태도를 표시했다. 이후에 태국의 80여 개의 민간NGO들도 누강 문제에 대해 편지를 써서 중국대사관으로 제출하기도 했다.

77) 曹海東 張朋, "怒江保衛戰幕后的民間力量", 《經濟》, 2004年 05月 24日.

구와 과학적 정책결정이 필요하다."는 의견을 밝힘으로써 일시적이나마 환경세력의 손을 들어 주게 된다.

이는 주민들과 환경단체, 지식공동체 등의 역할이 중앙정부의 정책결정에 영향을 미치는 보기 드문 사례로서 향후 중국의 환경운동에 이정표적 의미를 갖는 사건이라 할 수 있다. 누강 개발을 둘러싼 논쟁과정 중에서 언론매체의 보도와 대중들의 적극적인 참여, 정부와 민간부문의 환보동맹을 중심으로 한 사회적 압박 행위, 그리고 중앙정부의 신중한 태도는 중국에서는 보기 드물게 환경세력의 승리를 이끌어 내게 된 직접적 배경이었다. 이를 통해 정부의 환경당국도 민간(公衆)참여의 중요성에 대해 새삼 인식하게 되었다. '동맹군(同盟軍)'이라는 개념도 여기에서 유래된 것이다.78) 실제로 누강보위전 이후, 중국의 언론과 환경학계에서는 '동맹군'이라는 표현을 자주 쓴다.79)

(2) '환보폭풍'의 지원

'누강보위전'은 한편으로 주민과 환경단체가 동맹을 통해 정부의 댐 건설을 저지했다는 데에 의미가 있지만, 다른 한편으로 중국 각지와 해외 환경 NGO 사이에 광범위한 공조가 이루어졌다는 성과도 남겼다. 이러한 동맹을 바탕으로 환보총국의 강화된 세력은 결국 중국 환경사에서 또 하나의 '역풍'을 일으킨다.

---

78) 환보총국 부국장인 판웨(潘岳)는 '환보폭풍' 당일 매스컴의 인터뷰에서 '동맹군'의 역할을 재삼 강조했다. "건설항목은 투자액이 방대하여 정부적 차원으로만 감독과 관리를 실행함은 너무나 힘에 겨운 일이다. 따라서 환보평가제도와 '三同時' 제도로 플랫폼을 구축하고, 매스컴, 학자, 인민대표대회, 정치협상회의, NGO, 민간부문 등의 연계를 강화하는 '동맹군'의 수단이 필요하며 또한 '동맹군'의 역할이 중요하다."고 강조했다. <現狀> (http://www.3n3n.net/xiangxi.asp?id=824, 검색일: 2005.11.20).

79) "环保NGO新行動'網領': 做政府同盟軍" 人民网, 2007.12.5. (http://env.people.com.cn/GB/6617028.html).

2000년대 들어 <환경영향평가법>의 실질적 집행 과정이나 녹색 GDP의 도입 등 국가환경보호총국의 예방적 환경조치들에 대해 개발세력에서 저지운동이 일어나 정책수립에 차질이 빚어지는 일이 빈번하게 된다. 그러자 중국의 환경 NGO들은 국가환경보호총국의 이러한 예방적 조치들에 대해 적극적인 지지의사를 표명하면서 개발세력에 공동으로 대응한다.

여기에 원자바오 총리와 국무원까지 총국의 방침을 지지하자, 이에 힘을 입은 국가환경보호총국은 2005년 1월 18일, 진사강(金沙江) 시뤄뚜(溪洛渡) 수력발전소 등 환경영향평가가 적절히 이행되지 않는 26개의 전력 관련 프로젝트를 비롯한 30개의 대규모 건설항목에 대해 '중지' 결정을 내리는 이른바 '환보폭풍'을 단행한다. 당시 환보총국이 부담을 무릅쓴 '건설중지' 결정을 내릴 무렵, 개발세력으로부터 광범위한 저항에 부딪치자 환경NGO인 지구촌의 랴오샤오이(廖曉義) 등은 환경당국의 조치를 지지하는 글을 써 발표하는 것을 필두로 여러 채널을 통해 세력지원을 하게 된다. 또한 2005년 1월부터 각 환경보호단체가 운영하는 웹사이트와 <北京青年報>, <新京報> 등 20여 개 주요 언론들에는 연이어 56개 민간환경보호단체 연합의 성명서가 게재된다.[80] '누강보위전'에서 활약

---

80) 지지성명에 참여한 단체로는 다음과 같다. 自然之友, 北京地球村, 中國政法大學污染受害者法律幇助中心, 綠家園志願者, 中國國際民間組織合作促進會, 綠島, 北京天下溪教育研究所, 綠色北京, 綠網, 瀚海沙, 社區參與行動, 大學生綠色營, 全球環境研究所, 拯救中國虎國際基金, 北京市海澱林業老科技工作者協會動物救助分會, 中日韓環境資源網絡中國志願者小組, 中國發展簡報, 世界自然基金會, 綠色和平, 保護國際, 國際河網, 國際愛護動物基金會, 太平洋環境組織, 綠色漢江, 雲南生態網絡, 雲南省生物多樣性和傳統知識研究會, 四川大學環保志願者協會, 四川省旅游地學研究會, 綠色江河, 重慶綠色志願者聯合會, 貴州師范大學生技學院環境教育與保護研究發展中心, 陝西省小天鵝藝術團, 陝西省媽媽環保志願者協會, 西安市環境小記者活動中心, 西安爻父部落, 遠行青年, 西安綠世界, 西安綠色未來, 赤峰沙漠綠色工程研究所, 綠駝鈴, 哈爾濱綠大地, 遼寧省環保志願者聯合會(綠色遼寧), 遼寧盤錦黑嘴鷗保護協會, 河北經濟日報 ≪綠色家園≫, 青島市青年環境保護促進會, 家園網, 綠蔭

했던 자연지우를 비롯해, 지구촌, 녹가원, 국제하천네트워크(國際河
网) 등 민간 환경NGO들은 '환경보호폭풍'을 지지하는 선언에서
"이 행동은 최소한 공중(시민)들로 하여금 환평법의 역할에 대해
이해를 할 수 있게 했다."고 밝히고 정부의 '보다 긴밀한 협력적
동반자'가 될 것이라는 의사를 밝히기도 하였다. 이에 호응하여 환
보총국은 약세에 처한 국면을 벗어나 보다 엄격하고 강력한 법 집
행('鐵腕')을 천명하였고, 민간 환경보호조직들도 이에 호응하는 움
직임을 보인다.81) 정부 환경당국을 제외하고 중앙이나 지방정부로
부터 그동안 감시와 홀대의 대상이 되어 왔던 환경 NGO들의 이
같은 주창활동에 국무원 원자바오 총리까지 합세하자, 중국환경을
연구하는 이코노미(Elizabeth Economy)는 이를 두고 중국의 환경
NGO 활동에 대한 중국정부 최고 지도자 내부의 강력한 지지가 있
음을 시사한다고82) 주장하기도 하였다.

6) 초국가 연대활동

(1) 초국가 환경협력의 배경

환경문제는 어느 한 개별 주체가 해결할 수 없는 문제이기 때문
에 국가를 초월한 협력이 필요하지만, 기존의 국가를 중심으로 하는
환경협력체제가 지구환경문제의 해결에 있어 매우 불만족스러운 수

論壇, 中山大學綠色社區研究所, 武漢環保志願者群體, 杭州綠之翼環保社團, 浙江
省綠色環保志願者協會, 江蘇綠色之友, 上海熱愛家園, 岳陽市環境保護志願者協會,
淮河衛士, 香港地球之友. "56個民間環保組織: 支持環保總局嚴格環境執法", 人民網
(http://www.people.com.cn/BIG5/huanbao/1072/3142058.html) 참조.

81) 환경보호총국 환경영향평가사(环境影響評价司) 책임자 무꽝펑(牟广丰)은 ≪商務周刊≫
    과의 인터뷰에서 환경보호총국은 민간단체의 도의적 지지에 심심한 사의를 표한다고
    밝혔다. "中國NGO與政府的結盟", ≪商務周刊≫2005年第6期.

82) Elizabeth Economy, (2005.2.7) http://www.cecc.gov/pages/roundtables/020705/index.php

준이기 때문에 초국가적인 NGO의 역할에 대한 관심이 점점 높아지고 있다.[83] 중국의 경우도 예외가 아니었다. 동북아 역내의 월경성 환경문제인 황사현상은 물론 지구온난화의 한 요인이 되고 있는 중국의 사막화 현상을 방지하기 위해 중국의 국가차원을 넘어 역내 국가들의 초국적 거버넌스가 중요한 해결기제로 부상하고 있다.

앞에서 살펴봤듯이, 중국에서 국내수준의 환경 거버넌스는 비록 초보적인 형태일지라도 나름대로 성공을 거둔 것으로 평가되고 있으며, 이러한 성공은 초국가적 수준의 거버넌스 발전과도 밀접한 관련을 맺고 있다. 중국의 WTO 가입을 통한 세계화의 편입은 동시에 국내 NGO와 국외 NGO 간 협력의 공간을 제시했다.

중국 내 국제 NGO의 숫자는 정확히 파악되지 않지만 1990년대 이후 중국에서 이들의 활동이 꾸준하게 성장 발전하고 있다. 특히 국내 NGO와 국외 NGO들의 협력은 날로 빈번해졌으며, 이러한 협력은 국제 간 우의를 증진하는 데 긍정적 역할을 했다. 또한 일부 환경문제에서의 상호 오해를 풀어 나가는 데도 기여하고 있다. 예를 들면, '녹색북경'과 한국, 일본 NGO들의 협력은 하나의 중·일·환경정보네트워크 프로그램으로, 민간교류를 통하여 3국 NGO들이 공동으로 각국의 소비활동이 초국가적인 생태환경에 안겨주는 압력 등 문제들을 논의하고 있다.[84]

지정학적으로 볼 때, 동북아 지역은 지리적으로 인접해 있고 역내 국가들의 급속한 산업화로 인해 환경파괴가 심각해 어느 지역보다 지역적 협력이 시급한 상황이다. 하지만 역내 국가 간의 정치

---

83) 임윤정(2005), p.53.

84) 宋欣洲, "中國环保ＮＧＯ:存在帶來改變", ≪新觀点≫, 2005年 7號 第208期(台湾); 北京环保公衆망 (http://www.bjee.org.cn/news/index.php?ID=9020, 최근검색: 2005.12.20).

적 군사적 역학관계 및 상이한 경제발전 수준으로 인하여 1993년까지 환경문제에 대한 정부 간 대화의 시도가 거의 없었다. 그러다 환경악화에 대한 인식이 높아지고, 우선적으로 냉전의 결속에 따라 동북아 국제관계의 구조적 전환이 이루지면서 환경의제가 안보 및 무역의제 등과 서로 연결되어 국제관계의 주요 초점의 하나로 자리매김하게 되었다.[85] 특히 국가 내부의 정치, 경제적 변화와 개혁에 따라 점차적으로 지역 내 시민사회 및 NGO들이 새로운 국제관계의 행위자로 등장하게 되었다. 환경의제의 국제화와 국제환경운동의 고조라는 상황 아래 이러한 새로운 행위자가 국가의 정책결정 과정에서 무시할 수 없는 세력이 되었다는 점도 동북아 지역의 환경협력이 추진되게 된 또 하나의 배경이라 할 수 있다.[86]

(2) 사례: 사막화 방지 거버넌스

현재 UNEP의 통계에 따르면, 동북아시아의 사막화 속도는 아프리카보다 더 빠르게 진행되고 있다. 특히 중국의 사막화는 한국, 일본 등 역내 국가들의 황사현상 등 월경성 환경문제의 주범으로서 모든 국가들이 골머리를 앓고 있는 환경문제 중의 하나이다. 중국은 전 국토의 17.6%인 168.9만㎢가 사막화되어 있고 중국의 사막화 경향은 금세기에 들어서서만도 약 72,000㎢의 사막이 새로 생겨났고 정부의 적극적인 사막화 방지 노력과 부분적인 조림 및 효율적인 통제 등 개선책에도 불구하고 전체적으로 매년 약 2,460㎢씩 사막이 확대되고 있다.[87]

2005년은 2004년에 비해 전국의 사막화 토지면적은 173.97만㎢

---

85) 임윤정(2005), p.45.

86) 원동욱(2003), pp.67 – 68.

87) 中國环保网 (http://www.chinaenvironment.com, 2008.6.4).

로서, 전 국토 총면적의 18.12%를 차지한다. 상해와 대만 및 홍콩, 마카오를 제외한 30개 성(자치구, 직할시)에 걸쳐 889개 현에서 사막화가 진행되고 있다.[88]

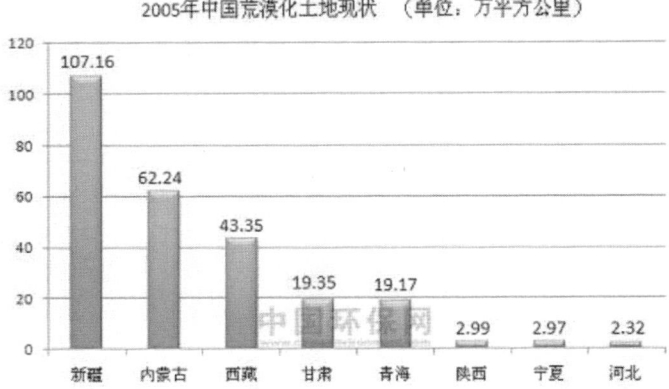

2005年中国荒漠化土地现状　（单位：万平方公里）

(출처: 中国环保网. http://www.chinaenvironment.com. 2008-6-4)

〈그림 7〉 2005년 중국 사막화 현황

<그림 7>에서 보듯이, 토지 황폐화는 주로 지형의 특성상 신장, 내몽고, 티베트가 중심이 되고 있으나, 녹지의 유실로 인한 사막화는 광시(廣西), 꿰이조우(貴州), 윈난(云南), 쓰촨(四川), 후난(湖南), 후베이(湖北), 충칭(重慶), 광둥(廣東) 등 8개 지역에 집중돼 있으며, 특히 꿰이조우(貴州), 광시(廣西), 윈난(云南) 등 중국 서남지역의 사막화 현상이 제일 심각한 것으로 드러났다. 과도한 벌목 및 개간, 목축 등으로 인해 야기되는 사막화 현상은 생태환경에도 많은 영향을 미치고 있어 중국 정부가 막대한 예산과 노력을 투입해 사막화 방지를 위해 안간힘을 쓰고 있다. 실제 중국 임업국은 최근 4년

---

88) 中國环保网 (http://www.chinaenvironment.com, 2008.6.4).

간 광시, 꿰이조우, 윈난 등 서남지역에 1억 7,525만 元을 투자해 봉산육림(封山育林: 입산금지 및 육림) 사업 등을 적극 추진하고 있다. 이러한 노력의 결과로 최근 사막화 증가폭은 다소 감소하고 있으나 현재까지도 32만㎢ 토지의 사막화가 계속 진행 중에 있어 중국 관계 당국을 긴장시키고 있는 상황이다.[89] 이에 따라 중국 정부는 물론 역내 국가들의 정부와 시민사회가 공동으로 참여하는 사막화 방지를 위한 초국가적인 협력이 긴요한 실정이다.

아래에서는 중국의 환경 NGO를 중심으로 이들이 한국, 일본 등 국제사회와 역내의 환경문제를 해결하기 위해 어떻게 공동으로 환경 거버넌스를 구축하여 대응하고 있는지를 살피기로 한다. 이를 위해 중국의 '사막화 방지'를 위한 공동노력 사례를 분석할 것인바, 이 과정에서 외국의 NGO와 협력은 물론 국제사회의 기술과 자금지원, 국제회의와 워크숍 등을 통한 지식공동체의 의제형성과 실천, 그리고 정보공유에 이르는 일련의 협력기제들의 작동을 중심으로 살펴보기로 한다.

중국의 사막화가 초래하는 심각성에 대한 인식을 공유하는 역내 국가들, 특히 중국, 한국, 몽골 등의 정부와 기업 및 환경운동단체들은 2000년대 초반 들어 공동으로 참여하는 사막화 방지 거버넌스를 여러 가지 형태로 실행 혹은 구상 중에 있다.

사막화에 따른 자국의 황사피해 예방을 위해 동북아에서 이미 한국과 중국 정부간은 물론이고 몽골 등과 황사예보에 대한 광범위한 정보교환 협정이 체결되었다. 또한 2002년 6월 베이징 국가임업국에서는 중국사막화방지센터와 유엔사막화방지협약(UNCCD) 등이 주최하는 사막화 문제에 대한 대책회의가 열려 광범위한 협

---

89) KOTRA, "중국 사막화 서남지역 최고 심각", <동향, 분석>, 2005.6.22.

력 방안을 논의하기도 하였다. 이 회의에는 중국, 몽골은 물론 한국, 일본 등 피해국 전문가들이 모였는데, 이 자리에서 열성적인 관심을 보인 나라는 중국이 아닌 한국이나 일본 관계자나 몽골에서 온 전문가들이었다.

한편 2002년 8월에는 UNEP, 유엔아태경제사회이사회(ESCAP), 아시아개발은행(ADB), 사막화방지협약(UNCCD) 사무국 등 국제기구가 합의하여, 2002년 11월부터 2003년 말까지 총 100만불 규모의 사막화 방지 및 황사 대책에 쓰기로 결의하기도 했다. 이는 주로 동북아 황사방지를 위한 지역협력체계 구축, 황사 모니터링 및 조기경보 네트워크 구축 계획 수립, 중국과 몽골 내 황사방지 시범사업을 위한 기본계획 수립을 골자로 하고 있다.[90]

〈사진 28〉 베이징 중국임업국 회의실에서 열린 동북아의 사막화 방지를 위한 대책 자문회의 모습 (출처 : 조창환 시민기자 제공, 오마이뉴스 2003년 2월 10일. http://www.ohmynews.com)

90) 오마이뉴스 2003년 2월 10일자.
http://www.ohmynews.com/NWS_Web/view/at_pg.aspx?CNTN_CD=A0000106643

또한 국가간 청년단체들의 교류와 협력도 활발하다. 2009년 5월에는 한국의 한중문화청소년협회(미래숲)와 중국 공산주의청년단(공청단)이 중국 네이멍구(內蒙古) 자치구의 쿠부치(庫布其) 사막에서 한중청년사막화방지위원회 출범식을 개최했다. 이 위원회는 사막화방지를 중점 프로젝트의 하나로 설정한 중국 공청단이 한국측에 사막화방지 조직을 함께 만들자고 제안함에 따라 추진됐다. 이를 계기로 2006년 10월부터 쿠부치 사막에서 벌이고 있는 식수사업은 가일층 속도를 내게 되었다.[91]

역내 국가 중 사막화의 최대 피해국인 중국정부는 급속히 확대되는 사막화를 방지하기 위해 이미 1980년대 초부터 사막화와 모래먼지폭풍의 억제를 목표로 한 <삼북방호림(三北防護林)프로젝트>를 실시했으나 사막화 증가 추세를 막기엔 역부족이었다. 중국정부는 주룽지 총리 때부터 사막화 방지를 위한 조림 사업을 중국의 국책사업으로 삼고 있다.

다른 한편 중국정부는 1994년 6월 유엔사막화방지협약(United Nations Convention to Combat Desertification, UNCCD)에 가입하면서 사막화 방지를 위한 국가행동계획을 실시하면서 사막화 현황을 관측하기 위한 모니터링네트워크를 설립 운영 중에 있다. 중국정부는 1998년부터 비탈진 산기슭에 조성하였던 농경지나 지력이 떨어진 농토를 산림으로 환원할 경우 나무를 심을 비용과 생계비를 지원해 주며, 산림을 조성함으로써 사막의 확대와 국토 황폐화를 막기 위한 퇴경환림(退耕還林)정책을 추진 중이다. 또한 2050년까지 추진되는 장기 국토 건설계획인 서부대개발에서 사막화 방지와 조

---

91) 연합뉴스 2009년 5월 15일자. http://yonhapnews.co.kr

림사업을 핵심사업으로 포함, 추진하고 있다.[92] 또한, 이미 황폐화 되고 사막으로 변한 만리장성을 따라 지난 20년 동안 대규모 조림 사업을 실시하여 만리장성에 버금가는 푸른 숲의 장성인 '녹색 장 성'을 만들어 가고 있다.

사막화 방지 활동에 참여하는 중국 환경 NGO[93]들로는 자연지 우, 지구촌, 녹색북경, 그리고 학생 환경사단인 북경임업대학(北京 林業大學)의 과학탐험야생협회(科學探險与野外生存協會) 등이 있다. 사막화 방지를 위한 초국가적 시민단체 활동은 조사·연구, 국제협 력, 대중인식증진, 정부참여 유도 활동 등의 영역에서 두드러진다.

첫째, 중국 환경 NGO들의 사막화 방지를 위한 조사·연구는 사 막화 방지를 위한 기초조사 연구도 이루어지고 있지만, 초원지역에 서 벌어지고 있는 기업 및 지방정부의 부정을 고발하는 형태로도 수행되고 있다.[94]

둘째, 사막화 방지를 위한 환경 NGO들의 국제협력의 일환으로 중국과 몽골은 국제기구나 NGO와의 협력을 통해 조림사업, 토지관 리 등의 노력을 기울이고 있다. 또한, 중국과 몽골을 제외한 주변국 들에서도 각종 기금 등을 통해 이들 국가를 지원하며 새롭고 획기 적인 산업화 방지 대책을 위해 서로 머리를 맞대고 있다. 중국과 인 접하여 사막화의 피해에 크게 노출된 한국의 경우 산림청을 주축으 로 한 정부기관과 '한중문화청소년센터(미래숲)'와 같은 NGO, 그리

---

92) 추장민, "중국의 사막화 현황", 환경운동연합, 『한중환경경제포럼: 사막화방지국제심포 지엄』(2003), p.19.

93) 중국 환경 NGO의 사막화 방지 운동에 관한 자료들은 王樂燕 "拯救草原(초원살리 기)", 환경운동연합 『사막화 방지와 시민의 역할』, 2004 사막화 방지를 위한 국제워크 숍 자료집, pp.163－176 참조; 임윤정(2005), p.76에서 재인용.

94) 임윤정(2005), p.77.

〈사진 29〉 한국의 미래숲과 중국의 중화청년연합(공청단)이 공동으로 전개하고 있는
"사막에 내 나무 심기" 캠페인 모습 (출처: 한중문화청소년협회 미래숲 홈페이지
http://www.futureforest.org/korea/works/btd.php)

고 '현대자동차', '대한항공'과 같은 기업들이 다양한 방법을 통해
사막화 방지에 힘쓰고 있다. 가령, 한국의 대표적인 환경 NGO인
환경운동연합은 2003년부터 중국 길림성 임업청과 홍르기업과 함께
3자협력을 통해 정부, 기업, 민간단체 차원의 국제협력을 진행하고
있다. 환경운동연합은 이러한 초지조성 사업의 체계적이고 지속적인
추진을 위해 북경사무소를 개설하고 2006년에는 내몽고 현지에서
사막화방지 민간전문가로 활동하고 있는 자연지우 등 비영리민간환
경조직과 공동으로 '녹초원생태치리유한공사'를 설립했다. 이는 사
막화방지사업의 초지 규모가 갈수록 커질 뿐만 아니라 협력 단위도
점차 국가에서 지방정부, NGO, 기업, 지역주민으로 넓혀갈 필요를
인식했기 때문이다.

　또한 한국의 한중문화청소년협회(미래숲)도 중국의 사막화 방지

2007년 촬영
(한중우호녹색장성.
고속도로 20~21km 구단)

2009년 촬영
(한중우호녹색장성.
고속도로 20~21km 구단)

〈사진 30〉 한중우호녹색장성사업에 따라 녹화가 이루어진 쿠부치사막 모습
(출처: 미래숲 홈페이지, http://www.futureforest.org/korea/ggw/)

를 위한 노력을 중국과 함께 전개하고 있다. 대학생이 중심이 된 이들은 주로 쿠부치 사막의 확장을 막기 위해 중국 공청단(共青團) 등과 손잡고 2006년 10월부터 사막을 남북으로 가로지르는 길이 18㎞, 평균 폭 500m의 방풍림(防風林) 조성 사업을 진행하고 있다. '한중 우호 녹색 장성(長城) 사업(사업 기간 5년)'으로 명명된 이 프로젝트를 통해 미래숲은 현재까지 쿠부치 사막에 총 300만 그루의 나무를 심었으며 2009년까지 94만 그루를 추가로 심을 계획이다. 2008년에는 미래숲이 베이징 핑구구(平谷區)정부와 손을 잡고 5년 계획의 '한중미래림' 조성사업을 추진하였다.[95] 2009년 5월에는 한중청년사막화방지위원회의 출범식이 개최되었으며 미래숲이 유엔

95) <연합뉴스> 2008년 3월 29일자. http://yonhapnews.co.kr

사막화방지협약(UNCCD) 사무국과 함께 추진하는 '사막에 내 나무 심기 운동(Billion Trees in Desert)' 런칭 행사도 진행하였다. 또 쿠부치 사막 현지 식수활동에 참여하는 봉사자들의 숙소, 사막화 방지 교육실 및 전시 홍보관으로 사용될 '녹색기지'의 기공식도 함께 열렸다.[96)]

한국에서 사막화 방지를 목적으로 설립된 단체인 동북아산림포럼은 중국과 협력 강화를 위해 중국에 지부를 설립하기도 하였다. 중국 북경임업대학을 중심으로 학계, 연구계, 관련 공무원, 일반 시민들이 참가한 가운데 중국-동북아산림포럼 지부가 창립되어, 매년 중국 국가임업국과 북경임업대학 및 북경주재 한국인들이 참여한 가운데 북경 시 인근에서 기념식수 및 육림사업을 개최하고 있다. 동북아산림포럼은 2000년, 중국 서부지역의 사막화 현황과 중국 국민들의 사막화 방지 노력을 한국인들뿐만 아니라 중국민들에게도 널리 알리고자 중국 국가임업국과 사막화 방지를 위한 다큐멘터리를 제작하였으며 제작된 다큐멘터리는 TV에 방송되는 등 홍보·교육용으로 사용되고 있다. 한편, 국가임업국과 함께 2002년부터 2005년까지는 황사의 진원지로 알려진 내몽고의 황폐화 된 사막지대에서 중국의 대학생 및 한국의 녹색평화 봉사단 대학생들과 함께 나무를 심는 활동을 전개하였다.[97)]

한편 중일 양국 간 민간차원의 식수조림협력사업을 추진하기 위해서 1999년 일본 정부에서 '일중녹화교류기금'을 설립하였다. 중국 공청단 중앙위원회, 중화전국청년연합회 및 일본우호단체는 양

---

96) <연합뉴스> 2009년 5월 13일자. http://yonhapnews.co.kr

97) "Papers from Autumn 2008: 미래숲 사막화 방지 대안을 찾아서" (http://www.ckyouth.net/?mid=bbs&page=1&document_srl=2504&listStyle=&cpage=, 검색일: 2009.4.30).

국 정부의 지도 아래, '일중녹화교류기금'의 지원에 의해, 중일청년 교류와 결부시키는 생태녹화사업을 실시하여 현저한 성과를 올리고 있다. 중국의 자연지우 등은 자체적으로 모금과 기금조성을 통하여 식목활동을 벌이고 있다.[98]

이처럼 사막화 방지 운동의 국제협력의 형태는 각국에 지부를 설치한다거나 일정 기간 동안 사업의 공동주최를 통해 협력하고 있기 때문에 다른 분야보다 네트워크가 훨씬 긴밀하게 이루어지고 있다고 할 수 있다. 특히 중국의 사막화로 직접적인 피해를 입고 있는 한국의 환경시민단체를 중심으로 역내 국가들은 2000년대부터 본격적인 거버넌스 체제를 구축해 아래와 같은 초국가적인 협력활동을 전개해 왔다.

〈표 12〉 중국 사막화 방지를 위한 초국가적 협력들

시기	행사명	주최 및 참가단체	장소
1999	민간 식수조림협력 사업, 일중녹화 교류기금 창설	일본 정부, 중국 공청단, 중화전국청년 연합회	중국
2000.	사막화 방지용 다큐멘터리 제작, 방영	동북아산림포럼, 중국 국가임업국	중국
2001.4	동북아지역의 사막화 방지 및 조림 녹화에 관한 국제세미나	동북아산림포럼	중국 북경
2001.8	사막화 방지를 위한 동아시아 NGO네트워크	동아시아시민네트워크	서울
2002.6	사막화방지 국제세미나	중국국가임업국 중국사막화방지센터, 와 유엔사막화방지협약(UNCCD)	중국 북경
2003.	사막의 초지조성사업	한국 환경운동연합, 중국 길림성 임업 청, 홍르기업	길림성 서북부
2003.8	한·중 사막화 방지 협력회의	동북아산림포럼	중국내몽고 츠펑
2004. 11	동북아지역 황폐산른복구 워크숍	동북아산림포럼	중국 북경
2004. 12	사막화 방지를 위한 국제워크숍: 사막화 방지와 시민의 역할	환경운동연합	중국 북경

---

98) 위의 글.

시기	행사명	주최 및 참가단체	장소
2005.4	내몽고 츠펑시 사막화방지 한중 우의림 조성 및 모니터링	동북아산림포럼	내몽고츠펑
2005.	산동성 우의림 조성	동북아산림포럼	내몽고 모우스(毛烏素)사지
2006.5	중국 내몽고 모우스사지 조림 및 사후 관리	동북아산림포럼	중국
2006.	'녹초원생태치리유한공사' 설립 운영	한국 환경운동연합, 중국 자연지우	내몽고
2006.10	한중우호 녹색장성 사업	한중문화청소년협회(미래숲), 중국 공청단	내몽고 쿠부치(庫布其)사막
2008. 8	100만불 규모의 사막화 방지 및 황사 대책 추진	UNEP, ESCAP, ADB, UNCCD	중국
2008.	한중미래림조성사업	한중문화청소년협회(미래숲), 북경 핑구구(平谷區)	중국
2009.5	한중청년 사막화방지위원회 출범식; "사막에 내나무심기운동" 런칭 행사	한중문화청소년협회(미래숲), 중국 공청단	내몽고 쿠부치(庫布其)사막

(출처) 임윤정(2005), p.78; 동북아산림포럼 http://www.neaff.org/bbs/content.php?co_id=002_bbs3(검색일, 2008년 12월 11일); 각종 언론보도 등을 종합하여 저자가 작성.

<표 12>는 지금까지 중국의 사막화 방지를 위해 역내 국가들의 초국가적인 협력 사례들을 정리한 것이다. 표에 나타나듯이, 주로 한국의 동북아산림포럼과 환경운동연합 등 민간단체를 중심으로 사막화 방지활동을 활발히 벌이고 있다. 특히, 동북아산림포럼의 경우 2001년 봄에 개최한 '동북아지역의 사막화 방지 및 조림녹화에 관한 국제세미나'를 비롯하여 각종 국제회의와 초지조성 관리 및 사막화 모니터링을 실시하고 있으며, 환경운동연합도 민간차원에서 중국NGO와 현지 주민들과 협력하여 사막화의 확산을 저지하고 내몽고의 초원을 보전하기 위해서 여러 사업들을 전개해왔음을 알 수 있다.

제7장

환경 거버넌스의 정치적 함의:
국가 - 사회관계 변화

1. 환경 거버넌스의 기회와 제약

중국의 환경에 관심 있는 학자들과 활동가들은 최근 들어 중국에서 시민사회와 환경 거버넌스의 발전에 대한 긍정적 전망들을 많이 제시한다. 예를 들어, 샤먼 녹십자(綠十字)의 마티엔란(Ma Tianlan)에 따르면, 환경 NGO의 협력발전을 위한 기회적 요인으로 점점 더 많은 기부자들이 환경동맹이 형성되기를 선호하고 있다는 점, 효과적인 네트워크를 통해 많은 자원들이 동원될 수 있다는 점, 정부와 민간부문 간의 협력이 증가하고 있다는 점, 그리고 환경악화에 대한 대중매체와 정부의 관심이 증가한다는 점 등을 들었다.[1]

하지만 환경 거버넌스에 기회적 요인만 존재하는 것은 아니다. 중국의 정치환경이 갖고 있는 특수성과 관련하여 많은 애로사항도

---

[1] 2007년 1월 30일부터 양일간, 중국 베이징에서 열린 워크숍(Civil Society and Environmental Governance in China)에서 발표문 (http://www.chathamhouse.org.uk/files/10225_300107 workshop.pdf, 검색일: 2008.11.23).

존재한다. 여기서는 이러한 기회와 제약요인을 통해 환경 거버넌스
의 발전 가능성을 체계적으로 접근하기로 한다. 이를 위해 <표
13>과 같이 구조와 행위자의 분석단위와 국내와 국제의 분석수준
을 매트릭스하여 환경 거버넌스 발전에 기회와 제약을 주는 요인
을 분석하기로 하겠다.

〈표 13〉 중국 환경 거버넌스 발전의 구조와 제약요인

분석단위 / 분석수준	기회(Opportunities)		제약(Constraints)	
	구조	행위자	구조	행위자
국내수준	시장화, 분권화, 환경정책 법제화, 인터넷의 발전	환경 NGO, 정부환경부문 승격, 대중매체 발전	사회주의 제도관성(당국가체제), 등록제도(이중관리제도)	환경연합(환경 NGO, 정부환경부문)반환경세력연합
국제수준	국제환경레짐, 신자유주의(WTO, 녹색장벽), 책임대국주의	지식공동체, 외국정부와 기업(환경산업), INGO, IO 등	현실주의국제정치	INGO 과다의존

(출처: 연구자가 구성)

1) 환경 거버넌스의 기회 요인

(1) 구조적 측면

① 국내수준

우선, 국내수준에서 볼 때, 시장화와 분권화, 입법화, 그리고 인
터넷 발달에 따른 정보화는 환경 거버넌스의 작동에 유리하게 작
용할 수 있다.

첫째, 갈수록 심화되는 중국의 시장화와 분권화는 경직된 정치적
진입장벽을 점차 허둘어 냄으로써 그동안 상대적으로 위축되었던
민간 환경 NGO들에게 정치공간을 더욱 확장시킬 수 있다는 점에
서 기회를 제공한다고 볼 수 있다. 또한 지금까지 거버넌스 축에서

소외되기 십상이었던 기업 행위자가 참여할 수 있는 동기를 제공하고 지방정부와 풀뿌리 민간환경부문의 책임성을 강화함으로써 결과적으로 환경 거버넌스를 한층 발전시키는 촉매제가 되고 있다. 특히 중국에서 시장화와 분권화는 세계적 차원에서 날로 확산되는 세계화와 밀접한 의존관계를 맺고 있는 바, 시장화된 경제구조 속에서 중국정부가 환경보호와 국가재정 보호를 목적으로 추진하는 녹색신용대출(綠色貸出) 등 친환경시장정책의 도입은 결과적으로 친환경기업의 경쟁력을 강화시켜 이들을 거버넌스 체제로 끌어들임으로써 환경 거버넌스를 한층 다층적인 구조로 발전시키는 계기가 될 것으로 보인다.

둘째, NGO 제도화의 입법적 장치 및 제도화된 환경정책 또한 거버넌스의 진전에 토대가 된다. 특히 중국에서 국가 및 지방차원에서 전개된 환경입법상황은 꾸준히 진행되었다. 2007년 정부는 국제핵융합실험기구(ITER)와 협정을 수립하여 '국제핵융합실험추진계획(國際熱核聚變實驗堆計划)'을 합동으로 실시하는 것과 '국제핵융합실험추진계획 국제핵융합실험기구 특권 및 면제협정'을 공동으로 실시하는 것 등 두 가지 국제조약을 통과시켰고, <동물방역법>, <에너지절약법> 등 법을 수정하고 <민영 핵안전시설 감독관리조례>, <전국오염원전면조사조례>, <정부정보공개조례> 등 법규와 규범성 문건을 제정하였으며 국가환경보호총국 및 기타 부분에서도 일련의 실행규정을 반포함으로써 현행 법률의 실행을 한층 촉진시켜 왔다.

② 국제수준

한편, 국제수준의 구조 측면에서 보자면, 중국을 둘러싼 국제환경례짐의 발전과 세계화가 양산하는 정치경제적 기회구조는 거버 넌스 발전에 긍정적인 작용을 하고 있다.

우선, 환경정치의 국제화는 국제사회의 연계(linkage)와 새로운 제도를 창출함으로써 전통적으로 취약한 사회집단의 지원을 통해 보다 근본적인 국가 요소들을 변경시킨다. 그리하여 중국정부로 하 여금 기후변화협약 등 국제환경레짐의 공약 및 국제적인 환경규범 에 조응하는 국내 정책의 도입과 이행에 나설 것을 촉구하고 있 다.[2] 1992년의 '리우정상회의' 이후 국제적으로 환경 NGO의 활동 이 대두되고 NGO 간 협력의 중요성이 강조되면서 중국 당국은 국 내적으로 NGO를 적극 양성하고 있으며, 이들을 창구로 하여 다른 한편 국제사회의 NGO들로부터 국내환경보호에 필요한 자금과 기 술 등의 지원을 확보하려 하고 있다.[2]

중국은 1990년대말까지 이미 다음의 <표 14>와 같이 오존층보 호, 기후변화, 생물다양성보호협약 등 50개가 넘은 국제환경조약을 체결하거나 서명하였다.

〈표 14〉 중국이 서명·체결한 국제환경협약 상황

협상 영역	협약명	서명일자
1. 유해폐기물관리	유해폐기물의 국가 간 이동 및 그 처리 통제에 관한 〈바젤 협약〉	1989.3.22
	≪바젤협약≫ 수정안	1995.9.22
2. 위험화학품 국제무역 의 사전지식 동의절차	화학품의 국제무역에 관한 자료교환의 런던규약	1987.6.17
	특정 유해화학물질 및 농약의 국제교역 시 사전 통보승인 절차어 관한 로테르담 협약	1998.9.10
3. 화학품의 안전사용 및 환경관리	'작업장소에서 화학품 안전사용에 관한 협약' 외 2종	1990.6.25
4. 오존층 보호	'오존층 보호를 위한 비엔나 협약'	1985.3.22
	수정 ≪오존층 파괴물질에 관한 몬트리올 의정서≫	

---

2) 전형권(2002), p.103.

협상 영역	협약명	서명일자
5. 기후변화	기후변화에 관한 국제연합 기본협약	1992.6.11
	기후변화협약의 〈교토의정서〉	1997.12.10
6. 습지보호, 사막화방지	물새 서식지로서 국제적으로 주요한 습지에 관한 협약	1971.2.2
	UN 사막화 방지협약	1994.6.7
7. 해양환경보호	해양법에 관한 국제연합 협약(초록12 《해양환경의 보호와 보전》)	1982.12.10
	유류오염 손해에 대한 민사책임에 관한 국제협약	1969.11.29
	유류오염 손해에 대한 민사책임에 관한 국제협약의 의정서	1976.11.19
	공해상에서의 유류오염사고 방지를 위한 국제협약	1969.11.29
	공해상에서의 비유류물질에 의한 오염방지를 위한 의정서	1973.11.2
	유류오염 대비·대응 및 협력에 관한 국제협약	1990.11.30
	폐기물 및 그 밖의 물질의 투기에 의한 해양오염방지에 관한 협약	1972.12.29
	해상에서의 공업폐기물 처리의 점진적 중단문제에 관한 결의	1993.11.12
	해상에서의 소각문제에 관한 결의	1993.11.12
	해상에서의 방사성폐기물 처리에 관한 결의	1993.11.12
	폐기물 및 기타 물질의 투기에 의한 해양오염방지에 관한 협약의 1996년 의정서	1996.11.7
	선박으로부터의 오염방지를 위한 국제협약	1973.11.2
	1973년 선박으로부터의 오염방지를 위한 국제협약 및 1978년 의정서	1978.2.17
8. 생물다양성 보호	생물다양성 협약	1992.6.5
	국제 식물 신품종 보호협약	1978.10.23
	국제 유전工程과 생물기술중심 장정	1983.9.13
9. 생물종국제무역	멸종위기에 처한 야생동·식물종의 국제거래에 관한 협약	1973.3.3
	《멸종위기에 처한 야생동·식물종의 국제거래에 관한 협약》 제21조 수정안	1983.4.30
	1983년 국제 열대목재 협정	1983.11.18
	1994년 국제 열대목재 협정	1994.1.26
10. 해양어업자원보호	국제포경규제협약	1946.12.2
	대서양 참치의 보전에 관한 국제협약	1966.5.14
	대구의 보호와 관리에 관한 협약	1994.2.11
	어류물종과 高度 회귀어종의 보호와 관리에 관한 협정	1995.12.4
	아시아-태평양 수산양식센터 구축협의	1988.1.8)

협상 영역	협약명	서명일자
11. 핵오염방지	핵사고의 조기통보에 관한 협약 외 1	1986.9.26
	핵안전에 관한 협약	1994.6.17
	핵사고 또는 방사능 긴급사태 시 지원에 관한 협약	1986.9.26
	핵물질의 방호에 관한 협약	1980.3.3
12. 남극보호	남극조약	1959.12.1
	환경보호에 관한 남극조약 의정서	1991.6.23
13. 자연과 문화유산 보호	세계문화유산 및 자연유산의 보호에 관한 협약	1972.11.23
	문화유산의 불법 수출입 및 그 소유권의 불법 양도 금지·방지에 관한 방법의 협약	1970.11.17
14. 환경권의 국제법 규정	경제·사회와 문화권리 국제협약(초록)	1966.12.9
	국민의 권리와 정치권리 국제협약(초록)	1966.12.9
15. 기타 국제협약중 환경 보호에 관한 규정	달과 기타 천체를 포함한 외기권의 탐색과 이용에 있어서의 국가활동을 규율하는 원칙에 관한 협약(초록)	1967.1.27
	외계물질이 조성한 손해에 대한 국제책임 협약(초록)	1972.3.29

(출처: 國家環境保護總局 信息中心. http://www.zhb.gov.cn/index10.htm. 2008. 02. 14)

또한 이러한 협약과 조약의 체결에 덧붙여, 2000년대 들어 중국은 수십 차례 걸친 국제적·지역적 환경회의를 주최하여 지구환경문제에 관한 자국의 관심을 표명하였다. 이러한 적극성의 대부분은 비교적 낮은 비용이거나 높은 국제적 경력에 기초한 것들로서, 그 목적이 환경 영역에서 책임대국으로서 중국의 이미지를 향상시키려는 것이었다. 즉 대부분의 이러한 외교는 회의를 주최하거나 중국에 대해 의무이행에 필요한 자원의 이전을 약속하는 환경협약에의 서명을 수반했다.[3] 이처럼 국제환경레짐의 발전은 비용의 고저를 떠나서 중국정부로 하여금 효율적인 국내환경정책의 수립과 집행 및 감시의 책임성을 인식하도록 하며, 결과적으로 정부환경당국과 NGO가 협력할 수 있는 공간을 지속적으로 생산해 낸다.

둘째, 세계화의 경제구조는 경제성장에 경도된 중국기업이나 정

---

3) 전형권(2002).

부부처로 하여금 일련의 녹색장벽(綠色壁壘) 조치들에 대한 실효성 있는 대응책을 주문한다. 사실 중국의 WTO 가입 이후 녹색장벽은 중국의 대외무역에 있어서 새로운 장애물로 인식되면서, 기업들의 친환경적인 제품생산은 물론 친환경적인 생산공정을 도입하는 계기가 되었다. 특히 환경마크는 중국 제품의 시장경쟁력을 높이고 국제시장에 진입하는 데 중요한 수단으로 작용하고 있다.4) 동시에 세계화는 중국정부로 하여금 자국의 환경보호산업에 대한 외국기업의 투자와 진출을 독려하도록 함으로써 외국기업이 참여하는 국제수준의 환경 거버넌스의 가능성을 갈수록 높이고 있다.

뿐만 아니라 중국의 세계화 편입으로 인한 각종 국제행사의 유치(2008 북경올림픽, 2010 상해엑스포 등) 기회의 확대는 '책임대국(負責任的大國)'으로서 중국의 이미지 제고를 위해 국제수준에 부합하는 질 높은 환경관리 및 개선의 필요성을 던져준다. 중국이 국제적 비판에 더 많이 직면하거나 혹은 일부 국제적 협력의 쟁점을 만날 가능성이 많을수록, 중국은 점점 더 실질적인 협력 공약을 통해 이 비판을 최소화하는 방법을 발견하려고 더욱 노력할 것이다.5)

셋째, 정보화 혁명에 의한 인터넷의 발달은 중국의 NGO에게 정치적 공간을 확장시킨 중요한 동인이 되었다. 인터넷과 다른 새로운 정보 및 통신기술의 발전은 타 영역 행위자들과 의사소통을 위한 근간을 향상시켜 일부 영역 중의 전략적인 네트워크와 협력을

---

4) 중국환경보호총국 판웨 부국장도 강조하듯이, 2006년 "중국정부는 환경 보호를 우선순위에 놓은 경제 사회 개발 5개년 계획을 발표하고, 환경오염으로 인한 경제 손실을 반영한 '녹색 국내총생산(GDP)' 개념을 처음 내놓았다. <중앙일보>, 2006.12.4 (http://article.joins.com/article/article.asp?total_id=2527235).

5) Alstair Iain Johnston, "China and international environmental institutions: a decision rule analysis", Michael B. McElroy, Chris P. Nielsen, and Peter Lydon(eds.), *Energizing China: Reconciling Environmental Protection and Economic Growth*(Harvard University Press, 1998), pp.558−559.

촉진시키고 있다.[6] 앞서 살폈듯이 중국에서 인터넷의 발달[7]로 환경 NGO들은 대부분 자신의 홈페이지를 갖고 있으며, 다른 국내외 환경단체 및 기관들과 링크를 구축함은 물론 관련 부문 간의 정보공유를 위한 국내외 네트워크를 구축하여 활용하고 있다. 이처럼 네트워크가 활성화됨으로써 동일한 환경쟁점을 두고 관련 있는 많은 환경단체들이 연합하여 캠페인을 전개하는 등 연합적인 전략도 많이 등장하고 있다.

(2) 행위자 측면

① 국내수준

행위자 측면에서 볼 때 국내수준에서 갈수록 비중이 증가하는 NGO 및 대중매체, 그리고 환경단체의 동맹군이라 할 수 있는 정부 환경당국의 위상 강화는 중국에서 환경 거버넌스를 강화시키는 요인으로 작용한다.

우선, 중국의 NGO는 다음의 <그림 8>에서 보듯이, 2000년도 들어 해마다 증가하고 있다. 2009년도 중국의 민정부의 보고에 따르면, 2008년 말까지 전국을 합쳐 사회단체는 23만 개로서 이는

---

6) Guobin Yang(2005), p.66.

7) 최근 조사에 따르면 중국의 인터넷 사용자들은 2006년 중 온라인 이용시간이 매일 평균 2시간 20분에 이르는 것으로 나타나 2002년 대비 이용시간이 56% 증가한 것으로 나타났다. 중국의 조사기관 CTR Market Research의 최근 보고서에 따르면 중국의 온라인 사용자는 2002년 매일 평균 88분을 이용한 것에 비해, 2006년에는 138분을 온라인에서 보낸 것으로 나타났다. 이는 TV 시청 시간인 일평균 2002년 140~145분에 필적하는 수치이다. 브로드밴드의 보급은 세계에서 인구가 가장 많은 중국의 인터넷 사용 증가를 견인하는 핵심 동력으로 간주되고 있다. 이처럼 온라인 이용시간의 증가와 더불어 중국의 온라인 사용자 수도 빠르게 증가하고 있으며, 2006년 1억 4천만 정도로 추정된다고 중국 인터넷 네트워크 정보센터(CINIC: China Internet Network Information Center)가 밝혔다. 中國互聯網絡信息中心(China Internet Network Information Center) 홈페이지 참조 (http://www.cnnic.net.cn/en/index/).

전년도에 비해 8.5%가 증가한 것이다. 이중에서 전국 성급(자치구, 직할시)은 1,781개, 성급 및 성내 시급은 22,810개, 그 이하 지방급 사단은 62,004개, 현급 사단은 143,086개가 존재한다. 사회단체를 부문별로 나누어보면, 사회서비스부문이 29,540개로 가장 많고 다음이 상공서비스 부문(20,945개), 과학기술연구부문(19,369개), 문화부문(18,555개), 교육부문(13,358개), 체육부문(11,780개), 위생부문(11,438개), 그리고 생태환경부문(6,716개) 등의 순서로 나타났다. 한편, 민간비영리기업은 전국에 걸쳐 18만 2천 개로서 전년도에 비해 4.6% 증가했다. 그중에서 교육부문이 88,811개로 가장 많고, 다음으로 사회서비스 부문은 25,836개, 생태환경부문은 908개로 나타났다.8)

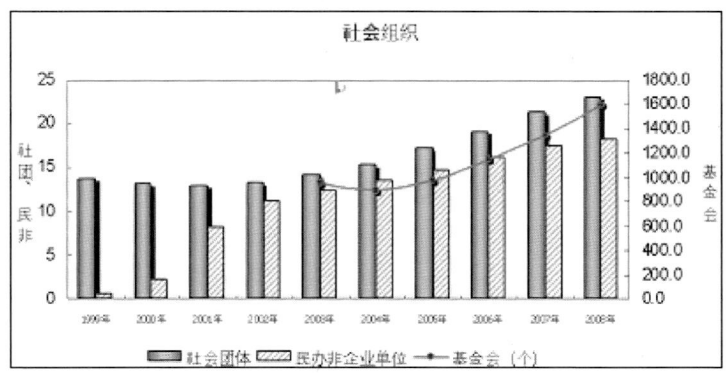

(출처: 民政部关于印发 ≪2008年民政事业发展统计报告≫的 通知, 2009. 5. 4. 民政部홈페이지.
http://cws.mca.gov.cn/accessory/200905/1242965453211.doc)

〈그림 8〉 유형별 사회조직 증가현황(2008년 현재)

이처럼 환경부문의 사회단체가 전체에서 차지하는 비중은 상대

---

8) 中國民政部 홈페이지 (http://cws.mca.gov.cn/accessory/200905/1242965453211.doc).

적으로 낮으나, 예년에 비해 갈수록 증가하고 있다는 사실은 매우 고무적인 일이다. 동시에 비록 환경부문이 아니라도 타 부문의 사회단체가 갈수록 증가하고 있다는 점은 시민사회의 목소리가 갈수록 커지는 기반이 마련되어 있으며, 정부로부터의 하향식 관리방식에서 벗어나 각 부문이 상호 협력을 통해 공통의 문제를 해결할 수 있는 거버넌스 가능성이 커지고 있음을 암시하고 있다.

과거의 환경관리가 주로 정부 주도 환경단체를 중심으로 하는 조합주의 장치의 연장선상에서 나타나는 현상이었다면, 국내외 구조적 기회하에서 새로운 활동공간을 확보한 민간주도형 환경 NGO들은 새로운 형태의 거버넌스가 발전할 수 있는 가능성을 보여준다.

과거에는 국가의 필요에 의한 환경 NGO의 증가가 특징이라면, 1990년대 중반 이후에 증가하고 있는 NGO들은 스스로의 필요에 의해 나타나고 있는 현상이라는 점에서 의미가 있다. 특히 경제 사회의 다원화로 전환이 빠르게 이루어질수록 국가가 모든 이익을 포괄하는 것이 현실적으로 힘든 상황에서 자신들의 권익 보호를 위한 민간조직은 지속적으로 증가할 것이다. 자신들의 제한적 권리와 이익을 옹호하기 위한 이익단체와는 달리 환경 NGO는 공익성이 강한 단체로서, 국가와 공유할 수 있는 정책목표와 자원동원 등 거버넌스의 기회가 상대적으로 확대되어 있다. 사회발전을 위한 사회서비스를 제공하는 공익성 환경 NGO들은 사회의 자주성과 시민적 권리를 확장하고자 하는 동기가 강하다.

중국의 환경 NGO들은 1980년대 사회운동가들처럼 급진적 목표를 추구하지는 않지만 시민에게 정치적 실천, 시민행동의 조직과 참여의 기회를 제공한다는 점에서 정치변화의 무대이자 추진자로 기능하고 있다.[9] 이들은 중국정부가 최근까지 민간조직의 등록을 어렵게 해 놓은 법적, 제도적 장벽을 피해 상대적으로 등록이 간편한 영리조직으로 등록하는 등 합법화의 방법을 찾거나 아니면 비등록 단체로 활동을 전개하는 등의 다양한 생존전략을 구사해 왔다. 하웰(Howell)은 이를 1990년대 중국에서 출현한 새로운 NGO의 특징으로 보고 NGO의 발전이 단순히 객관적 구조의 변화만이 아니라 주체적 대응에 의해서도 촉진됨을 강조한다.[10]

비록 성격은 다르지만 중국 내 환경 NGO들은 상호 간에 보다 많은 협력과 의사소통 및 정보교환에 대한 강한 요구들을 갖고 있는 것도 청신호다. 2007년 북경에서 환경 거버넌스 발전을 주제로 열린 한 워크숍에서 중화환보연합회(中華环保聯合會)의 쩡칭바오가 언급했듯이, 정부 주도 NGO들은 "특정 항목에 걸쳐 풀뿌리 환경 NGO들과 협력을 발전시킬 것을 원하며, 풀뿌리 환경 NGO들이 지방의 오염희생자 등 현지의 환경정보를 우리에게 제공해 줄 수 있기를 바라고"[11] 있는 것이다.

다음으로, 대중매체는 일반적으로 환경운동에 동조적이며 지원자 역할을 하는데, 중국의 신문과 TV 등도 NGO 활동을 증진시키는 데 큰 역할을 하고 있다. 이들은 환경쟁점에 대한 공공의 문제인식을 제기하고 환경규제에 대한 위법실태를 보도한다. 가령, 윈난성의 던친향의 원시림에 대한 벌목을 방지하기 위한 노력의 일부로

---

9) Yang Guobin(2005), p.65.

10) Jude Howell, "New Direction in Civil Society: Organization around Marginalized Interest", Howell, Jude(ed.), *Governance in China*(Lanham, ML: Rowman & Littelfield Publishers, 2004), p.149.

11) 2007년 1월 30일부터 양일간, 중국 베이징에서 열린 워크숍(Civil Society and Environmental Governance in China)에서 발표문 (http://www.chathamhouse.org.uk/files/10225_300107 workshop.pdf, 검색일: 2008.11.23).

서 자연지우는 TV와 신문을 활용하여 공개적인 선전캠페인을 착수하였다. 또한 중국의 한 TV방송국은 산림 내의 건설 활동에 사용되는 기계의 굉음으로 위협받는 공포에 휩쓸린 금빛원숭이들을 방영하기도 하였다. 이는 던친향 당국이 벌목을 중지하도록 중앙정부의 결정을 이끌어내기도 했다.12) 환경 NGO와 대중매체는 똑같이 변화하는 중국의 정치 체계에 의해 영향을 받는다. 홍리우에 따르면, 중국의 대중매체 전문 종사자들은 "두 명의 주인을 기쁘게 하고 섬기는" 어색한 지위에 있다. 즉 언론에 대한 정치적 권위를 지닌 공산당이라는 상급 관청과 언론사에 대한 경제적 제한을 가하는 시장이라는 두 명의 주인이 그것이다.13) 이들 두 부류의 세력 사이에 끼여, 환경 NGO는 1980년대 이래로 자신의 직업적인 자율성을 확장하기 위한 시도들을 해 왔던 것이다.

환경 쟁점들은 뉴스로서 가치가 있고, 도덕적이고 정치적인 의미와 정책 이행에 대한 내용들을 싣고 있지만 '지속 가능한 발전'이라는 국가정책과 공조하기 때문에 정치적으로 일단 안전하다. 환경문제에 관한 매체의 기사들은 국가의 정당성에 대한 직접적인 도전 없이도 비판적일 수 있으며 어느 정도 언론 자율성을 주장할 수 있다. 그러한 구조적 동질성은 대중매체와 환경 NGO 간의 호혜적인 관련성을 지지한다. 그러한 구조적 동질성은 왜 환경 NGO들이 대중매체와 밀접한 동맹을 갖는지에 대해 설명해 준다.14) 환경문제들은 또한 중국의 정규 신문 보도뿐만 아니라 환경 당국이 발간하

---

12) Xiaoying Ma and Leonard Ortolano, *Environmental Regulation in China*(Lanham, Boulder, New York. Oxford: Rowman & Littlefield Publishers, INC. 2000), p.74.

13) Hong Liu, "Profit or ideology? The Chinese press between Party and market", *Media, Culture and Society*, No.20(1998), p.37.

14) Guobin Yang(2005), p.55.

는 특정 신문에도 대서특필된다. 가령, 국가환경보호총국에서 발간하는 <중국환경보(中國環境報)>는 수십만 명의 독자들에게 유통되고 있으며 동시에 인터넷망(中國環境网)[15]을 통해 환경정책과 정보 등을 연일 제공하고 있다. 이러한 민간부문 환경조직의 발전은 국가의 필요에서 용인된 것이라고는 하지만, 대부분 사회의 횡적 네트워크를 활성화하는 역할을 한다는 점에서 시민사회 및 NGO 발전에 중요한 토대가 될 수 있다.[16]

한편, 상대적으로 열세에 몰려 있던 정부환경조직들은 세계화, 분권화, 정보화 등으로 인해 갈수록 그 책임과 위상이 승격되고 있다는 점도 거버넌스 발전에 긍정적으로 작용하고 있다. 2008년 국무원 행정개편을 통해 국가환경보호총국은 국무원의 정식 부서인 환경보호부로 승격됨으로써 이제 정부 내의 각 부처와 대등한 협상을 주도할 수 있게 되었고 지방의 환보국이나 지방정부에 대한 권한이 더욱 커졌다. 또한 국무원 행정개혁의 차원에서 전개된 분권화와 함께 지방정부와 지방환경보호국의 환경관리 책임 또한 더욱 무거워졌으며 이에 따라 지방차원에서 시민들의 참여를 이끌어 낼 수 있는 공동의 관리 기제를 개발할 필요성이 대두되고 있는 것이다.

마티엔란이 지적했듯이, 정부는 환경쟁점에 대해 갈수록 크게 주목하고 있고 점차적으로 환경보호에서 NGO의 적극적인 역할 가능성을 인정하는 추세이므로 NGO 간 협력의 공간은 더 커질 것으로 보인다. 일부 정부 주도형 NGO(GONGO)들은 점차로 기존 관행에서 벗어나 풀

---

15) http://www.cenews.com.cn/
16) 이남주(2007), p.75.

뿌리 NGO들의 경험에서 배우려는 의지가 커지고 있으며 그들과 함께 협력도 증진시키고자 한다.[17]

② 국제수준

국제수준의 행위자 측면에서 볼 때, 국제환경 NGO를 비롯해 중국과 연계를 맺고 있는 지식공동체(epistemic community), 국제기구, 그리고 외국정부와 기업 등도 중국의 환경 거버넌스 발전의 지렛대(leverage) 역할을 하고 있다.

먼저, 중국과 같이 환경문제에 관한 과학적 지식과 연구가 부족하고 환경세력이 취약한 국가에서는 주로 국제행위자들과의 연계가 국내제도의 구조 변화를 강요하거나 환경문제에 대한 새로운 방식의 관점을 성공적으로 고무시킬 수 있다. 이 과정에서 국제환경 NGO와 지식공동체는 특히 중요한 역할을 한다. 구성주의(構成主義) 국제정치학자들이 주장하듯이, 국제적인 NGO들의 네트워크 활동은 국가와 사회행위자들의 정체성과 이해관계 및 선호에 대한 인식을 바꿀 수 있고 그들의 담론을 전환시킬 수 있으며, 궁극적으로 국제정치에 있어서 절차(procedures), 정책, 그리고 행위차원의 변화까지 초래할 수 있다. 켁과 시킹크(Keck and Sikkink)는 이러한 NGO의 역할을 '인식틀의 구성(construction of cognitive frame)'이라고 칭하는데, 국제 NGO의 활동의 초기 노예문제와 여성의 참정권 문제로 시작하여 현재의 인권과 환경문제에 이르기까지 초국적 NGO 네트워크들이 새로운 인식틀을 구성하기 위한 노력을 통해 기존의 규범과 관습을 바꾸어 왔음을 주장한다.[18] 피니모어와 시킹크

---

17) 2007년 1월 30일부터 양일간, 중국 베이징에서 열린 워크숍(Civil Society and Environmental Governance in China)에서 발표문 참조 (http://www.chathamhouse.org.uk/files/10225_300107 workshop.pdf, 검색일: 2008.11.23).

(Finnemore and Sikkink)는 NGO과 다른 행위자들과 함께 새로운 규범이 출현하여 확산되고 내화되는 과정에서 규범을 주창하는 행위자(norm entrepreneur)로부터 새로운 규범의 조직적 기반(organizational platform), 그리고 국가와 정부 간 기구와 함께 규범의 사회화, 제도화 및 선전의 역할을 담당할 수 있음을 주장한다. 이렇듯 세계화와 정보화 시대에 NGO를 위시한 비국가행위자들은 국가, 국제기구 등 국가행위자들과 함께 글로벌 거버넌스의 주요 파트너로 등장하였으며 중심적인 역할을 하고 있음에 주목하는 것이다.[19]

오늘날 지식공동체(epistemic community)를 중심으로 한 국제적 행위자가 국가 내의 과학적 혹은 전문적인 담론에 영향력을 행사하려고 함에 따라 과학자 및 정책전문가들 간에는 상당수의 국제적 연계가 증가하고 있다. 이러한 연계를 통해 형성된 환경정책 형성의 국제화는 국가로 하여금 '공유된 지식'(common knowledge)을 더욱 풍부히 하고 환경보호 협력의 필요성을 분명히 인식하게끔 한다.[20] 일반적으로 과학적 지식 또는 그것을 근거로 성립하는 지식공동체는 환경협조 과정에서 몇 가지 측면에서 중요한 역할을 한다. 하나는 과학적 지식과 환경적 인식이 취약한 국가 내의 지식공동체들과의 연계를 통해 환경문제에 관한 과학적 발견과 지식을 공유함으로써 환경문제가 국제적 의제로 성립되도록 하는 데 결정적인 작용을 하며, 의제협상 과정에서 국내 환경세력에게 정당성을 부여하고, 국제환경정책에 조응하는 각종 정책적 조언과 권고를 통

18) Keck and Sikkink, *Activist Beyond Borders: Advocacy Networks in International Politics*(Ithaca and London: Cornell University Press, 1997).

19) 전봉근 외(2005), p.29.

20) Miranda A. Schreurs and Elizabeth Economy(ed.), *The internationalization of environmental protection*(Cambridge: Cambridge University Press, 1997), p.7.

해 그 나라의 정책변화를 실질적으로 유발한다는 것이다.[21]

실제로 중국은 국제 과학자 집단 등 지식공동체와의 연계와 학습을 통해 중국의 환경적 취약성을 인식하고 환경세력의 정당성을 확보하였다. 중국의 환경관리들에 따르면, 국제사회와의 연계는 중국이 취할 수 있는 어떠한 조치보다 중요한 것으로서, 각종 국제회의와 협약은 환경적 경향이 덜한 중국관리들을 환경적으로 건전한 입장을 취하게 하고 국가환경보호국의 위상을 강화시키는 데 기여한다. 게다가 이러한 국제회의는 국가환경보호국 과학자들로 하여금 새로운 기술과 교환프로그램의 개발을 검토하여 중국의 입장을 변화시키는 데 큰 역할을 함을 인정한다.[22]

이러한 인식하에 중국에서는 상이한 지역과 섹터의 환경 NGO들 간의 협력을 증진하기 위한 실행 계획과 제안들이 제기되었다. 그 예로 2007년 장시성 난창시에서 개최된 제11차 세계 호수살리기 회의(World Living Lakes Conference)에서 중국국제민간조직합작촉진회(CANGO)와 장시성 '산·강·호수의 지속 가능한 발전 증진(Promotion of Mountain－River－Lake Sustainable Development of Jiangxi Province)', 세계야생기금 중국지부(WWF China), 난징 지리학 및 육수학(陸水學) 연구소, 중국과학원, 윈난성 환경보호국 등이 설립을 제안한 '중국 호수살리기 네트워크Chinese Living Lakes Network'가 있다.[23] 생태학적 특성상 호수의 보호가 통합적이고 체계적인 프로젝트임을 고려할 때, 보다 많은 조직들의 지원과 참여

---

21) 전형권(2002), pp.103－104.

22) 전형권(2002), p.105.

23) 2007년 1월 30일부터 양일간, 중국 베이징에서 열린 워크숍(Civil Society and Environmental Governance in China) 발표문 (http://www.chathamhouse.org.uk/files/10225_300107workshop. pdf, 검색일: 2008.11.23).

가 필수적으로 요구된다는 인식하에서 그 필요성이 제기된 것이다. 현재 준비가 진행 중인 호수네트워크는 중국의 호수를 보호하고 개선시키기 위해 세계 기구 및 정부들의 지원을 얻는 것을 목표로 하고 있지만, 이 과정에서 다양한 부문과 국내외 지역들이 연계됨으로써 일종의 초국가적인 거버넌스로 발전될 가능성이 있다.

둘째, 또한 각종 국제기구와 국제회의 및 협상은 초국적 NGO들의 활동의 초점(focal point)을 제공함으로써 이들의 응집력을 제고할 수 있는 기회로 활용된다. 1992년 리우정상회의 이후 10년간 동아시아의 주요 국가들의 INGO 증가율, 국제NGO의 지부 증가율을 비교할 때, 중국에서 이러한 증가율은 매우 현저하다.

〈표 15〉 동아시아 NGO 관련 지표

	INGO 수 1992/2002 (절대증가율, %)	국제적 NGO 사무국수, 1992/2002 (절대증가율, %)	국제적 NGO/IGO 회의 수. 2002	인터넷 사용자 (1,000명당) 2001
한국	1,357/2,241(65)	45/51(13)	156	512
중국(티베트)	1,251/4,321(245)	28/105(275)	122	26
일본	2,548/3,751(47)	173/263(52)	259	440
세계	평균증가율(61)	평균증가율(43)	미국(1,131)	세계평균 80

(출처: 전봉근 외, 『동북아 NGO 백서』(통일연구원, 2005), p.34)

<표 15>에서 보듯이 중국의 경우 INGO와 NGO의 증가추세는 10년 만에 각각 245%와 275%에 달해 한국이나 일본에 비해 몇 배의 높은 증가율을 보인다. 이는 10년간 세계 평균증가율(61%)보다 4배(245%)나 높은 수치이다. 또한 국제 NGO/IGO 회의 수는 미국이나 주변국보다 비록 적지만 과거에 비해 크게 많은 국제회

의를 유치하고 있는 바, 이렇듯 국제회의와 국제 NGO 활동의 증가는 국내활동뿐만 아니라 초국적 활동의 거점으로서 작용할 수 있는 가능성을 시사하고 있다.

세 번째로, 외국기업 역시 국제수준의 환경 거버넌스에서 중요한 행위자이다. 국제정치경제학의 관점에서 보면, 세계화는 국경을 넘나드는 국제자본에게 유입(enter)과 이탈(exit)의 자유로운 기회를 제공한 반면, 유동성이 덜한 국민국가의 정부에게는 보다 불리한 방식으로 작용한다.[24] 때문에 외국기업과 정부는 자신들이 제공하는 자금과 기술의 퇴출을 지렛대로 일국 정부에 대한 제도개혁을 요구할 수 있다. 이러한 관점에서 외국의 기업이나 투자가들은 국제기구나 지식공동체의 규범적 역할에 비해 중국정부에 대한 영향력이 훨씬 큰 잠재력을 갖고 있는 것이다.

실제로 지금까지 중국 내의 환경공공재 준비에 대한 기여는 한마디로 쌍무적이고 다국적인 자금메커니즘을 통해 공여되고 있으며 이들 메커니즘은 주로 정부보조를 받은 외국자본에 의존하여 왔다.[25] 중국정부는 외국과의 기술협조를 통해 외국자본과 기술로 국내환경을 개선시키고, 궁극적으로 환경보호산업의 육성과 국제기구유치를 목표로 한 야심한 기획을 구체화시키고자 하여 왔다.[26] 특히 선진국 정부와 다변기금의 자금지원과 외국기업으로부터의 기술이전은 중국에게 매우 필요한 공공재로서 협상태도를 변화시키는 데 중요한 작용을 한다.[27] 이들 외부행위자들은 자신들이 지

---

24) Robert O. Keohane & Helen V. Milner, *Internationalization and Domestic Politics*(Cambridge: Cambridge University Press, 1996) 참조.

25) 전형권(2002), p.118.

26) 실제로 이 같은 기획은 國家環境保護總局文件 環發[1999]215號, 關于<全國環境保護 國際協力業務(1999－2002)網要>的通知(1999.9.28)에 표명되고 있음.

니고 있는 이러한 자본과 기술의 지렛대를 통해 중국에서 환경적 이득을 최대한 실현하고자 하므로, 관료적 정치구조에서 취약한 국내 환경세력을 지원하는 지지 세력의 역할을 하는 것이다.

2) 환경 거버넌스의 제약 요인

국제사회에서 제기되는 역사인식과 영유권 분쟁 등 주변국과의 마찰이나 중국 인권문제 등에 대한 국제사회의 개입이 중국의 국내정치에 부정적인 영향을 미치는 측면이 없지는 않다. 이러한 개입의 강도가 심해질 경우 중국은 이를 국가자율성과 주권에 대한 도전으로 간주하여 국내정치(domestic politics)의 지형을 급속히 보수화 경향으로 회귀시킬 가능성도 없지 않다. 또한 중국의 이러한 맞대응은 환경문제 등 광범위한 분야에서 상호협력을 전개하고 있는 국제사회의 단절을 의미하므로 국제사회의 지원과 참여에 의존하는 초국가 환경 거버넌스에 부정적으로 작용할 가능성도 있다.

하지만 현재로서는 국제사회로부터 제기되는 일련의 압력들이 비공식적인 채널을 통해 산발적으로 작용하며, 중국은 이러한 정치적 접근을 경제 및 환경과 분리시켜 접근하는 성숙한 모습을 보여주고 있다. 또한 중국은 국제사회에서 책임대국(負責任的大國)으로서 성숙하게 대응하고 있다는 점을 감안할 때 국제수준의 구조적 요인이 부정적으로 작용할 가능성은 그리 크지 않을 것이다. 따라서 여기서는 주로 국내수준에만 초점을 두어 분석하고자 한다.

---

27) 지구환경기금(GEF)처럼 양자 간 혹은 다자간 기구를 통해 유입되는 양도성 자금지원 조치들도 여기에 포함된다. Michael B. McElroy, Chris P. Nielsen, and Peter Lydon(1998), pp.39－40.

(1) 구조적 측면

중국에서 강한 국가와 약한 시민사회라는 구조적 조건과 국가와 사회의 발전주의 이데올로기에로의 강한 경도현상은 환경운동의 존립을 어렵게 함으로써 환경 거버넌스 발전을 가로막는 요인이 되고 있다.[28] 중국에서는 사회주의 체제와 경제구조 및 성장방식 그리고 제도적 관성이 복합적으로 작용해 환경문제를 규정하고 있으며, 동시에 환경 행위자들의 기본적 인식과 접근 방식도 이러한 정치체제의 속성을 벗어나서 이루어질 수 없다.

특히 상대적으로 강한 국가자율성을 바탕으로 형성된 중국의 관료적 국내정치구조와 사회주의 제도적 관성이 잔존하는 당국가체제에서 NGO에 대한 정부당국의 엄격하고 까다로운 등록과 관리제도 등은 NGO의 발전에 부정적인 영향을 미치고 있다. 중국이라는 당국가는 여전히 국가코포라티즘(state corporatism)에 기반을 두어 사회를 양산하고 관리하는 구조를 재생산하고 있는 것이다.

NGO에 대한 '이중관리' 제도는 중국에서 환경 거버넌스가 정상적으로 작동하는 가장 직접적이고 큰 제약임에 틀림없다. 중국 환경 NGO들은 정부특혜에 대한 의존적 속성으로 인해 등록과 활동에 있어 심각한 제약에 직면한다. 1989년 10월 국무원이 공포한 사회단체 등기관리조례(社會團體登記管理條例: '조례')는 사회단체의 출현과 활동을 제약하려는 정치권력의 의도를 분명히 보여준다. 이 '조례'는 모든 사회단체에 대해 정부기관에 등록할 것을 규정하고 있으며, 구체적으로 제9조는 사회단체는 "관련 업무주관부서의 심사와 동의를 거친 후 관리기구에 등기를 신청"하도록 규정하고 있다.[29]

---

28) 박윤철(2007), p.357.

29) 여기서 업무주관부서란 국무원이나 현급 이상 정부의 관련 부서 또는 국무원이나 현급

또한 중국의 민간조직은 국무원이 반포한 이 조례 외에도 '기금회관리조례(基金會管理條例)' 및 '민간비영리기업 등록관리임시조례(民辦非企業單位登記管理暫行條例)' 등에 의거하여 정부의 민정부에 신고하고 사전 등록허가를 받아야 한다. 또 등록 후에는 반드시 매년 활동내용과 재정 및 인사상황에 대한 보고서를 작성하여 자신의 업무 주관기관과 등기관리기관인 민정부서의 심사를 통과해야만 한다.[30] 국가는 이러한 방식을 통해 NGO의 활동을 지원하고 활성화하기보다는 규제하고 감독하려는 목표에 더 집착하고 있다. 개혁기 이후 정치권력은 대부분의 사회단체의 지도력을 장악함으로써 보다 간접적이고 완화된 형식으로 관리하는 방식을 취하였다.[31] 실제로 '조례'가 발표된 후 정치권력은 사회단체의 등록을 재심사하고, 특히 법을 어긴 사회단체에 대해 심사를 엄격하게 처리할 것임을 밝혔다.[32] 이로써 국가조직이나 정부 산하조직의 후원을 얻지 못한 사회단체는 설립이 어려워지게 되었다.

이러한 구조적 제약하에서 일부 환경운동조직들은 사회단체로 등록하는 것을 포기하고 다른 형식의 조직을 만들어 법망을 피하고 있다. 가령 상대적으로 용이한 방식, 즉 공상(工商) 관리부문에 기업(비영리기업)의 형식으로 등록하여 합법성을 취득하거나 아예 미등록의 위법적 상태에서 활동하기도 한다. 양(Yang)은 중국에서

이상 지방정부가 권한을 위임한 조직을 지칭하며 등기관리기구란 국무원 民政府나 현급 이상 각급 정부의 민정부문을 지칭한다. 따라서 조례는 사회단체에 대한 分口관리와 分級管理라는 이중관리를 규정하고 있다.

30) 박윤철(2007), pp.352-353.

31) 특히 사회단체의 작동에 가장 중요한 영향력을 행사하는 秘書長의 경우 주관부서가 직접 임명하기도 하였다. 김재철, 앞의 논문, p.206.

32) Minsin. Pei, "Chinese Civic Associations: An Empirical Analysis", *Modern China* 24:3(July), 1998, pp.304-305.

이 같은 비영리기업의 존재는 제한적인 정부 규제에 대한 중국 NGO들의 전략적인 적응으로 해석한다.[33] 또한 중국에서 학생조직이 확산되는 것도 그들이 상대적으로 조직하기 쉽고 사회단체들과 똑같은 등록 절차를 따르지 않아도 되기 때문으로 보인다. 그리고 정부와 환경단체 사이의 의무와 권리가 명확하게 구분되지 않음으로써 정부와 환경단체 사이에 특별한 의존관계가 형성되어 왔다. 이러한 문제점은 민간주도형 단체보다는 정부주도형 단체(GONGO)에서 특히 두드러진다. 이는 정부가 그 기능을 충분히 발휘할 수 없게 할 뿐만 아니라 환경단체의 자율성이 떨어지는 원인이 되기도 한다.[34]

이러한 문제점은 중국의 환경단체와 지식인들이 보편적으로 인식하고 있는 내용으로서, 칭화대학 NGO연구소 소장인 왕밍이 ≪中國靑年報≫에 발표한 다음과 같은 기고문에 잘 축약되어 있다.

> "비록 중국의 NGO조직은 수량이 많지만 하나의 총체적인 제3섹터로 구성될 수는 없어 마치 흩어진 모래와 같이 사회 속에서 산산이 흩어져 있다. 이는 전환기 중국 NGO의 기본형태의 하나로서 많은 사회적 자원을 동원하기 힘들며 사회생활 속에서도 큰 작용을 발휘하기 어렵다. 따라서 전체적으로 사회에서 보편적인 인정을 받기 어려운 현황이다. 현재 중국 NGO단체가 생존하고 발전할 수 있는 것은 정부행정체계에서 분할 관리하는 체제특징 및 이행기 정부개혁에서 나타난 권력분리에서 자신의 생존공간을 찾았기 때문이다. 그러나 바로 이런 분할관리 또는 체제 특징이 그들로 하여금 하나의 총체로선 규범과 감독관리를 받을 수 없게 하였으며 정부의 재정과 세제상의 지원과 혜택을 받기 어렵게 하는 요인이 되고 있다.[35]

---

33) Guobin Yang(2005), p.55.

34) 박선영(2002), p.48.

35) 王名, "我國民間組織90% 未獲法律認可 發展受到制約, 法制環境是NGO發展的最大 瓶頸", ≪中國靑年報≫, 2005年10月11日 (http://www.cyol.net/node/index.htm, 검색일:

중국의 지식인들이 지적하는 이러한 중국 특유의 NGO 관리기제로 인해 민감한 데이터 수집이나 전국 각지 NGO 간의 연계망 구축노력은 큰 제약을 받는다. 중국에서는 NGO 상호 간의 조직적인 제휴에 대한 엄격한 금지 장치가 있다. 전국 및 지방급 정부의 관할권하의 환경보호 노력에 대한 상세한 보고서 역시 비밀로 남아 있다. 그로 인해 NGO들은 민감한 데이터를 취득할 가능성이 봉쇄되어 있다.

이렇듯 환경 NGO들은 등록과 등록의 유지, 환경상황에 대한 자료의 확보, 회원 증가 및 지부사무실 설립 외에도 실용적이고 정책권고를 제시할 수 있는 훈련된 조직의 발전으로 진전하는 데 크고 작은 구조적 장애에 직면하고 있다.

(2) 행위자 측면

한편, 행위자 측면에서 볼 때, 중국의 에너지부를 비롯해 외교부, 국가발전개혁위, 지방정부 등 소위 '개발세력연합'의 강화는 환경세력에게 부정적으로 작용한다. 이러한 정치역학 속에서 환경단체들은 조직적 연합을 통해 문제를 접근하기보다는 사안별로 일시적으로 결합하여 문제를 해결하는 방식을 취해 왔다. 또한 조직운영에 필요한 자금 부족도 환경단체의 성장을 가로막는 요인이었다. 이를 보다 자세히 살펴보도록 하겠다.

첫째, 중국의 환경 NGO들은 활동에 있어 인적 자원확보에 제약을 안고 있다. 대다수 종사자들은 환경과학이나 전문적인 배경지식이 거의 없다. 게다가 현존하는 고도로 훈련된 극소수의 전문가들 중에는 NGO에 대한 열정이 부족한 채 일종의 '지식인'으로서 활

2008.12.3).

동하기를 선호하므로 NGO와 함께 협력하여 운동을 전개하는 것에 소극적인 반응을 보인다.[36)]

둘째, 또한 환경단체들의 대부분 활동은 피해자 조직의 수준에서 **개별적으로** 이루어지는 것이 보통이고 보다 근본적인 운동의 주체로서 전략적인 연합을 이루어내는 데 한계를 보인다. 이러한 개별 수준의 운동방식은 환경 NGO 등 타 조직의 개입이나 연합을 통해 문제가 정부에 대한 항의운동으로 확산되는 것에 부담을 느낀 피해자 측의 심리에서 기인한다. 이러한 소극적 대응방식에 대한 선호는 중국 환경운동의 전략적 연계망의 구성과 환경운동의 활성화에 불리하게 작용할뿐더러 환경 거버넌스의 구축에 제약요인이 된다.

셋째, 더욱이 환경단체들의 분화(分化)도 운동의 구심을 확보하는 데 지장을 줄 수 있다. 중국환경 NGO를 대상으로 한 어느 언론사의 심층르포에 따르면, 다양한 유형으로 분화된 중국 내 환경단체들은 과거에는 한목소리로 통합되었지만, 점차 분화되는 새로운 흐름이 감지되고 있다. 환경운동가가 귀뜸하듯이, "환경 NGO들도 이제는 정부의 얼굴마담노릇을 하는 조직과 주민 속으로 들어가 소강(小康)의 꿈을 꾀하려는 조직으로 자연스럽게 나누어지고 있다."[37)] 후자 중에는 보다 강화된 목소리로 생태환경보호를 위해 지속적인 운동을 조직하는 단체들도 포함된다. 특히 누강댐 건설 중단을 이끌어 낸 바 있는 중국 환경단체들은 2000년대 중반 이후에도 생태와 환경보호를 이유로 수력댐 반대운동을 꾸준히 펼치는 보다 적극적인 모습을 보이고 있다. 이들은 특히 정부 측 관계자를

---

36) Jonathan Schwartz(2004), pp.28−49.

37) [중국환경 심층르포] <11> 중국 환경지킴이를 찾아(下)(2004.11.1) 프레시안 (http://www.pressian.com, 최근 검색일: 2008.12.12).

초청해 공청회를 개최하여 정부의 무분별한 댐 건설을 공개적으로 비판하기도 하는 등 점차 수위를 높여 가고 있다. 하지만 이러한 환경단체의 강성화에 대한 중국정부의 통제는 예고되어 있다. 중국 정부는 환경단체들의 이러한 활동을 '무조직적인 유조직활동(無組織的 有組織活動)'이라고 규정하여 탄압을 예고하기도 했다.[38] 물론 환경단체들의 이 같은 행태는 앞서 살핀 국내구조의 요인과 밀접한 관련이 있다. 이미 살폈듯이, 1989년 10월 국무원이 공포한 <사회단체등기관리조례(社會團體登記管理條例)>는 동일 행정구역에 동일하거나 유사한 사회단체를 중복 설립할 수 없다고 규정하고 있다. 아울러 사회단체들이 지역적 연계를 확보함으로써 권력기반을 확보하는 것을 막고 자발적으로 조직된 단체들이 통제를 벗어나는 것을 막으려는 조치를 두었다. 따라서 중국에서는 전국적 연계망을 갖는 민간주도형 조직이 없고 오로지 관주도형 단체만 연계망을 갖는 것이다.[39]

넷째, 중국 내 민간주도 환경 NGO들이 직면한 또 하나의 제약은 자금문제이다. 이들은 정부주도형 단체(GONGO)들과 달리 정부로부터 재정지원을 받지 못하고 있어 대부분 자체 조달하거나 타단체로부터 소규모의 지원에 의존하고 있어 활동에 심한 제약을 받고 있다. 현재 중국의 법률에 근거하면 대부분 환경보호 NGO들은 자금모금의 조건을 구비하지 못하여 필요한 인원과 사업집행에 많은 애로를 당면하고 있다. 정책의 미비로 하여 모금의 통로가 없거나 적절한 방식이 결여되어 있기 때문에 사업을 전개하는 과정

---

38) 위의 글.

39) 武克全, "學術社團: 値得重視的社會群體資源", 『探索與爭鳴』 第5期, 『復印報刊資料: 社會學』, 1998年, 第4期, p.104.

에는 합법성 여부의 문제와도 연관되어 매우 신중할 수밖에 없다. 이처럼 결정적인 문제들이 해결되지 않고 있는 상황에서 NGO들은 막연한 희망(火繩中朝着希望)을 걸고 전진하고 있을 뿐이다.[40] 다만 지구촌과 자연지우와 같은 중국의 저명한 몇몇 환경운동조직은 국가의 보조 없이 자주적 모금활동을 통해 조직을 유지할 수 있었다. 이들의 중요한 자금 공급처는 주로 기업과 해외기금이나 환경단체들이다.

그런데 여기서 중국의 NGO들의 과도한 해외 기금 의존은 여전히 문제로 남는다. 정부가 아닌 기업들로부터 자금을 조달하는 것은 환경조직의 국가통제로부터의 독립이라는 측면에서 보면 바람직한 현상이지만, 외국기업에 대한 전적인 자금의존은 환경운동의 상업화를 야기하고,[41] 나아가 기업의 직간접적 통제의 가능성을 높여 환경운동을 연성화(軟性化)시키고 심지어는 성격을 변질시킬 우려가 있다는 점에서 문제로 지적된다. 따라서 외국기업들에 대한 과도한 의존보다는 환경보호 활동에 국내기업의 참여를 유도함으로써 이러한 문제를 일정부분 해소할 수 있을 것으로 보인다.

중국에서 사기업부문은 개혁개방정책 이후 가장 빠르게 성장하고 있는 부문이지만 중국특색의 사회주의 시장경제하에서 맺어지는 국가-기업의 특수한 관계로 인해 이들 기업은 국가로부터 과도하게 보호되며 사회적 책임과 역할이 극히 미비하였던 것이 사실이다. 때문에 중국에서 NGO와 기업의 파트너십은 시민이나 기업들에게도 매우 낯선 개념이 되어 버렸다. 이러한 점을 감안하여, 중국에서 NGO와 국내기업의 협력관계 구축을 위해서는 NGO의

---

40) 宋欣洲(2005).
41) 박윤철(2007), pp.355-356.

직접적인 접근방식보다는 중국에서 국가-기업이 맺는 특수한 관계를 활용하여, 정부가 기업들의 참여를 유도하고 이러한 기반을 통해 거버넌스를 입체적으로 구축하는 것이 보다 적합한 방식이 될 것이다.

이러한 맥락에서 사각지대에 방치된 국내기업을 거버넌스 행위주체로서 참여시키려는 노력은 중국에서 매우 중요한 과제로 보인다. 중국인 자원으로부터 재정을 획득할 수 있는 합작과 제휴의 프로그램이 개발될 필요도 있다. 이 점에서 한 가지 긍정적인 사례로는 환경보호 지원과 책무성을 확인시킨 중국기업가협회의 수립과 초국가적인 거버넌스 활동이다.42)

다섯째, NGO와 대중매체의 관계도 항상 긍정적으로만 작용하는 것은 아니다. 전문가들에 따르면, 중국의 NGO가 환경 거버넌스를 증진함에 있어 과도하게 대중매체에 의존하다 보니 언론의 선택적인 보도에 의해 협력관계에 금이 가기도 한다.43) 대체로 대중매체는 저명인사와 명성 있는 조직들에 대한 보도를 선호하는 경향이 있다. 그러다 보니 어떤 프로젝트를 여러 NGO들이 공동으로 이행할 경우, 유명한 조직들은 그 프로젝트에 대해 그다지 공헌하지는 못하면서도 사회에 더 큰 주목을 받는 반면, 실제로 사업의 대부분

---

42) 실제로 2006년 9월 15일, 중국기업연합회와 일본 경제단체연합회가 주최하고 칭다오시 인민정부가 대행한 '제11차 중일산업 세미나'가 청도에서 거행되기도 하였다. 이 자리에는 중국기업연합회 회장, 중국기업가협회의 회장 진금화, 중국기업연합회의 상무 부회장 장염녕, 부성장 왕인원, 시 당위원회 부서기 하경, 부시장의 오경건, 일본 경제단체 연합회 국제노동위원회 위원장 및 중일 양측 기업계의 대표 150명이 회의에 참석했다. 이 세미나의 주제는 기업연합회의 여타의 주제와는 달리, '에너지 절약과 환경보호'로서 기업의 환경 책무성을 제시했다는 점에서 주목된다. (http://korean.qingdao.gov.cn/n1800129/n1800136/254600.html)

43) 2007년 1월 30일부터 양일간, 중국 베이징에서 열린 워크숍(Civil Society and Environmental Governance in China)에서 영국DFID소속 Deng Yongzheng의 발표문 (http://www.chathamhouse.org.uk/files/10225_300107 workshop.pdf, 검색일: 2008.11.23).

을 수행하는 소규모 NGO의 활동은 무시당하기 십상이다. 대중매체는 이렇게 하여 이들 기구 간의 관계를 나쁘게 하고 서로 간의 협력에 방해가 되는 작용도 하는 것이다.

2. 환경 거버넌스 평가와 함의: 국가 – 사회관계 변화

1) 환경 NGO 활동의 평가

지금까지 중국에서 나타난 환경분쟁들과 그 해결과정을 살펴보면, 대체로 정부환경부문이 주도하는 정책에 대해 개발이익을 선호하는 지방정부의 비협조가 문제의 발단인 경우가 많았다. 중앙과 지방의 이러한 미묘한 세력갈등에서 역할을 발휘한 것은 바로 환경단체들이었다.

양(Yang)에 따르면, 결국 변화의 동인자로서 환경 NGO들은 정치 영역을 개방하고 시민사회를 확장하는 데 도움을 주는데 이는 세 가지 방식에서 구현된다. 첫째, 환경 NGO의 등장은 환경 쟁점에 관한 대중의 논쟁과 매체의 캠페인을 촉발시키고 그럼으로써 공공 영역에 새로운 환경 담론을 도입한다. 환경 담론은 시민적 참여의 민주적 가치, 상호 존중, 그리고 개인의 책임성을 주장한다. 둘째, 환경 NGO의 발전은 중국에서 시민사회 발전이라는 큰 흐름의 형성에 기여한다. 이러한 큰 경향은 사회복지 조직, 여성조직 그리고 장애인을 위한 조직과 같은 다른 유형의 NGO들의 출현을 포함한다. 마지막으로, 환경 NGO의 발전은 결국 중국 정치지형을 형성할 것이다. 정부와 비대결적이고 경계연결이나 준법적 행동을 통해 환경문제를 해결하려는 그들의 노력은 점차적으로 정치적 경계를 밀치고 국가와 시민사회, 그리고 국가와 NGO 사이의 관계에 변화를 초래할 것이다.44) 이렇듯 그들은 비록 제한적이나마 정치과정에 대한 시민들의 직접적인 참여에 대한 경로를 열고 있는 것이다.

다양한 사례를 통해 확인했듯이, 중국에서 환경 NGO들은 ① 환경교육의 단계에서부터 ② 참여와 감시 ③ 정책용호와 협상, 그리고 ④ 권리주창 등의 단계로 점차 수위를 높여 가고 있음을 발견할 수 있다.

우선, 전통적으로 환경 NGO들에게 가장 큰 비중을 차지하는 활동단계인 환경교육은 주로 시민들을 대상으로 행해지는 바, 이는 정부의 환경정책에 대한 홍보에서부터 환경의식의 제고를 통한 환경보호운동과 환경친화적인 삶의 실천운동에 이르기까지 다양한 방향에서 전개되고 있음을 알 수 있다.

이보다 한 단계 높은 활동인 정부의 정책결정과 집행과정에 대한 참여와 감시는 환경 NGO들의 위상을 강화시키고 아래로부터의 정책을 형성하는 데 큰 기여를 하였다. 이러한 활동 과정에서 환경단체들은 상호 협력네트워크를 구축하여 정보를 교류하고 공동의 활동을 전개하는가 하면, 국가환경보호총국(현 환경부)과 일종의 정책커뮤니티(policy community) 혹은 네트워크(policy network)를 구성하며 환경 관련 공공정책의 수립이나 집행에 공동으로 참여하고 있음을 보여준다.

많은 사례들에서 발견되는 두드러진 현상은 시민과 정부의 이해관계를 기초로 환경정책에 대한 정책용호와 협상(協商)기제를 도입

---

44) Guobin Yang(2005), p.66.

한 점이다. 누강댐 사건은 중국 환경 NGO들이 단계에 진입하여 일정한 성과를 거둔 대표적인 사례이다. 이들은 환경교육에만 의존해서는 자원관리와 이용정책의 효율성을 담보할 수 없다는 인식하에 적극적으로 정책옹호와 협상활동도 전개하였다. 또한 오직 정책결정에 직접적으로 영향을 미칠 수 있는 군중들만이 발언권이 있으며, 이들이 자발적으로 정부 환경정책을 지지하고 실행해야만 정부가 각 부분의 이익의 형평성을 유지할 수 있고 보다 과학적인 정책결정을 할 수 있는 인식하에서 정부나 기업들로부터 시민들의 환경이익을 대변하는 중개자 역할을 해야 한다고 생각하기에 이르렀다. 이들에게 협상은 충돌을 완화하고 정책의 공평성을 개선하는 과학적인 중요한 수단으로 간주된다.[45]

여기서 더 나아가 일부 조직들은 권리주창의 이념에 기초하여 시민들이 그들의 현재와 미래생활 및 환경문제에 관한 결정권을 비롯해 알권리와 생존권도 필요함을 주장한다. 환경시민들의 참여와 사회적 감독은 바로 이러한 권리를 보호하기 위해서 나오는 것이다. 오직 시민을 인정하고 그들의 사회적 경제적 지위가 어떠하든 모두 정책결정에 참여할 평등한 권리를 가지고 있어야만 진정으로 정부와 시민 간의 협상기제를 형성할 수 있다는 것이다.[46] 정부와 기업에 대한 감독은 시민이나 NGO, 그리고 기타 이익단체들이 정책결정과 관리의 과정에 참여하는 한 가지 방식으로 주로 환경정책이 제시된 후 그 실시행위에 대한 영향력을 강조하는 것이다.

지금까지 중국의 NGO들은 주로 시민참여를 이끌어 내는 환경교육 단계에 집중되는 온건한 경향이어서 시민들의 환경이익을 대

---

45) 付濤, "在參与中成長" <ᄆ國环境報>, 2004.5.11 (http://www.cenews.com.cn).
46) 付濤(2004).

표하여 정부와 대립과 협상을 전개하는 경우는 드물었다. 일정한 수준으로 발전한 환경 NGO들조차도 이러한 대립과 협상을 벌이는 데 크고 작은 제약들이 있기 때문이다.

이렇듯 중국에서는 전반적으로 환경 NGO가 조직화된 시민으로서 정부의 권위에 도전하고 감독하며 권리를 주창하는 정치적 기능을 발휘하기란 현재로서는 쉽지 않아 보인다. 이들의 역할이 환경교육의 온건한 단계에 머물지 않고 정부에 대한 감독에서부터 정책옹호와 권리주창 등 진정한 시민운동으로 발전하려면, 환경 NGO 내부에서 자기 정체성과 운동의 방향에 대한 치열한 논쟁을 바탕으로 다른 부문의 운동과 연대를 꾀하는 것이 필요한 과제이다. 그보다 앞서 국내외에 분산적으로 존재하는 환경세력들 간에 사건쟁점이 아닌 주제 영역에 걸친 네트워크를 구축하여 부문별 정보와 전략을 공유해 나가는 것이 긴요한 일이 될 것이다.

2) 환경 거버넌스의 평가

앞서 살펴본 누강보위전과 샤먼PX사건 등은 고립적인 개별사건이 아니다. 환경정치에서 이는 큰 상징성과 보편성을 띠고 있는 사건으로서 시민참여에 의한 환경 거버넌스의 전환점으로 간주될 수 있다. 특히 정책 과정에서 대중의 참여는 권력의 정부독점의 파괴를 의미하며 이는 환경정치의 발전을 위해서도 매우 긍정적 역할을 했음을 발견했다. 해로운 공정을 앞둔 지방정부와 그것들의 채택을 바라지 않는 대중들에 있어서 누강과 샤먼사례는 하나의 전환점이었다. 이러한 관점에서 중국학자 탕 하오(Tang Hao)는 샤먼의 사례는 단일한 승리로서 간주되어서는 안 되고 일련의 투쟁들

의 전주곡으로 간주되어야 한다고 주장한다.[47]

여러 사례들이 보여주듯이 중국의 환경당국은 환경 지지세력들과의 연대를 통한 자신감을 바탕으로 여러 반대에도 무릅쓰고 환경영향평가의 법제화 틀을 갖추는 데 일단 성공했다. 그리고 엄격한 집행을 수차례 강조하고 있다. 하지만 환경당국은 환경영향평가를 실제로 집행하는 과정에서 개발기업과 지방정부를 상대로 여전히 힘겨운 싸움에 직면해 있다.

여기서는 중국에서 전개된 일련의 환경 거버넌스를 정치사회적 구성의 측면에서 평가해 보기로 한다. 거버넌스의 정치사회적 구성은 부문 간 또는 부문 내의 적극적인 협치적 상호작용에 의해 이루어지는데, 여기에는 참여에 대한 ① 조직구성의 포괄성과 결집성 수준, ② 정책 과정의 연계성 수준, 그리고 ③ 활동이슈의 다양성 수준이 상호작용의 구성수준을 분석하는 중요한 지표로 제시될 수 있다.[48] 이러한 맥락에서 환경 NGO의 활동을 중심으로 나타난 중국의 환경 거버넌스의 정치사회적 구성을 살피기 위해서는 행위주체에 대한 조직구성의 포괄성, 정책과정 및 연계의 개방성, 그리고 활동이슈의 다양성 수준에서 검토해 보도록 한다.

먼저 ① 조직구성의 포괄성 측면에서, 중국의 환경 NGO들은 비록 환경보호라는 목표는 공유하고 있지만 내부적으로는 관변, 반관반민, 민간, 국제조직 등 매우 다양한 유형으로 분화되어 있어 포괄성의 범위가 넓다. 이들은 정부로부터 승인 여부에 따라 동원될 수 있는 인적, 물적 자원 또한 상이하였다. 이에 따라 환경단체들

---

47) Tang Hao, "Xiamen PX: a turning point?", <中外對話>, January 16, 2008 (http://www.chinadialogue.net/article/show/single/en/1626).

48) 거버넌스에 대한 평가를 위해 연구자는 홍성태의 한국시민사회의 정치사회 거버넌스에 관한 다음 연구에서 분석적 시사점을 얻었음을 밝힌다. 홍성태(2007), p.82.

이 정부와 맺는 연계의 성격도 다르며 NGO 상호 간의 거버넌스도 다차원적으로 전개될 수밖에 없어 협력이 제한적으로 전개될 수밖에 없었다. 한마디로 조직구성의 포괄성은 높으나 각 단체들의 상이한 분화로 인해 결집성은 약하다고 볼 수 있다. 정부부문의 참여수준을 보면 중앙의 환경당국만이 유일하게 환경 NGO와 협력의 채널을 가질 뿐 여타의 관련 당국과 지방수준의 정부들은 조직적 참여와 연계가 부족하여 조직구성의 포괄성 수준이 낮음을 알 수 있다.

다음으로 ② 정책 과정의 연계성은 그것이 어떠한 방식으로 이루어지는지, 그리고 정부와의 정책연계가 어느 수준에서 작동하는지를 보여주는 지표이다. 이는 구체적으로 정책범위의 내용, 정책과정의 경로와 개방성 정도, 그리고 정부와 정책연계 방식과 수준을 통해 알 수 있다. 첫째, 정책범위의 내용을 보면, 환경보호를 위한 정부와 민간부문의 협력과 영향력 확대를 강조하고 있다. 둘째, 중국에서 환경 NGO들이 참여하는 정책 과정의 경로와 개방성을 보면, 의제설정에서부터 정책결정과 집행, 그리고 감시와 평가에 이르는 일련의 과정들이 분산적으로 이루어진다는 점에서 연계성의 결핍을 드러낸다. 즉 애초에 정부와의 정책의제 수립 과정에 기여했던 NGO들이 장기적인 프로그램을 갖고 정책 과정의 경로에 따라 정책산출과 피드백 과정에 일관성 있게 참여하기보다는 각 조직의 제한된 성격 범위 내에서 사안별로 분절적으로 참여했다는 특성을 보인다. 또한 정부와의 정책협상이나 결정 과정에서 지도부의 개인적 능력에 과도하게 의존하고 있는 중국 환경 NGO의 특성상, 폐쇄적 환경 속에서 정책이 결정되고 수렴되는 특징을 보인다. 셋째, 정부와의 연계성에 있어 중국의 환경 NGO들은 유형별로 관변, 반관반민, 민간, 국제 등 그 설립이나 운영의 기반이 다르므로 일관된 평가는 곤란하다. 하지만 대체로 관변 NGO(GONGO)와 준 NGO(대학, 연구소 등) 등이 정부와 맺는 관계는 보다 제도적이고 하향식 연계의 특성을 보인 반면, 민간단체나 국제지부 조직들이 정부와 맺는 연계성은 비제도적이지만 수평적인 특성을 보인다. 전반적으로 환경 NGO들은 정부와 형식적으로는 협력적 관계를 맺고 있음에도 불구하고 실질적 공조체제를 구축하는 데는 한계가 있다.

마지막으로 ③ 활동이슈의 다양성의 측면에서 환경 거버넌스를 평가해 보자면, 비록 사례는 다르지만, 전반적으로 환경 NGO들은 환경문제에 대한 인식이 부족한 일반 국민들의 환경보호의식을 강화하는 교육활동을 전개하였고, 정부정책이 제대로 이행되는지의 여부를 현장에서 감시하고 고발하는 파수꾼의 역할을 해 왔다. 또한 대중들을 동원하여 정부에 대해 환경규제 강화와 친환경 정책을 요구하며 때로는 정부 환경부문과 동맹을 맺어 국내 정치지형에 일종의 '환경연합'을 형성하기도 하였다. 이를 통해 정부로 하여금 환경문제를 적극 해결하도록 압력을 가하며 협상하는가 하면, 환경규제의 반대자인 기업집단을 억누르는 환경 선도자(entrepreneur)로서의 역할을 수행해 왔다. 또한 몇몇 사례에서는 아직 중국의 시민사회에는 보편적으로 정립되어 있지 않은 알권리(知情權)와 환경권, 그리고 생존권의 요구에 이르기까지 보다 정치적으로 민감한 권리주장의 이슈를 제기하는 경우도 있다.

시민들에 대한 환경교육은 사람과 자연의 관계를 조정하는 데 착안점을 두기 때문에 비교적 느슨하고 추상적이어서 정치적 쟁점이 약하다. 따라서 대부분 환경조직의 활동이나 거버넌스 구성에서 가장 빈번하게 활용되는 방식이다. 반면, 직접적으로 정부나 기업을 상대로 하는 대항적인 쟁점의 출현은 중국에서 아직까지 주된

양상은 아니다. 이는 실질적으로 사회경제문제에 깊이 개입되는 것이고, 각 이익단체들의 관계를 조정해야 한다는 의미에서 정치적 성격을 갖는 쟁점이기 때문이다. 더욱이 환경문제를 둘러싼 권리주창의 쟁점은 더욱 미약하다.

국제사회의 보편적인 규범과 이념에 연결된 중국의 환경단체들에서 환경쟁점을 둘러싼 알권리와 생존권 등에 대한 이념은 널리 확산되고 있지만, 그러한 권리주창을 위한 체계적이고 직접적인 실천운동은 드문 현상이다. 비록 일부 조직들이 환경문제 해결 과정에서 부분적으로 정부에 대해 환경권, 알권리, 생존권 요구를 주창하고 있지만 아직은 이를 일반화된 환경운동의 단계로 간주하기에는 이르다. 하지만 환경 이슈가 갖는 유기적인 특성상 이는 평화, 생존권, 인권 등과 같은 보다 보편적인 정치사회적 이슈들로 확산될 수 있는 가능성이 있다. 바로 이 점에서 일상적인 환경이슈는 향후 중국에서 진정한 자율성을 갖는 시민사회 조직과 발전에 일조할 수 있으며, 나아가 중국 정치지형의 변화를 유도할 잠재력을 내장한 씨앗이기도 하다.

3) 국가 – 사회관계의 변화에 주는 함의

사회과학적으로 볼 때, 비록 국가 – 사회의 관계와 정부 – NGO의 관계는 곧바로 등치되기 힘든 것이 사실이지만 중국의 환경부문에서 벌어진 정부와 NGO 간의 협치(協治)사례들을 통해 우리는 최근 중국에서 등장하고 있는 새로운 국가 – 사회관계의 변화 경향을 파악할 수 있다. 중국에서 환경 NGO와 정부당국은 비록 한계는 노정하고 있지만 여러 측면에서 공공이익을 최대화하기 위한 사회적 관리형태인 선치(Good Governance)의 가능성을 보여주었다. 비록 초보적인 형태임을 부정할 수는 없지만 환경 NGO를 중심으로 한 환경시민사회는 '국가로부터 사회 영역의 점진적인 분리와 다차원의 연계성 확보'를 통해 국가와 시민사회가 새로운 관계로 양자 간의 최적상태를 형성하는 단계로 진입하고 있음을 볼 수 있다.

이 같은 현상은 중국에서 시민사회는 국가와 분리되고 적대적인 관계 속에서만 이해될 수 있는 것이 아니라 오히려 국가의 지원 속에서 형성되고 발전할 수 있는 가능성을 보여주고 있다는 주장[49]을 뒷받침한다.

중국에서 환경 NGO의 발전은 환경시민사회가 중심이 되는 협치적 가능성을 함축하고 있으므로 그 자체로 거버넌스 성격을 보여주는 지표이기도 하다. 앞서 평가했듯이, NGO들은 정부와의 관계에서는 제약적인 요소들을 상당부분 내포하고 있는 것이 사실이다. 그럼에도 불구하고, 중국의 환경 NGO를 비롯한 환경부문은 당국가체제의 제도적 관성과 여전히 강한 관료제가 상존하는 중국에서 서로 단결하여 부분적으로 시민사회의 조직화를 구현했다는 점에서 의미 있는 진전을 보여주었다.

이처럼 환경 거버넌스의 발전이 중국에서 시민사회의 정치적 기회구조를 확장하는 것은 사실이지만 그렇다고 그것이 근본적으로 국가-사회관계를 변화시키거나 정치지형의 변화를 담보한다고 결론짓기는 아직은 시기상조로 보인다. 다만, 환경 NGO가 중심이 되어 아래로부터 다차원적인 연계성을 확보하는 일련의 과정들이

49) Timothy Brook and Michael B. Frolic, "The Ambiguous Challange of Civil Society", Timothy Brook and Michael B. Frolic(eds.), *Civil Society in China*(Armonk, New York: M.E. Sharpe, 1997), p.12.

정착되고 시민주도의 거버넌스가 안착되면 그것이 정치적 민주화에 부정적으로 작동할 리는 만무하며 결코 정치적 변화와 무관하게 진행되지는 않을 것이다.

환경운동을 연구하는 학자들에 따르면, 환경운동은 대체로 민주적 변화를 유도하는 데 긍정적인 역할을 하게 된다. 이러한 관점을 부분적으로나마 수용한다면 중국의 환경 NGO들은 결국 언젠가는 정치적 변화의 공간이자 행위자로서 기능할 것이다. 중국에서 환경 NGO들이 비록 정치적 민주화를 목표로 하지도, 체제변화를 목표로 하지도 않으며 당장은 그럴 가능성이 없는 것은 사실이지만, 정치와 타 영역들과의 상호작용에서 출현한 환경 NGO들은 시민들이 정치적 스킬을 연습하는 새로운 영역을 구성하고, 시민적 행동을 조직하고 참여하며, 정치적 한계들을 실험하는 데 유용한 학습기회를 제공할 것이라는 점은 부정하기 힘들다.

중국 내 시민사회론을 활성화시킨 중국 지식인들에 따르면, 국가와의 적대적인 관계 속에서 국가의 역할을 부정하기보다는 장기적으로는 시민사회와 국가와의 '긍정적 상호작용(良性互動)'의 관계를 강조한다.50) 이를 위해 우선 국가는 사회와 경제적 영역에서 불필요한 간섭을 줄이고 사회는 이러한 기회를 활용하여 아래로부터 시민사회의 발전을 촉진해야 한다는 것이다. 그리하여 시민사회가 공공 영역으로 진입하고 국가정책에 참여하거나 영향을 미침으로써 마침내 국가와 긍정적 상호작용관계를 형성할수 있다는 믿음을 갖고 있는 것이다.

---

50) 鄧正來. 景躍進, "建構中國的市民社會", 『中國社會科學季刊』 第1期(香港(1992).

제8장

결 론

 이 책은 중국의 환경 NGO 활동에 초점을 맞추어 환경문제의 해결 과정에서 시민사회와 국가가 어떤 기제를 통해 상호 협력하는지, 관료정치의 제도경로와 사회주의 시장경제의 구조적 제약 하에서 어떻게 효율적인 환경관리를 전개해 나가는지를 '환경 거버넌스'의 관점에서 분석해 보았다. 또한 국내와 국제 수준에서 환경 거버넌스가 발전하는 기회요인과 그것의 발전을 가로막는 제약요인들을 규명하였다. 그리하여 중국에서 환경 거버넌스의 등장이 국가－사회관계를 어떻게 변화시키는지, 그 정치적 함의는 무엇인지를 살펴보았다.

 중국과 같은 당국가체제(Party－state System)에서 시민사회가 어떻게 해서 등장하고 제한적 발전을 할 수 있는가를 포착하기 위해서는 국가적 필요성을 강조하는 코포라티즘 접근과 사회적 필요를 강조하는 NGO적 개념틀로 결합된 '거버넌스(governance)' 분석모델이 보다 적합하다. 수평적인 동원과 협력기제를 통해 특징으로 하는 이 같은 접근은 국가로부터 자주적인 사회공간을 추구하면서도 동시에 국가와의 협력적 측면을 강조하는 일종의 포용적 코포라티즘의 중국적 구현양식으로서 중국 환경시민사회를 설명하는 데 보다 적실한 근거를 제시한다.

환경문제에 대한 중국정부의 제한적인 역할은 민간조직의 역할 범위를 확대시켜 왔다. 중국정부는 경제성장과 효율의 증가를 위해 개혁개방 추진 과정에서 경제와 사회에 대한 직접적인 관리 범위를 축소해 왔다. 이에 따라 한편에서는 국가의 후퇴에 따른 공백을 메우기 위해 다른 한편에서는 사회의 자발적 책임성 요구의 증가에 따라 민간조직이 빠르게 발전한다.

중국정부는 갈수록 심각해지는 환경문제에 대한 효율적 대처를 위해서는, 경제성장과 국익실현에 일차적인 우선성을 부여하는 보수적인 관료정치에 의존하기 힘들다고 보고 대신 다양한 사회조직의 힘을 활용하여 문제를 해결하고자 하는 노력을 보였다. 특히 자발적으로 구성된 민간조직은 대중에 대한 환경적 관심을 각성시키고 환경문제 해결을 위한 대중동원이 정부에 비해 훨씬 적합한 자원임을 인식하고 환경단체에 대한 일정한 독립성을 부여하고 이들과 파트너십을 형성하여 문제를 해결하려는 거버넌스 기제를 활용하였다.

중국의 환경 NGO들은 양적인 증가를 바탕으로 정부당국과 때로는 긴장과 때로는 협력관계를 구축하면서 국가−사회관계에서 중요한 변화양상을 보여주었다. 이들은 점차 '아래로부터 위로' 형태의 조직들로 발전하고 있으며 활동 또한 정부 정책결정에 대한 공개 항의, 대안 제시, 상호공조가 가능할 정도로 적극성을 띠고 있다. 그리고 초기의 수동적인 활동을 벗어나 이제는 이들 민간 환경조직들은 광범위한 연계와 상호 간의 협력경험을 통해서 점차 네트워크화되어 사회적 영향력도 커지고 있으며 개입하는 영역 역시 다양화되고 있다. 과거처럼 단순히 청결 위생·자원절약 캠페인과 교육 중심의 온건한 동원 활동에 국한되지 않고 국가의 '명운이 걸린' 대형 건설 프로젝트에 대한 집단적 반대는 물론 정부의 핵심적인 정책 비판에 이르기까지 점점 '강성화'하는 모습도 일부 보인다. 2004년에 시작된 '누강보위전' 이후 국가환경보호총국과 환경 NGO는 '동맹군(同盟軍)'이라는 용어를 쓸 정도로 적합한 새로운 파트너십을 결성하여 공동으로 대응하고 있으며, 중국 내 환경 NGO는 이 같은 틀 속에서 중국 환경보호사업에서 일정한 영향력을 행사하고 있다.

뿐만 아니라 정부의 환보부문과 민간부문의 환경동맹 네트워크는 국가-시민사회 관계의 변화된 측면을 보여준다. 이처럼 시민사회 발전을 촉진하는 가장 중요한 동력이 NGO라는 점은 중국에서도 분명히 확인되는 사실이다. 하지만 중국에서 환경 NGO를 중심으로 전개된 환경운동은 구조적, 행위자적 한계를 내장한 '절반의 성공'으로 볼 수 있다.

사회주의 제도경로가 여전히 지배적인 중국에서 NGO가 갖는 정치적 영향력은 아직은 미약할 수밖에 없다. NGO가 갖는 태생적인 한계들로 인해 설령 환경 영역에서 초보적인 형태나마 거버넌스가 발전되었다 하더라도 그것이 서구 민주주의 사회에서처럼 곧바로 국가-사회관계의 정치지형 변화를 담보하는 것은 아니다. 일부에서는 '국가는 곧 정부', '시민사회는 곧 NGO'라고 일반화시킴으로써 마치 정부와 NGO의 관계가 국가와 시민사회의 관계와 등치되는 것인 양 잠정적인 결론을 도출하는 오류를 범하기도 한다. 하지만 비록 사회과학적 분석의 엄밀성이 결여되었다 하더라도 이러한 연구정향들은 중국에서 나타나는 새로운 정치사회적 변화의 흐름을 읽어가는 데 유용한 지표로서 가치가 있다는 점은 부정할 필요가 없다.

중국적 관점에서 새로이 태동하는 '환경시민사회'란 기본적으로 정치권력의 의도를 아래로 전달하면서도 환경의 이익을 정부에 대변하는 '이중의 역할'을 수행하는 사회이다. 때문에 타 영역에 비해 가장 활성화되어 있고 환경이익의 특성상 정부와의 대립적 갈등도 점차 가시화되고 있다. 이러한 맥락에서 중국 '환경시민사회'는 "국가로부터 사회 영역의 점진적인 분리와 다차원의 연계성을 전제로, 환경적 관심을 가진 정부와 NGO는 물론 NGO 상호 간의 거버넌스를 통해 구성된 반(半)자율적 사회"로서 그 성격을 규정할 수 있을 것이다. 중국에서 환경정책의 수립과 집행 및 감시 과정을 중심으로 형성되었던 정부와 NGO 간의 협치적 관계는 정부의 책임성과 정책 과정에 대한 NGO의 참여를 동시에 충족하는 상호의존적 관계방식을 특징으로 한다. 여기에는 환경보호라는 공통의 목적을 가진 두 행위자 간에 합의와 조정, 그리고 협력이라는 요소가 작동하고 있는 것이다.

강한 관료제 시스템 하에서 작동하는 중국의 환경 거버넌스는 서구의 경험과 달리, 상대적으로 열세에 놓인 정부의 환경부문이 위계적으로 우세한 타 부처나 대형 국유기업 부문 등에 '대항'할 목적으로 정책의제의 수립과 집행과정에 시민사회의 참여를 위한 제도적 장치와 자율적 공간을 폭넓게 허용하는 것이 특징이다. 경제발전을 통한 국가이익의 최대화에 경도된 관료적 '보수집단'에 비해, 환경단체, 대중매체, 지식공동체(연구소), 학생조직 등 이른바 '환경세력'은 국가환경보호총국(현 환경부)과 일종의 정책커뮤니티(policy community) 혹은 네트워크(policy network)를 구성하며 환경

관련 공공정책의 수립이나 집행에 공동으로 참여하고 있다. 이 같은 현상은 중국이 공공이익을 최대화하기 위한 사회적 관리형태인 '선치(善治)'를 통해 국가와 사회가 새로운 관계로 양자 간의 최적 상태를 형성하는 단계로 갈 수 있음을 보여준다.

이 연구에서는 중국의 당국가체제의 구조적 특성을 고려하여, 국가중심의 거버넌스와 시민사회 거버넌스를 정확히 구분하여 접근하지는 않았지만, 주로 환경 NGO의 활동을 중심으로 한 시민사회 중심의 거버넌스에 비중을 더 두고 그 가능성과 한계를 살피는 데 주력했다. 즉 환경 NGO들이 갖는 조직적 동력을 통해 전문성과 공익성을 중심으로 한 이들 세력이 어떻게 정부부문과 연계하여 대중들의 참여를 유도하였으며, 반환경적인 제도 및 세력에 대해 감시와 견제를 견인해 갔는지에 대해 살펴보았다. 그러다 보니 정부주도형 환경 NGO가 거버넌스에서 차지하는 역할에 대한 규명을 상대적으로 소홀히 하였고, 이로 인해 시민사회주도형 거버넌스와 정부주도형 거버넌스에 대한 비교적 함의를 도출하기에는 한계를 갖는 것이 사실이다.

하지만 이러한 한계에도 불구하고 국가－사회관계에서 나타난 뚜렷한 특징 중의 하나는 바로 '위로부터 주어진' 시민사회로부터 점차 '아래로부터 구성해 가는' 시민사회 모습으로 변화 가능성을 보여주고 있다는 점이다. 이는 곧 중국에서 국가로부터 사회 영역의 점진적인 분리와 다차원의 연계성이 점차 확보되고 있음을 의미하는 대목이다. 이 같은 현상은 역으로 생각하면 환경 쟁점을 둘러싼 자발적인 조직에 대한 국가의 용인을 의미하며 동시에 시민사회 조직들의 정치적 공간과의 협상 가능성을 의미한다.[51]

중국의 환경 NGO의 성장은 일견 공공 영역을 확장시킴과 동시에 시민사회의 책임을 강화시켜 결국에는 중국의 전통적인 지배체제를 개선시킬 수 있는 동력으로 작용할 것으로 간주된다. 비록 중국에서 나타난 환경 거버넌스는 연속성이 없는 단일한 사례들로서 시민적 권리주창이라는 높은 수준의 운동으로 전개하지 못한 한계는 있지만, 상호협력의 경험을 공유하고 누적함으로써 부문 간의 협력기제를 체계화할 가능성이 엿보인다. 이렇게 함으로써 국내 정치지형에 있어서도 환경보호에 보다 유리한 조건을 창출할 수 있을 것으로 기대된다. 탕하오(Tang Hao)에 따르면 이러한 협력기제는 단일쟁점을 둘러싼 행동으로부터 법률과 정부행위의 개선에 초점을 이동하는 일종의 전환(switch)을 의미한다.[52] 이는 정부와 시민들의 공조를 의미하며 양자 간의 상호작용을 도울 수 있는 메커니즘이 가능한 한 적소에 배치될 필요성을 암시한다.

이 같은 메커니즘의 구현에는 지금까지 거버넌스에 비교적 소홀했던 지방정부가 예외일 수는 없다. 그들은 지방이익을 앞세우는 이해당사자(stakeholder)가 아니라, 상이한 이해 당사자들 간의 중재자가 되도록 역할을 재조정해야 하며 이를 정책적으로 재규정할 필요가 있다. 나아가 지금과 같이 개발에 경도된 중국 내의 세력연합을 변화시켜 환경세력 연합에 지속적인 힘을 실어 줌으로써 향후 환경적으로 건전하고 지속 가능한 정책을 수립하여 집행하는 환경정치 기제를 건립할 필요성도 제기된다. 또한 지금까지 정부의 보호막 아래 성장해 온 기업들도 환경에 대한 책임성을 강화해 거버넌스에 동참할 수 있도록 참여와 협력기제를 개발해야 한다.

또한 환경문제가 갖는 복합적이고 유기적인 성격을 감안할 때,

---

51) Guobin Yang(2005), p.55.

52) Tang Hao(2008).

환경을 둘러싸고 전개되는 일련의 성공적인 사례들은 장차 비단 환경뿐만 아니라 주민의 생존권과 알권리, 나아가 참정권 등 시민의 기본권에 대한 쟁점과도 접맥될 수 있는 확산적 가능성을 갖고 있다. 이 점에서 환경 거버넌스의 성공은 중국에서 시민사회의 미래에 대한 좀 더 낙관적이고 구체적인 가능성을 제시하고 있는 것이다. 하지만 당장은 강한 당국가 체제를 유지하고 있는 중국에서 환경 NGO들에게 현실적으로 필요한 옵션은 국가에 대한 도전이 아니라 '사회우선' 전략을 통해 시민사회의 공간을 보다 확장시켜 나가는 일로 보인다.

참고문헌

1. 한국어

강현두, "현대 중국의 언론정책과 중국언론의 발전전망에 관한 연구", 서울대학교 연구보고서. 1995.

김도희, "중국에서의 시민사회 논의의 쟁점과 함의", 『中蘇硏究』 통권 94호. 2002.

김재철, "편입과 제휴의 정치: 개혁기 중국에서의 정치권력과 사회단체", 『한국정치학회보』 제33집 3호. 2003.

김정렬, "정부의 미래와 거버넌스: 신공공관리와 정책네트워크", 『한국행정학보』 제34권 1호. 2000.

김종순, 『환경거버넌스』. 집문당, 2004.

박선영, "개혁개방정책 이후 중국 환경단체의 성장에 관한 연구", 경희대학교 NGO대학원 석사학위논문. 2002. 8.

박윤철, "중국사회의 환경의식 대두와 환경운동단체의 조직화", 『중국학연구』 제39집. 2007.

배태영·이재호, "환경거버넌스의 범주와 주체간 관계에 관한 연구", 『한국정책과학학회보』 제5권 제2호. 2001.

원동욱, "중국 환경문제에 대한 재인식: 경제발전과 환경보호의 딜레마", 『환경정책연구』 제5권 1호. 2006.

유현석, "글로벌 거버넌스에서 국가와 지구시민사회", 『한국정치학회보』 제39집3호. 한국정치학회, 2005.

이남주, 『중국시민사회의 형성과 특징』. 폴리테이아, 2007.

이남주, "중국 시민사회의 발전과 특징: 환경 NGO를 중심으로", 성균

관대학교 동아시아학술원 학술회의자료집. 2005.

이미홍, "환경거버넌스 비교 분석: 일본 녹색구매네트워크(JGPN)와 한국 녹색구매네트워크(KGPN)를 대상으로", 『행정논총』 제41권 제4호. 2003.12.

이종무 외, 『국제NGO의 원조정책과 활동』. 통일연구원, 2008. 12.

이종열·이재호, "한국 환경정책의 전개과정과 특성 분석", 『지방정부연구』 제4권 1호. 2000.

이태종·김영종·이재호, "일본의 환경 거버넌스 분석", 『한국정책과학학회보』 제5권 2호.2001.

일본환경회의 아시아환경보고서 편집위원회, 장정욱 역, 『아시아 환경보고서 1』. 도서출판 따님, 2000.

임윤정, "환경문제 해결을 위한 환경NGO의 초국적 협력", 경희대학교 NGO대학원 석사학위논문. 2005.8.

張坤民, "持續的인 發展과 中國의 動向", 『中國學誌』 제4호. 韓國中國學j硏究센터, 1998.4.

전봉근 외, 『동북아 NGO 백서』. 통일연구원, 2005.

전성흥, "중국의 국가-사회관계 연구", 정재호 편, 『중국정치연구론』. 나남출판사, 2000.

전준열, "중국환경현황과 정책방향(귀국보고서)". 환경부, 1996.

전형권, "기후변화협상에 대한 중국의 정책대응", 전남대학교대학원 정치학박사학위논문. 2002. 8.

전형권, "세계화와 환경문제의 정치적 성격", 『한국동북아논총』 제13집, 한국동북아학회. 1999.12.

전형권, "중국의 환경운동, 민간단체와 환경당국의 파트너십: '누강보위전'과 '환보폭풍' 사례를 중심으로", 『정치정보연구』 제9권 1호(18집). 2006.

정연식, "북경의 봄: 중국 시민사회에 대한 고찰", 1998년도 한국정치학회 연례학술회의 자료집, 1998.

조대엽, "새로운 조정기제로서의 시민사회와 그 과제", 『한국사회의 대변환: 국가·시민사회를 중심으로』, 한국사회학회·한국정치학회 공동학술회의발표논문. 한국외국어대학교, 2001.11.23.

조한범 외,『동북아 NGO연구총서』. 통일연구원, 2005.

추장민, "중국의 사막화 현황", 환경운동연합,『한중환경경제포럼: 사막화방지국제심포지엄』2003.

KOTRA, "중국 사막화 서남지역 최고 심각",『동향, 분석』. 2005.6.22.

하도형, "중국의 시장전환기 사회단체에 대한 연구: 중국기업연합회/중국기업가협회를 중심으로", 대외경제정책연구원, 중국경제연구회 결과보고서. 2003. 6.25.

한삼희, "환경칼럼: 解振華와 梁從誠"(http://news.chosun.com/site/data/html_dir/2005/12/22/2005122270 385.html).

홍명선, "中國環境政策의 집행과정에서 본 中央과 地方의 關係－江蘇省과 山東省의 비교연구", 서울대학교 대학원 정치학석사학위논문. 1998.

홍성태, "한국 시민사회의 정치사회적 거버넌스와 정부－NGO 관계",『사회연구』통권 13호. 2007.

환경부, <국제환경동향> (지구환경동향) 2000년 3월호~2008년 12월호(http://www.me.go.kr/kor/notice/notice_07_01.jsp)

2. 영문

Andreas Edele, "Non－governmental Organizations in China", *Report of Programme on NGOs & Civil Society.* May 2005, Geneva.

Hassan P., "Elements of Good Environmental Governance", *Asia Pacific Journal of Environmental Law* 6(1), 2001.

Alfred. Stepan, *The State and Society: Peru in Comparative Perspective.* Princeton:

Princeton University Press, 1978.

Alstair Iain Johnston, "China and international environmental institutions: a decision rule analysis", Michael B. McElroy, Chris P. Nielsen, and Peter Lydon(eds.), *Energizing China: Reconciling Environmental Protection and Economic Growth.* Harvard University Press, 1998.

Anita. Chan, "Revolution or Corporatism? Workers and Trade Unions in

Post—Mao China", *The Australian Journal of Chinese Affairs 29.* January, 1993.

B. Michael Frolic, "State Led Civil Society", in Timothy Brook and B. Michael Frolic(eds.), *Civil Society in China.* Armonk: ME. Sharpe,1997.

Barbara J. Sinkule and Leonard Ortolano, *Implementing Environmental Policy in China.* Westport: Cann Praeger, 1995.

Carlos Wing Hung Lo and Sai Wing Leung, "Environmental Agency and Public Opinion in Guangzhou: The Limits of a Popular Approach to Environmental Governance", *The China Quarterly Vol.163.* Cambridge University Press, 2000.

Christopher Gates, "Introduction" *National Civic Review*, Vol.85, No.3. 1996.

Eduard B. Vermeer, "Industrial Pollution in China and Remedial Policies", in Richard Louis Edmonds(ed.), *Managing The Chinese Environment.* New York: Oxford University Press, 2000.

Edward Shils, "The Virtue of Civil Society", *Government and Opposition*, Vol.26, No.1.Winter 1991.

Edward X. Gu, "Plural institutional and the emergence of intellectual public spaces in China: a case study of four intellectual groups", in Suisheng Zhao(ed.), *China and Democracy: The Prospect for a Democratic China. Washington: U.S. Government Printing Office,* 2005.2.7.

Elizabeth Economy, "Environmental NGOs in China: Encouraging Action and Addressing Public Grievances", *The Congressional—Executive Commission on China. Washington: U.S. Government Printing Office,* 2005.2.7.

Elizabeth J. Perry and Mark Seldon. "Introduction." Elizabeth J. Perry and Mark Seldon(eds.), *Chinese Society, 2nd Edition: Change, conflict and Resistance.* New York: Routledge, 2003.

Fareed Zakaria, "Bigger than the Family, Smaller than the State-Review

of Francis Fukuyama's Trust: The Social Virtues and the Creation
of Prosperity(Free Press, 1995) in *The New York Times Book Review*
13. August 1995.

Fengshi Wu, "New Partners or Old Brothers? GONGOs in
Transnational Environmental Advocacy in China", *China
Environment Series*, 5. 2002.

Guobin Yang, "Civil society in China: a dynamic field of study", *China
Review International*, Vol.9, No.1. Spring 2002.

Guobin Yang, "Weaving a Green Web: The Internet and Environmental
Activism in China", *China Environment Series*, Issue 6. 2003.

Guobin Yang, "Environmental NGOs and Institutional Dynamics in
China", *The China Quarterly* 181. 2005.

Haxi Zhaxiduojie, "A call from the three－river source", in Friends of
Nature(ed.), *Promoting Sustainable Development: What Can We Do? －
Document of Chinese NGO Workshop on the second GEF Assembly*.
Beijing, 2003.

Hong Liu, "Profit or ideology? The Chinese press between Party and
market", *Media, Culture and Society*, No.20. 1998.

Hua Wang and Ming Chen, "How the Chinese System of Charges and
Subsidies Affects Pollution Control Efforts By China's Top
Industrial Polluters", World Bank. October 1999.

Hyung Kwon, Jeon and Seong Suk, Yoon, "From international linkages
to internal divisions in China: The political response to Climate
Change Negotiations", *Asian Survey*, Vol.46, No.6, 2006.

Jin Jiaman, "The Growing Importance of Public Participation in China's
Environmental Movement", Woodrow Wilson International Center
for Scholars Green NGO and Environmental Journalist Forum.
April 2001.

Jonathan Schwartz, "Environmental NGOs in China: roles and Limits",
Pacific Affairs, March 22, 2004.

Jonathan Unger and Anita Chan, "China, Corporatism, and the East

Asian Model", *Australian Journal of Chinese Affairs*, No.33(Jan.), 1995.

Jude Howell, "New Direction in Civil Society: Organization around Marginalized Interest", Howell, Jude(ed.), *Governance in China*. Lanham,ML: Rowman & Littelfield Publishers, 2004.

Judith Shapiro, *Mao's War Against Nature: Politics and the Environment in Revolutionary China*(Studies in Environment and History), Cambridge: Cambridge University Press, 2001.

Keck and Sikkink, *Activist Beyond Borders: Advocacy Networks in International Politics*. Ithaca and London: Cornell University Press, 1997.

Kenneth Liberthal and Michel Oksenberg, *Policy Making in China: Leaders, Structures, and Process*. Princeton: Princeton University Press, 1988.

Kevin J. O'Brien and Lianjiang Li, *Rightful Resistance in Rural China*. New York: Cambridge University Press, 2006.

Kooiman, J., *Governing as Governance*. London: Sage, 2003.

Lester Ross, *Environmental Policy In China*. Bloomington and Indianapolis: Indiana University Press, 1988.

Lindblom, Charles E. and Cohen, David K. *Usable Knowledge: Social Science and Social Problem Solving*. New Haven: Yale University Press, 1979.

Ma, Shu－yun, "The Chinese Discourse on Civil Society", *The China Quarterly 137*. 1994.

Margaret M. Pearson, *China's New Business Elite*. Berkeley, CA: University of California Press, 1999.

Marzouk, M. "The Associative Phenomenon in the Arab World: Engine of Democratization or Witness to the Crisis?" in D. Hulme and M. Edwards(eds.), *NGOs, States and Donors: Too Close for Comfort?* New York: St. Martin's Press, 1997.

Michael B. McElroy, Chris P. Nielsen, and Peter Lydon, *Energizing China: Reconciling Environmental Protection and Economic Growth*. Harvard

University Press, 1998.

Ming Wan, "China's Economic Growth and the Environment in the Asia —Pacific Region", *Asian Survey*, Vol.38, No.4, April. 1998.

Minsin. Pei, "Chinese Civic Associations: An Empirical Analysis", *Modern China* 24:3(July), 1998.

Miranda A. Schreurs and Elizabeth Economy(ed.), *The internationalization of environmental protection*. Cambridge: Cambridge University Press, 1997.

Paul J. DiMaggio, *"Interest and agency in institutional theory"*, in L. Zucker(ed.), Institutional Patterns and Organization. Cambridge, MA: Ballinger Press, 1988.

Philippe. Schmitter, "Still the Century of Corporatism?", Fredrick Pike and Thomas Strich(eds.), *The New Corporatism: Social —Political Structures in the Iberian World*. Norte Dame: University of Norte Dame Press, 1974.

Pierre, J. and B. G. Peters, *Governance, Politics and the State*. New York: St. Martin's Press, 2000.

Peter Ho and Richard L. Edmonds(eds.), *China's Embedded Activism*. Routledge, 2008.

Peter Ho and Eduard B. Vermeer(eds.), *China's Limits to Growth: Prospects for Greening State and Society*. Oxford: Blackwell Publishers, 2006.

Richard Louis Edmonds, *Patterns of China's Lost Harmony; A Survey of the country's environmental degradation and protection*. London and New York: Routledge, 1994.

Robert F., Miller, ed. *The Developments of Civil Society in Communist Systems*. North Sydney: Allen and Unwin, 1992.

Robert O. Keohane & Helen V. Milner, *Internationalization and Domestic Politics*. Cambridge: Cambridge University Press, 1996.

Sampford Charles, *"Environmental Governance for Biodiversity"*, *Environmental Science and Policy*, 5. 2002.

Schlozman, Kay Lehman, and John T. Tierney, *Organized Interests and*

American Democracy. Newy York: Harper & Row Publishers, 1986.

Stoker, G., *"Governance as Theory: Five Proposition"*, *International Social Science Journal* 50(155). 1998.

S. Frederick. Starr, *"Soviet Union: A Civil Society"*, *Foreign Policy* 70(Spring), 1988.

Susmita Dasgupta, Mainul Huq and David Wheeler, *Bending the Rules: Discretionary Pollution Control in China World Bank Policy Research Working Paper*, No.1761. February 1997.

T. O'Riordan, *Environmentalism*. London: Pion, 1981.

Tang Hao, "Xiamen PX: a turning point?", <中外對話>, January 16, 2008, http://www.chinadialogue.net/article/show/single/en/1626

Timothy Brook and Michael B. Frolic, "The Ambiguous Challenge of Civil Society", Timothy Brook and Michael B. Frolic(eds.), *Civil Society in China*. Armonk, New York: M.E. Sharpe, 1997.

Tony Saich, "Negotiating the state: the development of social organizations in China", *The China Quarterly 161*. 2000.

Van Vliet Martijn, "Environmental Regulation of Business: Options and Constraints for Communicative Governance", Kooiman Jan(eds.), *Modern Governance—New Government—Society Interactions*. London: SAGE, 1993.

Vincent Cheng Yang, "Punishing for Environmental Protection? Enforcement Issues in China", *International and Comparative Law Quarterly*, Vol.44, No.3. July 1995.

Wang Hanchen, Liu Bingjiang, "Policymaking for Environmental Protection in China", Michael B. McElroy, Chris P. Nielsen, and Peter Lydon (eds), *Energizing China: Reconciling Environmental Protection and Economic Growth*. Harvard University Press, 1998.

Wen, Bo., "Greening the Chinese Media", *China Environmental Series*, Issue 4. Washington: Woodrow Wilson Center for Scholars, 2001.

World Bank, *Governance and Development*. Washington, D.C: The World Bank, 1992.

World Bank, *Clear Water, Blue Skies: China's Environment in the New Century*. Washington, D.C: The World Bank, 1997.

Wu Chenguang, 南方周末(2002.7.13), http://www.china.org.cn/english /2002/ Jul/36833.htm

Wu, Fengshi, "Environmental GONGOs Autonomy: Unintended Consequences of State Strategies in China". University of Maryland, College Park, 2001.

Xiaoying Ma and Leonard Ortolano, *Environmental Regulation in China*. Lanham, Boulder, New York, Oxford: Rowman & Littlefield Publishers, INC. 2000.

Yuen—Jan・nLynn Hsia and Lynn T. White, "Working Amid Corporatism and Confusion: Foreign NGOs in China", *Nonprofit and Voluntary Sector Quarterly*, Vol.31, No.3. September 2002.

"Civil Society and Environmental Governance in China", *Workshop Report: Forging alliances for environmental protection between NGOs in different regions and sectors* (http://www.chathamhouse.org.uk/files/10225_ 300107 workshop.pdf).

3. 중문

康雪, "多家环保NGO聯名致函國家环境保護部,呼吁愼重對待金東紙業的上市申請",自然之友http://www.fon.org.cn/",2008.8.27.

康雪, "中國民間征集簽名呼吁依法公示怒江水電环評報告",环境亞洲・中國(EnviroasiaChina), (http://www.enviroasia.info/news/news_ detail.php3/C05091601C, 2005.9.16).

康曉光, 『轉型時期的中國社團』. 1999. (http://www.cydf.org, 2005. 2. 23).

國家統計局, 『中國統計年鑑: 1986-1996』. 北京: 中國統計出版社, 1997.

國家環境保護局法規司 編, 環境保護法規滙編. 北京: 中國環境科學出版社, 1993.

金瑞林・汪勁, 『中國環境與自然資源立法若干問題硏究』. 北京: 北京大學出版社. 1999.

德利克, "當代中國的市民社會與公共領域", 『中國社會科學季刊』, 1993年
　　夏季卷.

童燕齊, "轉型社會中的環境保護運動: 臺灣和中國大陸的比較研究",
　　張茂桂 外 主編, 『兩岸社會運動分析』. 臺北: 新自然主義出版
　　社, 2003.

鄧正來・景躍進, "建構中國的市民社會", 『中國社會科學季刊』第1期.
　　香港, 1992.

李力, "北京地球村主任廖曉義提名2005CCTV中國經濟年度人物社會
　　公益獎候選人",環境亞洲・中國(EnviroasiaChina),
　　(http://www.enviroasia.info/news/news_detail.php3/C05121401C,
　　2005.12.14)

毛壽龍, 『中國政府功能的經濟分析』. 中國廣播電視出版社, 1996.

武克全, "學術社團: 值得重視的社會群體資源", 『探索與爭鳴』 第5期,
『複印報刊資料: 社會學』 1998年, 第4期.

付壽, "在參与中成長"<中國环境報> 2004.05.11(http://www.cenews.com.cn).

舒旻, "公民抗命－懸在頭頂的達摩克利斯劍", ≪世界环境≫ 2008年
　　第6期 (http://blog.dwnews.com/?p=52685, 검색일: 2009.4.20).

宋欣洲, "中國环保ＮＧＯ:存在帶來改變", ≪新觀点≫ 2005年7號 第
　　208期(台湾); 北京环保公衆网(http://www.bjee.org.cn/news/index.php?
　　ID=9020, 검색일: 2005.12.20).

沈原, 孫五三, 『"制度的形同質異"與社會團體的發育』(1999),
　　(http://www.cydf.org, 검색일: 2005.2.23).

吳錦良, 『政府改革与第三部門發展』. 北京:中國社會科學出版社,2001.

王名 等, 『中國社會改革: 總政府選擇到社會選擇』. 北京: 社會科學文
　　獻出版社, 2001.

王名, "我國民間組織90％未獲法律認可發展受到制約,法制环境是
　　NGO發展的最大瓶頸" ≪中國青年報≫2005.10.11
　　(http://www.cyol.net/node/index.htm, 검색일: 2008.12.3).

王名 主編, 『淸華發展研究報告2003: 中國非政府公共部門』. 北京: 淸
　　華大學出版社, 2003.

王逸舟, "市民社會與中國外交", 『中國社會科學』, 2000年 第3期.

于曉虹, 李姿姿, 『當代中國社團的"官民二重星"的 制度分析』 人大資
　　　　料 『社會學』 月刊 2002年 1期.

俞可平, "社會主義市民社會: 一个新的研究課題", 『天津社會科學』,
　　　　1993年 第4期.

俞可平, "馬克思的社會理論及歷史地位",『中國社會科學』, 1993年 第
　　　　4期.

俞可平, "中國公民社會的興起與治理的變遷", 『中國社會科學季刊』,
　　　　1999年　秋季卷.

俞可平, 『全球化時代的'社會主義'』. 北京: 中央編譯出版社, 1998.

李對·王莉, 　"市張體制下中央與地方利益關係論", 　理論學習月刊,
　　　　1998年 第3期.

李鵬, 論有中國特色的環境保護. 北京: 中國環境科學出版社, 1992.

佚名, "近年來國內NGO研究述評", 互聯網(2006.7.6).

任睿, "建立複合多樣的環境保護制度安排", 中國人民大學行政管理學
　　　　研究所碩士論文 2000.

任進, 『政府組織與非政府組織』. 山東: 人民出版社, 2003.

曹海東張朋, "怒江保衛戰幕后的民間力量", ≪經濟≫ 2004.5.24(中國
　　　　能源网(http://www.china5e.com/)(검색일:2007.11.02).

朱英, 『轉型時期的社會與國家』. 武漢: 華中師範大學出版社, 1997.

朱英, 『辛亥革命時期的新式商人社會組織』. 北京: 中國人民大學出版
　　　　社, 1991.

周漢華, "在所有國家,政府是最大的信息所有者和控制者", ≪政府信息
　　　　公開條例專家建議稿≫. 中國法制出版社, 2003.

中國環境保護行政20年編委會(編), 『中國環境保護行政20年』. 北京: 中國
環境科學出版社, 1994.

中華环保聯合會, 『中國環保民間組織發展狀況報告』. 2006.

蔡守秋, "論中國的環境政策", 環境導報. 1997.6.

清華大學NGO研究中心, 『中國非營利組織管理干部倍?研討班報告集』.
　　　　北京: 清華大學NGO研究中心, 2001.

劉毅, "自然之友多起來我國环保民間組織力量逐步壯大", 人民网 ≪人

民日報≫(http://env.people.com.cn/GB/8372458.html,2008.11.20).
孫秀艶, "公衆力量影響決策NGO成环保事業發展重要力量", 人民网 ≪人
　　民日報≫, 2008.12.18 (http://env.people.com.cn/GB/8538328.html).
馬天南, "厦門PX事件:公衆參与對环境保護的積极作用", 2007.10.19.

4. 신문 및 인터넷 웹사이트

<오마이뉴스> (http://www.ohmynews.com/NWS_Web/).
<중앙일보> 2006.12.4(http://article.joins.com/article/article.asp?total_id=
　　2527235).
<한겨레신문> (http://www.hani.co.kr).
≪21世紀經濟報道≫ 2005.4.26 (http://env.people.com.cn/GB/8220/52002/
　　54435/5323879.html).
"公衆參与环保大事記", <中國环保報> 2007.6.5 (http://www.cenews.
　　com.cn).
"Papers from Autumn 2008: 미래숲 사막화 방지 대안을 찾아서"
　　(http://www.ckyouth.net/?mid=bbs&page=1&document_srl=2504&
　　listStyle=&cpage=, 검색일: 2009.4.30).
<中國經濟周刊> "环保NGO新行動'綱領': 做政府同盟軍", 2007.12.5,
　　人民日報 人民网 (http://env.people.com.cn/GB/6617028.html, 검색
　　일: 2008.11.20).
<現狀> (http://www.3n3n.net/xiangxi.asp?id=824, 검색일: 2005.11.20).
<亞洲週間> 2005/05/01 (http://blog.hankooki.com/jseok/14245).
"PX項目遷址小史", 人民网·天津視窗(2009.2.5), (http://www.022net.com/
　　2009/2−5/514130152365666.html, 검색일: 2009.2.12).
"中國政府和民間环保力量逐步形成合力", 人民日報 人民网; (http://env.
　　people.com.cn/GB/1072, 검색일: 2009.2.13).
"厦門百亿化工項目安危爭議105 委員提案要求遷址", 東方网, 2007.3.16.
"环保總局再度出擊:八家环境違法企業 挂牌督辦", <人民日報> 人民
　　网, 2007.7.12.

http://www.cenews.com.cn/

http://www.equator-principles.com/index.shtml

http://www.grchina.org/greenerbj.htm

국가환경보호총국 (http://www.zhb.gov.cn/)

民政部 홈페이지, http://cws.mca.gov.cn/accessory/200905/1242965453211.doc

環境保護部 홈페이지. http://www.mep.gov.cn/dept/jgznjj/

中國政法大學环境資源法研究和服務中心 홈페이지 http://www.clapv.org/

中國青年應對氣候變化行動网絡 사이트, http://www.cycan.org/Item/582.aspx

中國互聯网絡信息中心홈페이지, http://www.cnnic.net.cn/en/index/

中國环境科學學會 웹사이트, http://www.chinacses.org/cn/xhgk/ldjg.html

中國环保网, http://www.chinaenvironment.com (2008.6.4)

國家環保總局信息中心, http://china.enn21.com/ (2002.4.1)

人民日報 人民网 http://env.people.com.cn/GB/6617028.html

地球村 http://www.gvbchina.org/

中國网, http://www.china.com.cn/ (2008.5.4)

中華环保聯合會 웹사이트, http://www.acef.com.cn/

北京环保公衆網, http://www.bjee.org.cn/

新華网, http://www.xinhua.org/

自然之友, http://www.fon.org.cn

中國能源网, http://www.china5e.com

中國發展簡報, http://www.chinadevelopmentbrief.com

中國青年報, http://ngo.cyol.com/index.htm

厦門大學學生綠野協會 웹사이트, http://www.greenwild.org/lib2000.php

http://www.cango.org/newweb/index.asp

http://www.dw-world.de/dw/article/0,,2582960,00.html

http://www.gvbchina.org/

http://www.greensos.cn/ljy/html/main/

http://www.cfej.net/

http://www.chinadevelopmentbrief.org.cn/index.php

http://www.cbcf.org.cn/index.htm

http://www.cepi.com.cn/homepage/homepage.jsp

http://www.chinacses.org/cn/index.html

http://www.cepf.org.cn

http://www.tt65.net/

http://www.gvbchina.org

http://www.greengo.cn/news.php?id=3

http://kdgreenhome.bokee.com/

http://www.ywhb.ngo.cn/

http://www.gsfchina.org

http://www.greenangel.org/

http://www.greenwild.org/

http://www.wwfchina.org/

http://www.conservation.org/

http://www.greenpeace.org/china/ch/

http://www.green-web.org

http://www.enviroasia.info/news/news_detail.php3/C05091601C)

전형권

▌약 력

전남대학교 대학원 정치학과 졸업(정치학 박사): 환경정치/국제지역연구 전공

한국정치학회 이사, 한국세계지역학회 편집위원, 한국통일전략학회 편집위원, 전남대 아태지역연구소 책임연구원, 세계한상문화연구단 전임연구원, BK21 박사후연구원, 전남대 시간강사 등 역임

▌주요 저서 및 논문

『분단과 통합』(공저, 한울아카데미, 2006) 외 4권
「From International Linkages to Internal Divisions in China: The Political Response to Climate Change Negotiations」, *Asian Survey* Vol.46. No.6(2006)
「중국의 환경운동, 민간단체와 환경당국의 파트너십」, 『정치정보연구』 9권 1호(2006)
「동북아 소지역협력과 지역 거버넌스의 등장」, 『국제지역논총』 46집 4호(2006)
외 다수
연락처: jhkjr@hanmail.net

중국의
환경운동과 거버넌스
NGO를 중심으로

초판인쇄 | 2010년 2월 23일
초판발행 | 2010년 2월 26일

지은이 | 전형권
펴낸이 | 채종준
펴낸곳 | 한국학술정보㈜
주 소 | 경기도 파주시 교하읍 문발리 파주출판문화정보산업단지 513-5
전 화 | 031) 908-3181(대표)
팩 스 | 031) 908-3189
홈페이지 | http://www.kstudy.com
E-mail | 출판사업부 publish@kstudy.com
등 록 | 제일산-115호(2000. 6. 19)

ISBN 978-89-268-0523-7 93330 (Paper Book)
      978-89-268-0524-4 98330 (e-Book)

내일을여는지식 ▌은 시대와 시대의 지식을 이어 갑니다.